中国廉政史鉴

李洪峰题

思想理论卷 ①

李洪峰 主编

文化藝術出版社
Culture and Art Publishing House
國家圖書館出版社

《中国廉政史鉴》编辑委员会

谢冬荣　国家图书馆古籍馆副馆长，副研究馆员

方自今　国家图书馆出版社社长，副研究馆员

贾贵荣　国家图书馆出版社副总编辑，编审

郭又陵　国家图书馆高级馆员

秦建业　中央纪委驻文化部纪检组副组长、监察局局长

亓胜阁　中央纪委驻文化部纪检组监察局副局长、正局级纪检监察员

陈　锋　中央纪委驻文化部纪检组监察局办公室主任，博士研究生

《中国廉政史鉴·思想理论卷》撰写人员

组　长：

贾磊磊　中国艺术研究院院长助理、文化发展战略研究中心主任，研究员

成　员：

张　颖　中国艺术研究院文化发展战略研究中心助理研究员，博士研究生

毛夫国　中国艺术研究院研究生院办公室主任，博士研究生

潘　源　中国艺术研究院文化发展战略研究中心副研究员，博士研究生

李修建　中国艺术研究院文化发展战略研究中心助理研究员，博士研究生

叶楚炎　中国艺术研究院文化发展战略研究中心助理研究员，博士研究生

刘　藩　中国艺术研究院文化发展战略研究中心副研究员，博士研究生

陈　锋　中央纪委驻文化部纪检组监察局办公室主任，博士研究生

序

中共中央书记处书记、
中央纪律检查委员会副书记　何勇

廉政文化建设，面向全党全社会，以党政机关和领导干部为重点，以培育廉洁价值理念为根本，以廉政制度和规范为支撑，以群众广泛参与的廉政文化创建活动和丰富多彩的廉政文化产品为载体，在反腐倡廉建设中处于基础性地位。

加强廉政文化建设，是贯彻落实科学发展观的必然要求，是建设社会主义核心价值体系的重要内容，是深入推进党风廉政建设和反腐败斗争的战略举措，对于坚定中国特色社会主义共同理想，加强党的执政能力建设和先进性建设，提高党员干部拒腐防变能力，增强全社会反腐倡廉意识，形成廉荣贪耻的思想道德基础和文化氛围，从源头上预防和减少腐败现象发生，具有重要意义。

中国几千年历史中蕴藏着丰厚的廉政文化精华，包括深刻的廉政思想、丰富的典章制度和灿若群星的历史人物。这些宝贵的历史文化精华，是新形势下加强廉政文化建设的重要资源，必须认真研究、充分利用，并赋予其崭新的时代内涵和鲜明的时代特色，使之不断发扬光大。

唐太宗李世民有一句名言："以铜为鉴，可正衣冠；以古为鉴，可知兴替；以人为鉴，可明得失。"〔1〕清代的龚自珍说："出乎史，入乎道；欲知大道，必先为史。"〔2〕

注重学习和借鉴历史经验，是我们党的优良传统。毛泽东同志指出，"历史的经验值得注意"，"我们要研究哪些是过去的成功和胜利，哪些是失败，前车之覆，后车之鉴"。〔3〕邓小平同志指出，"历史上成功的经验是宝贵财富，错误的经验、失败的经验也是宝贵财富。"〔4〕江泽民同志指出，"作为一个领导干部特别是高级干部，自然科学和社会科学的基本知识都应具备。不读点历史，

---

〔1〕《新唐书·魏徵传》。
〔2〕龚自珍：《定庵续集》卷一《尊史》，《四部丛刊》本。
〔3〕《毛泽东文集》第二卷，人民出版社 1993 年第 1 版，第 339 页。
〔4〕《邓小平文选》第三卷，人民出版社 1993 年第 1 版，第 234—235 页。

不了解中国历史和外国历史，不知道历史与现实的联系，不掌握中外历史上的成功与失败、经验与教训，怎么治理社会、治理国家啊？……所以，我始终主张，我们的领导干部特别是高级干部必须读点历史。"[1] 胡锦涛同志强调：要铭记历史，特别是铭记我们党领导人民创造的中国革命史，要注重总结和发扬我们党在革命战争时期保持先进性的历史经验，坚持用时代发展的要求审视和认识自己，以改革的精神加强和完善自己，全面加强党的先进性建设，扎实做好保持共产党员先进性的各项工作。学习中国历史，了解和懂得自古以来中国人民创造的灿烂历史文化，从中汲取有益于加强修养、做好工作的智慧和营养，有助于在廉洁与腐败、进步与落后的斗争中，把握方向、站稳立场、坚定信念，筑牢反腐倡廉思想防线。[2]

当前，在严峻复杂的国际环境下，在国内经济体制深刻变革、社会结构深刻变动、利益格局深刻调整、思想观念深刻变化和各种社会矛盾凸显的历史条件下，我们党面临的执政考验、改革开放考验、市场经济考验、外部环境考验是长期的、复杂的、严峻的。精神懈怠的

---

〔1〕 江泽民2000年5月14日《在江苏、浙江、上海党建工作座谈会上的讲话》，《江泽民论有中国特色社会主义（专题摘编）》，中央文献出版社2002年第1版，第700页。

〔2〕 参见胡锦涛《在中共中央政治局第三十三次集体学习时的讲话》，《人民日报》2006年7月26日。

危险，能力不足的危险，脱离群众的危险，消极腐败的危险，更加尖锐地摆在全党面前。落实党要管党、从严治党的任务比以往任何时候都更为繁重、更为紧迫。提高党的领导水平和执政水平，提高拒腐防变和抵御风险能力，加强党的执政能力建设和先进性建设，面临许多前所未有的新情况、新问题、新挑战。现阶段的反腐败斗争，面临党风廉政建设和反腐败斗争呈现出成效明显和问题突出并存，防治力度加大和腐败现象易发多发并存，群众对反腐败期望值不断上升和腐败现象短期内难以根治并存的总体态势，反腐败斗争形势依然严峻、任务依然艰巨。我们必须警钟长鸣，深刻认识反腐败斗争的长期性、复杂性、艰巨性，深刻认识我们党反对腐败的坚强意志和坚定决心，深刻认识中国特色社会主义的政治优势，坚持“标本兼治、综合治理、惩防并举、注重预防”的战略方针，把反腐倡廉建设摆在更加突出的位置，以更加坚定的信心、更加坚决的态度、更加有力的举措推进惩治和预防腐败体系建设，不断把党风廉政建设和反腐败斗争引向深入，努力提高反腐倡廉建设科学化水平。

要把廉政文化建设摆在更加突出的位置。坚持以人为本、坚持突出重点、坚持重在建设、坚持服务大局，不断提高廉政文化水平。要坚持用科学理论引导人、廉洁理念教育人、先进文化熏陶人，不断提高干部群众的思想道德修养和廉洁从政、廉洁从业意识。要以党政机关和领导干部为重点，面向全体社会成员，扩大覆盖面，增强影响力，形成有利于反腐倡廉建设的广泛群众基础和良好社会氛围。要在运用以往行之有效的好经验好做法的基础上，抓活动、抓阵地、抓作品、抓舆论，积极探索新思路、新办法、新举措，扎实推进廉政文化建设取得积极进展和显著成效。

《中国廉政史鉴》的出版，是廉政文化建设的一件大事。2008 年 8 月以来，在文化部的大力支持下，在李洪峰同志主持下，中央纪委监察部驻文化部纪检组监察局会同中国艺术研究院和国家图书馆，组织一百多位专家学者，历时近四年时间，编纂了《中国廉政史鉴》，分别以著名历史人物廉政实践、重要典章制度沿革、重要廉政思想理论发展为线索，系统梳理了中国历史上的廉政精华，完成了四百多万字的巨帙。这部书容量巨大、可读性强、富有借鉴意义，相信它的出版一定会对推动廉政文化建设起到重要作用。

目录

第二章　秦代廉政思想

第三章　汉代廉政思想

第四章　魏晋南北朝廉政思想

第五章　隋代廉政思想

第六章　唐代廉政思想

第七章　五代廉政思想

第八章　宋代廉政思想

第九章　元代廉政思想

第十章　明代廉政思想

第十一章　清代廉政思想

第十二章　近代廉政思想

绪论

李洪峰

中国古代的廉政文化，是博大精深的中华历史文化的一脉清泉，源远流长，清净明澈；在今天，仍然极富教育意义，具有巨大的感染力。

中国古代的廉政文化，概括言之，可以分为三个方面，即思想理论、典章制度和历史人物。这三个方面，都包含着极为丰富、厚重的内容，充实而有光辉，体现了中国古代政治文明成就。为了弘扬伟大祖国优秀的历史文化，为加强廉政文化提供有益借鉴，我们对中国古代的廉政文化进行了初步的梳理。

一、 中国古代的廉政思想

中国古代思想文化资源博大精深，“百川异源，而皆归于海；

百家殊业，而皆务于治”〔1〕。其中廉政思想是一个重要的论题。

“廉”，最初指官员应具有的品德之一。舜时代提出从政者要有九种品德：“宽而栗，柔而立，愿而恭，乱而敬，扰而毅，直而温，简而廉，刚而塞，强而义。”〔2〕“简而廉”，意思是“性简大而有廉隅”，即性格豁达而又行为端方。

到西周时，“廉”作为官员一种必备的品质纳入考察考核。“以听官府之六计，弊群吏之治。一曰廉善，二曰廉能，三曰廉敬，四曰廉正，五曰廉法，六曰廉辨。”〔3〕“廉”在此当为坚持原则的意思。后来唐朝的贾公彦注释这里的“廉”字时说：“廉者，洁不滥浊也。”〔4〕不过，廉狭义固定为“廉洁”之意是在春秋时期。管仲提出：“国有四维……一曰礼，二曰义，三曰廉，四曰耻。礼不逾节，义不自进，廉不蔽恶，耻不从枉。”〔5〕这四维，都是指遵守法度、不逾规矩。晏婴曾提出：“廉者，政之本也”，“廉之谓公正”，〔6〕“故圣人伏匿隐处，不干长上，洁身守道，不与世陷乎邪，是以卑而不失义，瘁而不失廉。”〔7〕凝而聚之，“行廉而不为苟得”〔8〕作为一种品德内涵趋于固定，廉洁而不贪的意义明晰而特指了。

战国时，廉洁与不贪的意义固定下来。屈原说：“朕幼清以廉洁兮。”〔9〕东汉人王逸注释说：“不受曰廉，不污曰洁。”这应该

〔1〕《淮南子·氾论训》。
〔2〕《尚书·皋陶谟》。
〔3〕《周礼·天官冢宰·小宰》。
〔4〕《周礼注疏·天官冢宰》。
〔5〕《管子·牧民》。
〔6〕《晏子春秋·内篇杂下》。
〔7〕《晏子春秋·内篇问上》。
〔8〕《晏子春秋·内篇杂上》。
〔9〕《楚辞·招魂》。

符合屈子的本义。韩非子讲："百官之吏，亦知为奸利之不可以得安也，必曰：'我不以清廉方正奉法，乃以贪污之心枉法以取私利，是犹上高陵之颠，堕峻溪之下而求生，必不幾矣。'安危之道若此其明也，左右安能以虚言惑主，而百官安敢以贪渔下？是以臣得陈其忠而不弊，下得守其职而不怨。此管仲之所以治齐，而商君之所以强秦也。"[1] 韩非子明确提出国家强盛的一个重要原因，就是臣僚清廉方正，而不是放纵贪污之心以徇私枉法。

因此，廉政的内涵在廉正与廉洁之间。廉政，在国家层面，是一种政治文明形态；对官员个人，则是一种从政品质和风范。廉政的思想观念，伴随公权的产生而产生；其相对固定和系统化，是在王朝建立之后。在几千年的中国政治思想史上，廉政思想集中表现为八个理念：民本、德治、任贤、治吏、明法、勤政、节用、教化。

（一）古代的民本思想

民本观念是中国古代倡导的从政价值理念。价值观是思想的灵魂，民本观念是中国廉政思想的基石。

夏启废禅让建立家天下，宣扬"有夏服天命"[2] 的天命观。但是，夏启的儿子太康即位后就沉迷游乐，不理朝政，结果被放逐。是时，《五子之歌》讽之曰："皇祖有训：民可近，不可下。民惟邦本，本固邦宁。"[3] 这是关于民本思想的第一次呐喊。夏商相继覆亡，西周汲取前两朝的政治教训，提出"敬德保民"、

---

〔1〕《韩非子·奸劫弑臣》。
〔2〕《尚书·召诰》。
〔3〕《尚书·五子之歌》。

“以德配天”，所谓“聿修厥德，永言配命，自求多福”[1]。其中“德”包括敬天、敬宗、保民三方面，尤其要“怀保小民”[2]，舍此难保天祚。

春秋战国的动荡，彰显了民心向背的力量。“贵以贱为本，高以下为基”[3]，“唯人是保，而利合于主，国之宝也。”[4] 于是，孔子提出了庶民富民教民的仁政思想[5]。孟子继而提出了“民为贵，社稷次之，君为轻”[6] 的政治秩序理论，要求统治者须有“忧民之忧”及“与民同乐”的思想境界，有解民于“倒悬”的政治作为，建立“恒产”的产权制度以保障民生。荀子则更进一步提出“天之生民，非为君也；天之立君，以为民也”[7] 的立君为民权力观。至此，先秦民本思想基本形成。

先秦民本思想具有通过制民巩固君权的政治立场。孔子讲仁政，要富民教民，归根结底是为了“使民”。孔子说：“百姓足，君孰与不足？百姓不足，君孰与足？”[8] 民众是国家的经济基础。孔子又说：“善人教民七年，亦可以即戎矣。”[9] 民众是国家的军事基础。孔子还说：“君子学道则爱人，小人学道则易使。”[10] 民众是国家的政治基础。儒家讲教化，但是它极其明确的立场却在

---

〔1〕《诗经·大雅·文王》。
〔2〕《尚书·无逸》。
〔3〕《道德经·第三十九章》。
〔4〕《孙子兵法·地形篇》。
〔5〕《论语·子路》。
〔6〕《孟子·尽心下》。
〔7〕《荀子·大略》。
〔8〕《论语·颜渊》。
〔9〕《论语·子路》。
〔10〕《论语·阳货》。

于，“民可使由之，不可使知之”〔1〕，“劳心者治人，劳力者治于人；治于人者食人，治人者食于人”〔2〕“君者，舟也；庶人，水也。水则载舟，水则覆舟。……故君人者，欲安则莫若平政爱民矣。”〔3〕这都是讲君主是为治主体，民众是治理客体，客体是基础，搞得不好客体就要颠覆主体。从秦始皇到汉武帝，封建专制制度在全国最终确立起来。应该说，封建君主政治正是植根于民本思想的上述政治立场，才把它作为治国策略思想。董仲舒发现了这一奥妙所在，指出“唯天子受命于天，天下受命于天子，一国受命于君”，“君者，民之心也；民者，君之体也。”〔4〕汉武帝欣赏君权天授原则基础上的民本思想，实行“罢黜百家，独尊儒术”，民本思想进入主流意识形态，奠定了君主集权制民的基石，也派生出天子与官僚都要“爱民如子”的廉政蕴涵。

民本思想也适应了春秋战国时期政治治理的转型，它的产生恰好伴随着世卿世禄制度到封建官僚制度的转变。世卿世禄制度的终结，统治主体代之以官僚集团。关于官僚政治，“从理论上讲，往往是如此的：（一）所尽的责任，减至最小限度。（二）所得的利益，扩充至最大限度。……所以怠惰和贪污，乃是官僚阶级的本性”〔5〕。“官僚和民众的利益，是处于相反的地位的。”〔6〕“君主所处的地位，一方面固然代表其一人一家之私……又一方面，则亦代表人民的公益，而代他们监督治者阶级。”〔7〕君主与

〔1〕《论语·泰伯》。
〔2〕《孟子·滕文公上》。
〔3〕《荀子·王制》。
〔4〕《春秋繁露·为人者天》。
〔5〕《吕思勉讲中国政治》，九州出版社2008年版（下同），第211页。
〔6〕同上书，第213页。
〔7〕同上书，第236页。

民众处在利益的两极，民本思想针对的是防止中饱阶层的形成。反对中饱官僚集团欺上压下，是专制体制反腐败的重要任务。中国古代民本思想的廉政意义及其局限性都在于此。

恰因如此，民本思想成为约束官僚集团政治行为的一个准绳。西汉思想家贾谊将以民为本视为国家政治生活的基本准则："闻之于政也，民无不为本也。国以为本，君以为本，吏以为本。故国以民为安危，君以民为威侮，吏以民为贵贱。此之谓民无不为本也。"[1]

在政治实践中，民本思想首先要求官吏关注民生。"夫民者，国之根也，诚宜重其食，爱其命。"[2] 凡属把发展民生作为要务的官吏都受民拥戴，也为朝廷赞赏。例如，西汉宣帝时，渤海太守龚遂赈灾民、选良吏、施教化、劝农桑，治理升平，后被《汉书》列为第一循吏。

民本思想要求官僚顺应民心、惩恶扬善。"圣人无常心，以百姓心为心。"[3] 民众的意志彰显社会的善恶，是行政的主要依据。唐朝宰相狄仁杰为官，不媚上、不阿贵，始终保持体恤百姓的本色，做大理丞到任一年，便处理了前任遗留下来的诸多案子，没有一人上诉伸冤，后被称之为"唐室砥柱"。

民本思想还体现于官员执政价值追求方面。北宋范仲淹"先天下之忧而忧，后天下之乐而乐"[4]，南宋陆游"位卑未敢忘忧国"[5]，清代黄宗羲"我之出而仕也，为天下，非为君也；为万

[1] 《新书·大政上》。
[2] 《三国志·吴书·陆凯传》。
[3] 《道德经·第四十九章》。
[4] 范仲淹：《岳阳楼记》。
[5] 陆游：《病起书怀》。

民，非为一姓也”[1]，晚清龚自珍“落红不是无情物，化作春泥更护花”[2]，无不彰显了民本思想。

隋唐以后，民本思想通过科举制度注入政治体制之中，造就了中国古代政治特有的文化气质，形成了一股廉洁政治清流，源远流长数千年，在一定程度上对封建政治腐败现象起了抑制和延缓作用。

（二）古代的德治思想

中国古代的德治渊源可以追溯到上古。尧舜禹是部落首领，更是道德楷模，他们和睦群体，禅让而治。家天下开始后，夏商周三代统治集团很快认识到要“敬德、保民、配天”。

在春秋争霸的战火中，思想家疾呼德治。一方面是道家消极的德治，一方面是儒家积极的德治。老子提倡统治者“见素抱朴，少私寡欲”[3]，施行无为而治，薄税敛、轻刑罚、慎用兵、尚节俭。孔子反对暴虐政治和不义之战，明确提出了“为政以德”的主张。他说：“为政以德，譬如北辰，居其所而众星共（同‘拱’）之。”[4] 如何为政以德？孔子认为包括仁政与礼治两个方面，其中前者为本，后者为辅。仁是出发点，即律己宽人的“忠恕”之道，“己欲立而立人，己欲达而达人”[5]，“己所不欲，勿施于人”[6]。治是归宿，就是要“敬事而信，节用而爱人，使民

[1]《明夷待访录·原臣》。
[2] 龚自珍：《己亥杂诗》。
[3]《道德经·第十九章》。
[4]《论语·为政》。
[5]《论语·雍也》。
[6]《论语·颜渊》。

以时”[1]，“博施于民而能济众”[2]。

孟子把伦理和政治紧密结合起来，强调道德修养是搞好政治的根本，“乐以天下，忧以天下，然而不王者，未之有也。”[3] 因此，要顺民意、体民情、殖民产。荀子要求以政惠民、以德导民、以礼齐民，尤其要讲究礼乐法度，“人君者隆礼尊贤而王，重法爱民而霸，好利多诈而危，权谋、倾覆、幽险而亡。”[4]

秦统一了中国，但是迅速灭亡了。许多政治家、思想家认为秦朝灭亡的原因之一在于它违背了德政，“仁义不施而攻守之势异也”[5]。汉初大兴德政，倡导黄老无为之治，令民休养生息。汉武帝开始崇尚积极进取的儒学，德治进一步转型。董仲舒意识到君主统治集团权力日益强大，难免造成政治混乱与倾覆，于是在理论上提出一定要加强道德修养，依靠德治管理国家。董仲舒提出了天人合一学说，为德治提供理论依据。“天之任阳不任阴，好德不好刑”[6]，“天之生民，非为王也，而天立王以为民也。故其德足以安乐民者，天予之；其恶足以贼害民者，天夺之。”[7] “国之所以为国者，德也”，“是故为人君者，固守其德以附其民”[8]。“君民者，贵孝弟而好礼义，重仁廉而轻财利，躬亲职此于上，而万民听，生善于下矣。”[9] 而一旦君主滥用权力，有背天道，就会遭到“天谴”。从此之后，历代统治者大都重视道德教化对于

---

〔1〕《论语·学而》。
〔2〕《论语·雍也》。
〔3〕《孟子·梁惠王下》。
〔4〕《荀子·强国》。
〔5〕贾谊:《过秦论》。
〔6〕《春秋繁露·阴阳位》。
〔7〕《春秋繁露·尧舜不擅移，汤武不专杀》。
〔8〕《春秋繁露·保位权》。
〔9〕《春秋繁露·为人者天》。

管理国家“如鸟有翼，如鱼依水，失之必死，不可暂无”[1]的作用。

宋朝重文治，“理学”应运而生，德治从理论到实践上升为治国轨度。理学认为，君主的个人品行是治乱兴衰的根本原因，君主要“正心诚意”，通过修德以正心去实施仁政，恤民养民，尽量避免耗用民力，使民安于生产，满足人民的衣食之需，进而达到修礼义、尊君亲。官吏要爱民，民为邦本，爱民就是爱君。在形式上要以礼治国，德是礼的根本，礼是德的制度表现，要通过礼治协调社会关系，完善社会等级秩序。

明末清初，黄宗羲、王夫之、顾炎武等进步思想家，批判“存天理，灭人欲”的宋明理学，提出“国家兴亡，匹夫有责”的德治思想，主张劝学和奖廉，通过正人心、厚风俗、行孝悌、倡廉耻，促进克己奉公，实现合天下之私以成天下之公的德治理想。

中国几千年历史，德治是基本一贯的政治主张，因此在为政道德建设方面积累了丰富的资源。例如，孔子提出：“尊五美，屏四恶，斯可以从政矣。”“五美”即“君子惠而不费，劳而不怨，欲而不贪，泰而不骄，威而不猛”。“四恶”即“不教而杀谓之虐；不戒视成谓之暴；慢令致期谓之贼；犹之与人也，出纳之吝谓之有司”[2]。汉代扬雄提出：“君子为国，张其纲纪，谨其教化。导之以仁，则下不相贼；莅之以廉，则下不相盗；临之以正，则下不相诈；修之以礼义，则下多德让。”[3]根据唐太宗李世民统治经验编写成的《贞观政要》和《帝范》，其中不少涉及帝王

[1]《贞观政要·慎所好》。
[2]《论语·尧曰》。
[3]《法言·先知卷第九》。

修养问题。武则天编《臣轨》专辟“廉洁”一章，论及廉洁的重要性：“君子虽富贵，不以养伤身；虽贫贱，不以利毁廉。……廉平之德，吏之宝也。”[1] 欧阳修则提出：“廉耻，士君子之大节，罕能自守者，利欲胜之耳。”[2] 南北朝时期苏绰提出君主必须具备八种品德：“必心如清水，形如白玉，躬行仁义、躬行孝悌、躬行忠信，躬行礼让，躬行廉平，躬行俭约，然后继之以无倦……加之以明察。”[3] 北宋司马光则提出：“人君大德有三，曰仁，曰明，曰武。”[4] 南宋朱熹提出治理天下的根本在于君主“正心诚意”[5]。康熙撰《廉静论》，论述“吏尤以廉为贵也”[6]。

为政道德思想，一方面针对君主，一方面针对官僚。君主道德修养由“天”管辖，官僚的道德修养则付诸考课制度。比如，唐代文官考课制度的标准是“四善二十七最”。其中，二十七最强调官吏的为政才能，四善则突出官吏的道德修养。“凡考课之法有四善：一曰德义有闻，二曰清慎明著，三曰公平可称，四曰恪勤匪懈。”[7] 明清文官考核制度规定有“四格”和“八法”的内容。四格“才、守、政、年”之中的操守就是对道德方面的要求，八法“贪、酷、罢软无为、不谨、年老、有疾、浮躁、才力不及”之中的不谨、浮躁、贪、酷四项也主要是指官员道德方面的缺陷和错误。

中国古代思想家、政治家还提出一些方法，用来修养德性，

---

〔1〕武则天：《臣轨·廉洁章》。
〔2〕《欧阳修集·笔说·廉耻说》。
〔3〕《北史·苏绰列传》。
〔4〕《续资治通鉴·宋纪五十九》。
〔5〕《宋史·道学（三）》。
〔6〕《康熙御批·廉静论》。
〔7〕《唐六典·尚书吏部》。

直至仕进。如儒家经典《大学》讲三纲八目，阐述不断加强个人修养，强调通过格物、致知、诚意、正心、修身、齐家、治国、平天下，完善内在的德智修养，严格约束自己的行为举止，实现外在事业的完成。

（三）古代的任贤思想

任贤使能，或者说“尚贤”、“任贤”，是古代廉政思想的重要组成部分。“贤”，本义指“多才”，但依中国古代政治传统论，“贤”等同于“善”。《吕氏春秋》中讲：“以和氏之璧与百金以示鄙人，鄙人必取百金矣；以和氏之璧、道德之至言以示贤者，贤者必取至言矣。”〔1〕可以看出，贤人首先是有道德的人。它的反义词是“不肖”，如果是自谦，就是“不才”的意思；如果他指，就是“品行不端”。正是“贤”的双重含义，任贤总的要求是重用优异之人。

周文王和姜太公讨论圣贤之君的治道，姜尚列出的第一条就是“上贤，下不肖”〔2〕。后来周公旦摄政，思贤若渴，礼贤下士，“一沐三握发，一饭三吐哺，犹恐失天下之士”〔3〕，传为历史美谈。

春秋列国争霸，贤人政治备受推崇。打破贵贱出身的社会偏见，不拘一格选用贤人，成为一条重要的治国经验。齐桓公曾问郭国父老亡国之因，父老回答说：“国君爱贤人而不任用，恨坏人而不翦除，所以导致亡国。”齐桓公深受启发，重用鲍叔牙荐举的

〔1〕《吕氏春秋·异宝》。
〔2〕《太公六韬·文韬·上贤》。
〔3〕《韩诗外传》卷三。

管仲为相，“九合诸侯，一匡天下”[1]，遂成霸业。而晚年任用了易牙、开方、竖刁之类的奸佞，结果导致身死国衰。管仲树立贤人伟业，孔子评价道：“管仲相桓公，霸诸侯，一匡天下，民到于今受其赐。微管仲，吾其被发左衽矣！岂若匹夫匹妇之为谅也，自经於沟渎而莫之知也！”[2] 鉴于此，孔子力主“举贤”。在回答鲁哀公治乱问策时，他说：“政在选贤”[3]；在回答仲弓关于为政之要时，他说：“先有司，赦小过，举贤才”[4]；在谈大同理想时，他说：“大道之行也，天下为公，选贤与能，讲信修睦”[5]。孟子主张“贤者在位，能者在职”[6]，他所提出的可致“无敌于天下”的五项国策中，第一项即为“尊贤使能，俊杰在位”[7]。荀子也高度推崇“尚贤使能”，将“贤能不待次而举，罢不能不待须而废”列为“王者之政”[8]。荀子还讲：“君人者欲安则莫若平政爱民矣，欲荣则莫若隆礼敬士矣，欲立功名则莫若尚贤使能矣，是君人者之大节也。三节者当，则其余莫不当矣；三节者不当，则其余虽曲当，犹将无益也。”[9]

墨子曾经系统论述“尚贤”的思想。墨子把使用人才上升为治乱兴衰的根本国策，“尚贤者，政之本也”。他强调“贤”是选官的唯一标准，其他如身份、地位、职业等等社会因素都不可影响人才的使用。“故古者圣王之为政，列德而尚贤，虽在农与工肆之人，有能则举之，高予之爵，重予之禄，任之以事，断予之

---

[1]《史记·管晏列传》。
[2]《论语·宪问》。
[3]《韩非子·难三》。
[4]《论语·子路》。
[5]《礼记·礼运》。
[6][7]《孟子·公孙丑上》。
[8][9]《荀子·王制》。

令……故官无常贵，而民无终贱，有能则举之，无能则下之。”任贤的标准有三条，凡“厚乎德行，辩乎言谈，博乎道术者”，就要量才而任用，量功而分禄。[1]

法家选官突出“能”而重“事功”。李悝提出“为国之道，食有劳而禄有功，使有能而赏必行、罚必当”[2]，申不害提出“见功而与赏，因能而授官”[3]，商鞅提出“国以功授官予爵”[4]，韩非子提出“推功而爵禄，称能而官事”[5]，这些思想都属于任贤范畴。

任贤思想，强烈地冲击腐败的世卿世禄制度，推出了一批批崛起自社会各阶层的士官将相，推动了由分裂走向一统的历史进程，并最终将任贤思想制度化。汉武帝建立察举征辟制度，就是选贤的一种制度化。董仲舒说：“使诸列侯、郡守、二千石各择其吏民之贤者，岁贡各二人以给宿卫，且以观大臣之能；所贡贤者有赏，所贡不肖者有罚。……遍得天下之贤人，则三王之盛易为，而尧舜之名可及也。毋以日月为功，实试贤能为上，量材而授官，录德而定位，则廉耻殊路，贤不肖异处矣。”[6]

隋唐兴起科举制，进一步将选官制度与教育制度结合起来，任贤使能成为国家意志。史载唐太宗为网尽天下贤人而欣欣然，“尝私幸端门，见新进士缀行而出，喜曰：‘天下英雄入吾彀中矣！’”[7]

科举制度的廉政意义就在于把民间贤俊选拔到官僚集团中来，

[1] 《墨子·尚贤上》。
[2] 《说苑·政理》。
[3] 《韩非子·外储说左上》。
[4] 《商君书·靳（饬）令》。
[5] 《韩非子·人主》。
[6] 《天人三策·第二策》。
[7] 王定保：《唐摭言·述进士上篇》。

源源不断地补充新生力量，这在一定程度上抵制了腐败发生。唐宋以来，中国逐渐形成一个地道的“士人政府”，形成“道统”对政统的完善与制衡。以范仲淹为例，朱熹曾高度评价其从政意义，他说：“且如一个范文正公，自做秀才时便以天下为己任，无一事不理会过。一旦仁宗大用之，便做出许多事业。”[1] 今人余英时也认为，范仲淹是宋代士大夫的典范，代表北宋以来士阶层的共识[2]，这就是“先王建官，共理天下，必以贤俊授任，不以爵禄为恩，故百僚师师，各扬其职，上不轻授，下无冒进，此设官之大端也”[3]。由此说明，宋代以降，“‘士’不但以文化主体自居，而且也发展了高度的政治主体的意识；‘以天下为己任’便是其最显著的标识。”[4]

士人代表文化的力量，文化蕴含着道德和智识的力量。有宋开始，选贤任能更加强调德才兼备、以德为先。司马光对此作了透辟的阐述。“夫才与德异，而世俗莫之能辨，通谓之贤，此其所以失人也。夫聪察强毅之谓才，正直中和之谓德。才者，德之资也；德者，才之帅也。……才德全尽谓之‘圣人’，才德兼亡谓之‘愚人’；德胜才谓之‘君子’，才胜德谓之‘小人’。凡取人之术，苟不得圣人、君子而与之，与其得小人，不若得愚人。何则？君子挟才以为善，小人挟才以为恶。挟才以为善者，善无不至矣；挟才以为恶者，恶亦无不至矣。愚者虽欲为不善，智不能周，力不能胜，譬如乳狗搏人，人得而制之。小人智足以遂其奸，勇足

〔1〕《朱子语类》卷一二九。
〔2〕余英时：《朱熹的历史世界》，三联书店2004年版（下同），第210页。
〔3〕《范文正公文集》卷七《奏上时务书》。
〔4〕余英时：《朱熹的历史世界》总序，第3页。

以决其暴，是虎而翼者也，其为害岂不多哉！夫德者人之所严，而才者人之所爱；爱者易亲，严者易疏，是以察者多蔽于才而遗于德。自古昔以来，国之乱臣，家之败子，才有馀而德不足，以至于颠覆者多矣。”[1] 司马光的论述影响深远。

康熙曾经感言道：“国家用人，当以德器为本，才艺为末。凡才长者，虽能济事，亦为败检。若德器醇朴，必不至荡轶准绳之外。”[2] 道德是内心的法则、自律的防线，道德高尚，必至清廉。

（四）古代的吏治思想

官吏是执掌权力的管理集团，是腐败易发常发之处，所以，治国必先治吏。

尧舜之时就注意对官吏严加考课，严明赏罚。“三载考绩，三考黜陟幽明，庶绩咸熙。”[3] 尧之“鞭作官刑”，舜之“流刑”，都是用来惩戒犯错误官吏的。商朝“制官刑，儆于有位”，惩治官吏“三风十愆”腐败行为。[4] 盘庚也曾告诫群臣，不要斤斤计较升官发财，而要专心关注民生和教化。[5] 西周“三岁则大计群吏之治而诛赏之”[6]，标准是“六廉”，奖惩的方式有爵、禄、予、置、生、夺、废、诛等。周朝制《吕刑》，判定罪与罚有“五刑”、“五罚”、“五过”、“五疵”的等级。[7]

春秋战国时期，世卿世禄制度逐步被官僚制所取代。君主通

〔1〕《资治通鉴·周纪一》。

〔2〕《圣祖御制文》二集卷三十八《张华以才学文识名重一时》。

〔3〕《文献通考·选举十二》。

〔4〕《尚书·伊训》。

〔5〕《尚书·盘庚》。

〔6〕《文献通考·选举十二》。

〔7〕《尚书·吕刑》。

过庞大的官僚机器实施统治，首先是对官吏的治理，其次才是对民众的治理，因而“明主治吏不治民”[1]。管仲相齐，提出“治官化民，其要在上”[2]，主张“明主之治也，明分职而课功劳”，“案其功而行赏，案其罪而行罚”[3]。为此，管仲提出“二察”（乡里察举、君主察问）、“三审”（德义未明于朝者，则不可加于尊位；功力未见于国者，则不可授以重禄；临事不信于民者，则不可使任大官）、“四慎”（大德不至仁，不可以授国柄；见贤不能让，不可与尊位；罚避亲贵，不可使主兵；不好本事、不务地利而轻赋敛，不可与都邑）[4] 的考察任用官吏的准则。魏国的李悝制定了中国历史上最早的一部成文法典《法经》，其中《杂律》中有相当比重的关于吏治的条款：“博戏罚金三币，太子博戏则笞，不止则特笞，不止则更立……丞相受金，左右伏诛”[5]。秦国的商鞅重治吏，“守法守职之吏有不行王法者，罪死不赦，刑及三族。”[6] 韩非子将治理官吏的思想系统化：一是依法治吏，“循法而治”[7]；二是不可使大臣权势太大，“渐更以离通比”[8]；三是坚持以贤能为用人的标准，“所举者必有贤，所用者必有能”[9]；四是进行经常的考核，“循名实而定是非，因参验而审言

〔1〕《韩非子·外储说右下》。
〔2〕《管子·君臣上》。
〔3〕《管子·明法解》。
〔4〕《管子·立政》。
〔5〕《法经·杂律》。
〔6〕《商君书·赏刑》。
〔7〕《韩非子·用人》。
〔8〕《韩非子·八经》。
〔9〕《韩非子·人主》。

辞”[1]；五是不可偏听偏信，要“决诚以参，听无门户”[2]；六是提倡廉耻，“立廉耻……以厉下”[3]，“以精洁固身”，“以治辩进业”[4]。

秦朝颁有《为吏之道》，涉及治国、理政、安民、趋利、远祸等方面。例如，为政品质要求有“必精絜（洁）正直，慎谨坚固，审悉毋（无）私，微密韱（纤）察，安静毋苛，审当赏罚”。官员行为有五善五失。“五善”指忠信敬上，清廉毋谤，举事审当，喜为善行，恭敬多让；“五失”指奢侈超过限度，妄自尊大，擅自决断，犯上弗知害，轻士人而重钱财。凡官吏能做到五善，则给予奖赏；反之，有五失者则受到处罚，直至“身及于死”[5]。

汉朝治国重治吏，首先要求官员惜民力、勤治事、尚节俭。西汉文帝提出，“廉吏，民之表也”[6]，官吏不得大吃大喝。汉景帝时，禁止官吏利用职权参与经济活动和受贿，“若买故贱，卖故贵，皆坐臧为盗，没入臧县官。吏迁徙免罢，受其故官属所将监治送财物，夺爵为士伍，免之。无爵，罚金二斤，令没入所受。有能捕告，畀其所受臧。”[7] 汉元帝时规定，坐赃者，皆禁锢不得为吏。到了东汉，赃官子孙三代不得为官。汉朝治吏，形成循吏传统，“政优则增秩赐金，绩负则论输左校。选任之道，皇汉其优。”[8] 特别是汉宣帝为政，尤其以治吏为根。“信赏必罚，综核

---

〔1〕《韩非子·奸劫弑臣》。
〔2〕《韩非子·八说》。
〔3〕《韩非子·诡使》。
〔4〕《韩非子·孤愤》。
〔5〕《睡虎地秦墓竹简·为吏之道》。
〔6〕《汉书·文帝纪》。
〔7〕《汉书·景帝纪》。
〔8〕《旧唐书·良吏上》。

名实，政事文学法理之士咸精其能"[1]，地方官吏"所居民富，所去见思"[2]。

西汉察举制极有利于选拔民间孝廉为官，但到东汉末年滋生了私门请谒求荐现象。九品中正制实行后，谒送之风更加严重，加速了官吏贪腐。为了遏制此风，魏晋南北朝法典增设《请赇》篇，专司贪污与受贿的惩处。但是，这样的法律制度基本上没有执行下去。

积习难返，延至隋朝。"隋政不纲，彝伦斯紊。天子事巡游而务征伐，具僚逞侧媚而窃恩权。是时朝廷无正人，方岳无廉吏。跨州连郡，莫非豺虎之流；佩紫怀黄，悉奋爪牙之毒。以至土崩不救，旋踵而亡。"[3] 因之，唐朝重典治吏。官吏分等次考课，凡属"居官饰诈、贪浊有状"者必得罢官惩处。[4]《唐六典》规范了政务活动。《唐律疏议》以严刑峻法惩治官吏贪赃枉法。受赃枉法、受赃不枉法、受所监临财物、强盗、窃盗、坐赃，"六赃"必办。

宋代文官治国，考课官员定有"四善三最"标准，依次奖罚。"宋以忠厚开国，凡罪罚悉从轻减，独于治赃吏最严。"[5] 王安石也说："今朝廷之法所尤重者，独贪吏耳。"[6] 宋设武德司（皇城司），专司官僚贪腐罪罚。宋朝还推行高俸禄以养廉的方法，"使其足以养廉耻而离于贪鄙之行"[7]。其消极的结果是文官厚禄、

---

〔1〕《汉书·宣帝纪》。

〔2〕《汉书·循吏传序》。

〔3〕《旧唐书·良吏上》。

〔4〕《文献通考·选举十二》。

〔5〕 赵翼：《廿二史劄记·宋初严惩赃吏》。

〔6〕〔7〕《临川先生文集·上仁宗皇帝言事书》。

冗官泛滥、武备不足，最终成为亡国的一个重要原因。

元朝擢拔“吏员”，“首论行止，次取吏能，又次计月日多者为优”[1]，兼以“六事”考绩。然而，重吏员轻儒生，“由进士入官者仅百之一，由吏致位显要者常十之九”[2]，学而优则仕的途径不能畅通，官僚整体素质走低，腐败衰亡在所难免。

明代官僚管理素称严酷，先评定“三等”（称职、平常、不称职），再稽查“八法”（贪、酷、浮躁、不及、老、病、罢、不谨）[3]。凡被列入“八法”之中的，就要降级或罢免，有的终身不再被录用。朱元璋明刑弼教，律己示范，尤其是酷刑惩腐，“凡三《诰》所列凌迟、枭示、种诛者，无虑千百，弃市以下万数”[4]，于是，洪武以来，“吏治澄清者百余年”[5]。

清代学者王夫之曾说：“严者，治吏之经也；宽者，养民之纬也；并行不悖，而非以时为进退者也。……严以治吏，宽以养民，无择于时而并行焉，庶得之矣。”[6]清初考课官僚实行“四格”（才、守、政、年）和“八法”制，嘉庆以后课以“四格”、“六法”（不谨、罢软、浮躁、才力不及、年老、有疾）。如果官员贪、酷，将革职拿问，永不叙用。清朝初期几个皇帝励精图治，宽以养民，严以治吏，渐进盛世。乾隆中期以后，官员自律日益松弛，清官不称于世，墨吏不乏其人，贪墨日甚，终成积重，下启19世纪的鸦片战争败局。曾国藩、左宗棠、张之洞等中兴之臣奋起救赎，释

---

〔1〕《元典章·吏部六》。
〔2〕《元史·韩镛传》。
〔3〕《明史·选举志三》。
〔4〕《明史·刑法志二》。
〔5〕《明史·循吏传序》。
〔6〕王夫之：《读通鉴论》卷八《桓帝》。

放了传统文化的教化之功，然无力回天，终是专制腐败的恶果。

（五）古代的法治思想

在传统文化意义上，中国古代治理方法分德治、礼治和法治。但它们都属于人治，即强调官员特别是最高统治者依规则（包括基本道德规范、礼、法）而治。这些规则就是治理民众的法。所以，明法之治是中国古代政治准则之一。“明于五刑，以弼五教，期于予治。”〔1〕

儒家治国出发点是“道之以德，齐之以礼”〔2〕，但是德与礼往往通过法律制度来落实，所谓“经有正义，律有明刑”〔3〕，“故治国无法则乱，守法而弗变则悖。”〔4〕因此，儒家讲德治礼治，但不反对法（刑）治。管仲相齐，提出治国“三本”、“四固”、“五事”〔5〕，既重视道德教化，又重视法制建设。“法律政令者，吏民规矩绳墨也”〔6〕，“君臣上下贵贱皆从法，此谓为大治。”〔7〕管子还提出执法要公平的“壹刑”主张：“壹刑者，刑无等级，自卿相将军以至大夫庶人，有不从王令、犯国禁、乱上制者，罪死不赦。”〔8〕孟子认为，不以规矩不能成方圆，呼吁弘扬“先王之法”。荀子推崇规范之治，主张隆礼重法，“隆礼至法则国有常，尚贤使能则民知方”〔9〕。

---

〔1〕《尚书·大禹谟》。
〔2〕《论语·为政》。
〔3〕《后汉书·阜陵质王延传》。
〔4〕《吕氏春秋·察今》。
〔5〕《管子·立政》。
〔6〕《管子·七臣七主》。
〔7〕《管子·任法》。
〔8〕《商君书·赏刑》。
〔9〕《荀子·君道》。

法家从根本上崇尚法治。商鞅认为，法度是维护公共利益的柱石，是治国的根本。“故明主慎法制，言不中法者不听也，行不中法者不高也，事不中法者不为也。”[1] 他也主张公平执法，“任法去私，而国无隙蠹矣。”[2] 韩非子认为，以法治国治吏是最有效、最周全的治国之策，“故舍己能而因法数，审赏罚”[3]。“二柄而已矣。二柄者，刑、德也。何谓刑、德？曰：杀戮之谓刑，庆赏之谓德。”[4]

墨子认为，“天下从事者，不可以无法仪；无法仪而其事能成者，无有也。”[5] 墨家的“义”就是大经大法。早期社会一人一义，因而相争。后来选君，君有同一天下之义的责任，此“同一天下之义”者，实为制定与遵守法律之谓也。[6]

明法治国的思想，在春秋战国时期形成。但是，对法度成分理解的不同、实践程度的不同，形成明显派别之分。儒家更重视道德和礼治的内在规定作用，法家更重视刑罚的震慑制驭作用。例如，孔子讲：“道之以政，齐之以刑，民免而无耻；道之以德，齐之以礼，有耻且格。”[7]以政令来规范，以刑罚来整治，以德来引导，这样的观点为后世儒家治国思想发展开辟了方向。至南宋，朱熹将这种观点讲到透彻的程度：“政者，为治之具，刑者，辅治之法；德礼，则所以出治之本，而德又礼之本也，此其相为终始，虽不可以偏废，然政刑能使民远罪而已，德礼之效，则有以使

[1]《商君书·君臣》。
[2]《商君书·修权》。
[3]《韩非子·有度》。
[4]《韩非子·二柄》。
[5]《墨子·法仪》。
[6]《墨子·尚同下》。
[7]《论语·为政》。

民日迁善而不自知，故治民者不可徒恃其末，又当深探其本也。”〔1〕战国末期，秦国统一中国。“皇帝临位，作制明法，臣下修饬。……端平法度，万物之纪。以明人事，合同父子。圣智仁义，显白道理。”〔2〕秦朝灭亡后，汉初推崇黄老无为之治，实际上是遵守习惯法休养生息。汉武帝独尊儒术，确立了儒学的主流地位，德主刑辅成了主导的政治思想。魏晋南北朝，重视法制建设的思想一度上升。三国政论家桓范强调刑与德不能偏废，提出“治国之本有二：刑也，德也。二者相须而行，相待而成矣。天以阴、阳成岁，人以刑、德成治，故虽圣人为政，不能偏用也。”〔3〕西晋傅玄提出治国应当赏罚分明，威德相济，并强调了赏罚的公平公正性。〔4〕东晋思想家葛洪提出：“仁者，为政之脂粉；刑者，御世之辔策。脂粉非体中之至急，而辔策须臾不可无也。”〔5〕魏晋统治者也注重修订法律，加强治理。《北齐律》就制定了“重罪十条”以维护国家根本利益。

隋朝重新建立统一政权，着手加强法制，修《开皇律》，在《北齐律》“重罪十条”的基础上，将谋反、谋大逆、谋叛、恶逆、不道、大不敬、不孝、不睦、不义、内乱改为“十恶之条”，大力加以贯彻，并为宋元明清历代所承袭。

唐朝统治者认为，“德礼为政教之本，刑罚为政教之用，犹昏晓阳秋相须而成者也”〔6〕，主张礼法并用、德主刑辅。法律的制

---

〔1〕《论语集注·为政》。
〔2〕《史记·秦始皇本纪》。
〔3〕桓范：《世要论·臣不易》。
〔4〕傅玄：《傅子·治体》。
〔5〕葛洪：《抱朴子外篇·用刑》。
〔6〕《唐律疏议》卷一《名例》。

定“一准乎礼”，礼的基本原则直接入律，而且“尊卑贵贱，等数不同，刑名轻重，粲然有别”〔1〕，礼法由互补发展为统一的体用关系。在制定法律方面，约法省刑，“务在宽简”〔2〕。在执法方面，坚决严明，“一断以律”，“按举不法，震肃权豪”〔3〕。

宋朝文治，虚外实内，增官加俸，造成冗官多、贪墨盛、国防弱的局面，结果被元朝取代。明代推行重典治世，尤其是对直接危害统治秩序的重罪加重处罚，而对违反礼教秩序的犯罪处罚较轻。清初统治者把法制建设作为“保邦致治”之本，教导国人牢记法令〔4〕，维护清朝统治集团特权，严惩叛逆，大兴文字狱，加强皇权专制。

明法治国根本在于加强统治，它的廉政意义在于，通过比较公正地执法，能够维护大多数民众的利益，并制约、遏止统治集团的腐败。具体表现在：一是限制皇权。为维护形式化法律权威，皇帝的特旨不得作法引用，这在一定程度上防止了帝王任意破坏常典法律。例如，《大清律例·刑律·断狱下》之“断罪引律令”条规定，“凡断罪，皆须具引律例，违者，笞三十。……其特旨断罪，临时处治不为定律者，不得引比为律。若辄引致罪有出入者，以故失论”。二是制约官僚权力。作为稳定的规范，法度是历史的产物和文化的产物，具有延续性和独立性，需要援例执行，一断于法，所谓“法不阿贵，绳不挠曲。法之所加，智者弗能辞，勇者弗敢争。刑过不避大臣，赏善不遗匹夫”〔5〕。这种公平正义尽

〔1〕《唐律疏议》卷十九《贼盗三·发冢》。
〔2〕《旧唐书·刑法志》。
〔3〕《贞观政要·贪鄙》。
〔4〕《满文老档》第十一册《太祖天命四年七月初八日》。
〔5〕《韩非子·有度》。

管具有虚伪性，但无疑是制约统治集团、防治权力腐败的重要力量。三是公正执法，既是示范，也是警示。例如，包拯毕生“以法律提衡天下”[1]，清廉严毅，不畏权贵，其形象长期受到民众尊敬和称赞，而“贵戚宦官为之敛手，闻者皆惮之”[2]。清代李鸿章在《重修包孝肃祠》一文中曾感慨道：“若公清风介节，并世已奉之如神明，其精神气象，至今尚仿佛于村氓野老妇人孺子之口，是固无往而不在。”包公形象和精神无疑蕴含反腐倡廉的重大力量。

（六）古代的勤政思想

中国古代是一个以小农经济为基础的国家，勤于治业是最基本的品德要求。“处其位而不履其事，则乱也。”[3] 官吏为民师表，应该是勤政的模范。

文献记载，舜曾教导禹要“克勤于邦，克俭于家”[4]，伯益也告诫禹说：“儆戒无虞，罔失法度，罔游于逸，罔淫于乐”[5]。周公旦也曾训诫成王“君子所其无逸”[6]，执政不能贪图享乐，而要“徽柔懿恭，怀保小民，惠鲜鳏寡。自朝至于日中昃，不遑暇食，用咸和万民”[7]。

“沉于乐者洽于忧，厚于味者薄于行，慢于朝者缓于政，害于国家者危于社稷。”[8] 春秋战国时期，一些思想家、政治家从社

---

〔1〕《包拯集》附录·朱天应《万历端州刻本跋》。
〔2〕《宋史·包拯传》。
〔3〕《礼记·表记》。
〔4〕〔5〕《尚书·大禹谟》。
〔6〕〔7〕《尚书·无逸》。
〔8〕《管子·中匡》。

会主体论的层面深刻提出要勤政为民、忠于职守。勤政由此被赋予民本的终极关怀，也成为官员应该养成的道德操守。当时随国的季梁指出，“夫民，神之主也”，君主和官员不可以荒废民利而“逞欲”，而要虔诚地履行“忠于民而信于神”的治道。[1] 孔子论治国，把敬业惠民列入首要，所谓“道千乘之国，敬事而信，节用而爱人，使民以时”[2]，为此，应该“居之无倦，行之以忠”[3]。

勤奋治业是秦国灭六国、一统天下的重要因素。秦穆公时期，招贤纳士，开疆拓土，发展农业，君臣上下励精图治，“夙夜匪解”[4]，遂成为春秋五霸，打下秦崛起的根基。后来，秦孝公重用商鞅变法图强，奠定了统一中国的基础。“自缪公以来，至于秦王，二十余君，常为诸侯雄。”[5] 秦始皇统一中国后，勤勉理政，“天下之事无小大皆决于上，上至以衡石量书，日夜有呈，不中呈不得休息”，所谓“朝夕不懈”、“莫敢怠荒”。[6] 秦国官吏历来有勤政之风。荀子就曾称赞秦官吏的勤政传统，“及（秦）都邑官府，其百吏肃然，莫不恭俭敦敬，忠信而不楛，古之吏也”[7]

西汉休养生息，兴行黄老无为之学。淮南王刘安讽喻应顺自然之理而治，不可宽纵奢乐，恣意懈怠。“吾所谓乐者，人得其得者也。夫得其得者，不以奢为乐，不以廉为悲，与阴俱闭，与阳

---

〔1〕《左传·桓公六年》。
〔2〕《论语·学而》。
〔3〕《论语·颜渊》。
〔4〕《左传·文公三年》。
〔5〕贾谊：《过秦论》。
〔6〕《史记·秦始皇本纪》。
〔7〕《荀子·强国》。

俱开。"[1] 汉朝中期以后，渐生怠惰政风，官僚"上不能匡主，下亡以益民，皆尸位素餐"[2]。于是，朱云折槛廷谏，朱博提出加强职责考核，"分职授政，以考功效"[3]。后来，东汉王符也提出，"群僚师尹，咸有典司，各居其职，以责其效"[4]，以保证官吏"奉遵礼法，竭精思职，推诚辅君，效功百姓"[5]。

"官怠于有成，病加于小愈，祸生于懈惰。"[6] 诸葛亮考课官吏，"五事五苦"，迁善黜恶，以资勤政。[7] 诸葛亮本身也是勤政的典型。"受命以来，夙夜忧叹"，"敢竭股肱之力，效忠贞之节，继之以死！"[8]

唐之时，魏徵与李世民有个对话。魏徵说："自古帝王初即位者，皆欲励精为政，比迹于尧、舜；及其安乐也，则骄奢放逸，莫能终其善。人臣初见任用者，皆欲匡主济时，追踪于稷、契；及其富贵也，则思苟全官爵，莫能尽其忠节。若使君臣常无懈怠，各保其终，则天下无忧不理，自可超迈前古也。"太宗曰："诚如卿言。"[9] 唐玄宗李隆基恰恰验证了魏徵这番话的深意。玄宗初登帝位时，励精求治，创造了"开元盛世"。但是，玄宗后来自以为天下太平，变得骄傲怠惰，沉溺享乐，结果酿成"安史之乱"，盛唐转入衰世。

宋代吕本中做过中书舍人兼直学士院，主编《官箴》一部，

---

〔1〕《淮南子·原道训》。
〔2〕《汉书·朱云传》。
〔3〕《汉书·朱博传》。
〔4〕《潜夫论·考绩》。
〔5〕《潜夫论·忠贵》。
〔6〕《韩诗外传》卷八。
〔7〕《诸葛亮集·考黜第八》。
〔8〕《三国志·蜀书·诸葛亮传》。
〔9〕《贞观政要·慎终》。

首页言：“当官之法，唯有三事，曰清、曰慎、曰勤。知此三者，可以保禄位，可以远耻辱，可以得上之知，可以得下之援。”康熙对此箴赞赏有加，从中录出“清、慎、勤”三字，欣然御书，然后下发各州县，刻于匾额，高悬大堂之上，诫勉官吏恪尽职守。

南宋理学家真德秀曾官至户部尚书，以四事自勉：律己以廉，抚民以仁，存心以公，莅事以勤。他尤以“莅事以勤”警诫自己。他在《谕州县官僚》中说：“业精于勤，荒于嬉，则为士者不可以不勤，况为命吏，所受者朝廷之爵位，所享者下民之脂膏。一或不勤，则职业隳弛，岂不上孤朝寄而下负民望乎？”〔1〕

元朝徐元瑞编著《吏学指南》，提出为官“三尚”：廉、勤、能。所谓尚勤，“谓早入晏出，奉公忘私，虽休勿休，恪谨匪懈；呈押文字，发遣公事，务为敏速，耻犯稽迟；躬操笔砚，不仰小胥，手阅簿书，不辞劳役”〔2〕。

明朝留有一部佚名编著的《初仕要览》，其中说：“初仕以勤政为首务，政不勤则百事殆”。何谓勤？清代刚毅解释说：“黾勉从公，夙夜匪懈，谓之勤。”〔3〕 清代名臣曾国藩说得更具体：“勤之道有五。一曰身勤：险远之路，身往验之；艰苦之境，身亲尝之。二曰眼勤：遇一人必详细察看，接一文必反复审阅。三曰手勤：易弃之物，随手收拾；易忘之事，随笔记载。四曰口勤：待同僚，则互相规劝；待下属，则再三训导。五曰心勤：精诚所至，金石亦开；苦思所积，鬼神亦通。五者皆到，无不尽之职矣。”〔4〕

---

〔1〕《文渊阁四库全书》第706册，台湾商务印书馆1986年版。

〔2〕徐元瑞：《吏学指南》，浙江古籍出版社1988年版。

〔3〕刚毅：《居官镜·臣道》。

〔4〕《曾国藩全集》第14册，岳麓书社1986年版（下同），第439页。

曾国藩是对勤政论述最多、践行最好的政治家。他把勤上升为历史政治经验加以论说，并以此告诫后代子孙：“开国之际，若汉唐之初，异才、畸士、丰功、伟烈，飙举云兴，盖全系夫天运，而人事不得与其间。至中叶以后，君子欲有所建树，以济世而康屯，则天事居其半，人事居其半。以人事与天争衡，莫大乎忠勤二字。乱世多尚巧伪，惟忠者可以革其习；末俗多趋偷惰，惟勤者可以遏其流。忠不必有过人之才智，尽吾心而已矣；勤不必有过人之精神，竭吾力而已矣。能剖心肝以奉至尊，忠至而智亦生焉；能苦筋骸以捍大患，勤至而勇亦出焉。余观近世贤哲，得力于此二字者，颇不乏人。余亦忝附诸贤之后，谬窃虚声，而于忠勤二字，自愧十不逮一。吾家子姓，倘将来有出任艰巨者，当励忠勤以补吾之阙憾。忠之积于平日者，则自不妄语始；勤之积于平日者，则自不晏起始。”〔1〕

（七）古代的节俭思想

“好廉自克曰节。”〔2〕经济与消费上的节俭与人格修养方面的节制，是中国古代政治和社会生活的一条法则，古人多所论及。

相传虞舜曾告诫夏禹：“克勤于邦，克俭于家。”〔3〕素有“中华第一相”之称的管仲崇尚简朴治国。他说：“明君制宗庙，足以设宾祀，不求其美；为宫室台榭，足以避燥湿寒暑，不求其大；为雕文刻镂，足以辩贵贱，不求其观。故农夫不失其时，百工不

〔1〕《曾国藩全集》第14册，第392页。
〔2〕《逸周书·谥法解》。
〔3〕《尚书·大禹谟》。

失其功，商无废利，民无游日，财无砥墆。故曰：俭其道乎！”〔1〕

在思想界，道家、儒家都把节俭作为理想人格的要素。老子说：“圣人去甚，去奢，去泰。”〔2〕他认为，节俭自持是富裕安康的前提条件之一。“我有三宝，持而保之：一曰慈，二曰俭，三曰不敢为天下先。”〔3〕孔子讲究礼仪，但是强调以节俭为本，“礼，与其奢也，宁俭”〔4〕；“奢则不孙（同‘逊’），俭则固。与其不孙也，宁固。”〔5〕荀子主张礼治，但是认为“节用以礼，裕民以政”〔6〕。

墨家更进一步地提出为人为政都要节用：“圣人之所俭节也，小人之所淫佚也。俭节则昌，淫佚则亡。”〔7〕节俭是圣王治理天下的方式：“去无用之费，圣王之道，天下之大利也。”〔8〕墨子还提出了适度消费的理念，倡导在衣食住行中加以贯彻：“是故古者圣王制为节用之法，曰：‘凡天下群百工，轮车鞼匏，陶冶梓匠，使各从事其所能’；曰：‘凡足以奉给民用，则止。’诸加费不加于民利者，圣王弗为。”〔9〕墨子尚节制，对后世有着不可忽视的影响。庄子称墨子“不侈于后世，不靡于万物，不晖于数度，以绳墨自矫而备世之急”〔10〕。近人梁启超说：“墨学精神，深入人心，至今不坠，因以形成吾民族特性之一者，盖有之矣。”〔11〕

〔1〕《管子·法法》。
〔2〕《道德经·第二十九章》。
〔3〕《道德经·第六十七章》。
〔4〕《论语·八佾》。
〔5〕《论语·述而》。
〔6〕《荀子·富国》。
〔7〕《墨子·辞过》。
〔8〕〔9〕《墨子·节用》。
〔10〕《庄子·天下》。
〔11〕梁启超：《墨子学案·第二自叙》。

春秋战国，百家争鸣，在消费观念上却一致“尚俭”。秦亡汉兴，力崇节俭。“至高祖、孝文、孝景皇帝，循古节俭，宫女不过十余，厩马百余匹。”[1] 汉初节俭戒奢形成一代风尚，既有利于恢复生产、富国强兵，又极大地带动了廉政建设，迎来了“文景之治”。“文景之际，建元之始，民朴而归本，吏廉而自重，殷殷屯屯，人衍而家富。”[2]

文景之治积累了丰富的物质财富。至武帝时，国力鼎盛，社会消费意识大大增强，奢侈消费现象开始出现了。“当此之时，网疏而民富，役财骄溢……宗室有土公卿大夫以下，争于奢侈，室庐舆服僭于上，无限度。”[3] “崇奢”之风愈演愈烈，“是以民年急而岁促，贫即寡耻，乏即少廉，此所以刑非诛恶而奸犹不止也。故国有严急之征，即生散不足之疾矣。”[4] 东汉末年，金钱至上的拜金主义思潮兴盛起来。西晋鲁褒著《钱神论》曰：“时易世变，古今异俗，富者荣贵，贫者贱辱”，铜钱成为当世神宝、神物，“亲爱如兄，字曰孔方”，“钱之所在，危可使安，死可使活；钱之所去，贵可使贱，生可使杀”，“有钱可使鬼，而况于人乎？”[5] 在一味追求物质享受的价值观念支配下，统治集团腐败到了极点。“今上无去奢之俭，下有纵欲之敝，至使禽兽食民之甘，木土衣民之帛。”[6]

于是，一些清明的政治家思想家痛斥穷奢极欲，呼吁勤俭节

---

〔1〕《汉书·贡禹传》。
〔2〕桓宽：《盐铁论·国疾篇》。
〔3〕《史记·平準书》。
〔4〕桓宽：《盐铁论·国疾篇》。
〔5〕鲁褒：《钱神论》。
〔6〕《后汉书·宦者列传》。

约。诸葛亮留下《诫子书》，勉人自修：“夫君子之行，静以修身，俭以养德，非淡泊无以明志，非宁静无以致远。夫学须静也，才须学也，非学无以广才，非志无以成学。淫慢则不能励精，险躁则不能治性。年与时驰，意与日去，遂成枯落，多不接世，悲守穷庐，将复何及!”[1]傅玄著《曲制》篇，醒人图治：“天下之福，莫大于无欲；天下之祸，莫大于不知足。无欲则无求，无求者，所以成其俭也；不知足，则物莫能盈其欲矣，莫能盈其欲，则虽有天下，所求无已，所欲无极矣。海内之物不益，万民之力有尽。纵无已之求以灭不益之物，逞无极之欲而役有尽之力，此殷士所以倒戈于牧野，秦民所以不期而周叛。曲论之好奢而不足者，岂非天下之大祸邪?”[2]

隋朝统一国家后，文帝力除侈靡之风，“务从节俭，不得劳人”[3]。“其自奉养，务为俭素，乘舆御物，故弊者随宜补用；自非享宴，所食不过一肉；后宫皆服浣濯之衣。天下化之。”[4] 而隋炀帝却穷侈极欲，致使亡国。“奢侈者可以为戒，节俭者可以为师矣。”[5]唐初统治者识鉴节俭，创业兴邦，而唐朝中后期却奢侈堕落下去。讴歌节俭、劝诫奢侈于是成为唐诗的一个重要内容。杜甫《往在》里说：“君臣节俭足，朝野欢呼同。中兴似国初，继体如太宗。”白居易《太平乐词》有：“岁丰仍节俭，时泰更销兵。圣念长如此，何忧不太平?”李商隐更是在《咏史》中总结道：“历览前贤国与家，成由勤俭败由奢。”

---

〔1〕《诸葛亮集》，中华书局1960年8月第1版（下同），第28页。
〔2〕傅玄：《傅子·曲制》。
〔3〕《隋书·高祖下》。
〔4〕《资治通鉴·隋纪四·文帝仁寿四年》。
〔5〕《贞观政要·俭约》。

“前代人庶之贫困者，由官吏之纵欲也。官吏之纵欲者，由君上之不能节俭也。”[1] 宋太祖赵匡胤又兴节俭，治家治国俱严。史载：“帝性孝友节俭，质任自然，不事矫饰。……宫中苇帘，缘用青布；常服之衣，浣濯至再。”[2] 史家吕中评论说：“创业之君，后世所奉以为轨范也；宫闱之地，四方所视以为仪刑也。一人之奢俭者虽微，而关于千万世者为甚大；致谨于服色者虽小，而失于千万里者为甚远，可不谨哉？”[3]

“忧劳可以兴国，逸豫可以亡身。”[4] 司马光作《训俭示康》，论及节俭的廉政意义时说：“御孙曰：‘俭，德之共也；侈，恶之大也。’共，同也，言有德者皆由俭来也。夫俭则寡欲。君子寡欲则不役于物，可以直道而行；小人寡欲则能谨身节用，远罪丰家。故曰：‘俭，德之共也。’侈则多欲。君子多欲则贪慕富贵，枉道速祸；小人多欲则多求妄用，败家丧身。是以居官必贿，居乡必盗。故曰：‘侈，恶之大也。’”[5]

“大抵尝历艰难，便自然节俭；稍习富贵，便自然奢华。”[6] 在明清时代，洪武、康熙、雍正等都崇尚节俭治国。其中康熙把节俭戒奢视为帝王政治的要务：“帝王致治，首在维持风化，辨别等威，崇尚节俭，禁止奢侈。故能使人心淳朴，治化休隆。”[7] “人生衣食财禄皆有定数，若俭约不贪，则可以养福，亦可以致寿。若夫为官者，俭则可以养廉。居官居乡，只缘不俭，宅舍欲

---

〔1〕《白居易全集》，上海古籍出版社 1999 年版，第 863 页。
〔2〕《宋史·太祖三》。
〔3〕《宋史全文（内府藏本）·开宝五年秋七月》。
〔4〕《新五代史·伶官传序》。
〔5〕司马光：《训俭示康》。
〔6〕《大明英烈传》第六十三回。
〔7〕《康熙政风录·圣祖仁皇帝圣训》。

美，妻妾欲奉，仆隶欲多，交游欲广，不贪何从给之？与其寡廉，孰若寡欲？语云‘俭以成廉，侈以成贪’，此乃理之必然者。”[1]这里，康熙把“惟俭可以助廉”[2]的道理讲明白了。

（八）古代的教化思想

中国古代教化之治，源远流长。溯及西周时代，天子建立“辟雍”，各诸侯国设立“泮宫”，实施教化民众之职，尤其是培养贵族子弟成为未来的管理者。《周礼·地官司徒》规定司徒的主要职责是“帅其属而掌邦教”。

春秋时期，教化思想深化到从人性论上找根据。管子提出人性趋利避害，“从欲妄行，男女无别，反于禽兽。然则礼义廉耻不立，人君无以自守也”[3]。因此，“凡牧民者，使士无邪行，女无淫事。士无邪行，教也；女无淫事，训也。教训成俗而刑罚省，数也。”[4]“教训成俗”依靠教化之功，所谓“渐也，顺也，靡也，久也，服也，习也，谓之化”[5]。

孔子认为“性相近也，习相远也”[6]，要人向善，则需“道之以德，齐之以礼”[7]。对于官僚贵族，孔子认为要在教化中起表率作用，所谓“君子之德风，小人之德草，草上之风必偃。”[8]为此，一要志于仁，“苟志于仁矣，无恶也”[9]；二要见贤思齐，

---

〔1〕《康熙政风录·圣祖仁皇帝庭训格言》。
〔2〕《宋史·范纯仁传》。
〔3〕《管子·立政九败解》。
〔4〕《管子·权修》。
〔5〕《管子·七法》。
〔6〕《论语·阳货》。
〔7〕《论语·为政》。
〔8〕《论语·颜渊》。
〔9〕《论语·里仁》。

“见贤思齐焉，见不贤而内自省也。”[1]

孟子认为，人性中有“善端”，要“以善养人”，管理国家则要“以德服人”。为此，君主要怀仁正已，内圣外王。[2] 官僚们则要“厚乎责己”，养心寡欲。[3]

荀子主张“性恶论”：“人之性恶，其善者伪也。”[4] 他提出通过教化和礼治，使人“反于性而悖于情”，“化性而起伪”[5]。其中君仪民景[6]、贤吏导民[7]、师法导善[8]，通过君吏师隆礼崇德，可以完善治理。官吏的角色则是要“明君臣，上能尊主下爱民”[9]。

韩非不同意儒家的道德教化主张，他指出：“夫圣人之治国，不恃人之为吾善也，而用其不得为非也。恃人之为吾善也，境内不什数；用人不得为非，一国可使齐。为治者用众而舍寡，故不务德而务法。”由此，韩非提出了法治教化的立国理念：“故明主之国，无书简之文，以法为教；无先王之语，以吏为师。”[10]

秦亡汉兴，陆贾提醒刘邦：“秦非不欲治也，然失之者，乃举措太众、刑罚太极故也。”[11] 因此，要“怀德”而治。贾谊随后提出：“教者，政之本也；道者，教之本也。有道，然后教也；有

---

〔1〕《论语·里仁》。
〔2〕《孟子·离娄上》。
〔3〕《孟子·尽心下》。
〔4〕〔5〕《荀子·性恶》。
〔6〕《荀子·君道》。
〔7〕《荀子·王制》。
〔8〕《荀子·礼论》。
〔9〕《荀子·成相》。
〔10〕《韩非子·五蠹》。
〔11〕《新语·无为》。

教，然后政治也。”[1] 贾谊认为君主要发挥教导作用，官吏则要做楷模。“君之为言也，道也。故君也者，道之所出也。……吏之为言，理也。故吏也者，理之所出也。”[2] 董仲舒继之，认为帝王的职责就是要“承天意，以成民之性”[3]，在此基础上，“实试贤能为上，量材而授官，录德而定位”[4]。从此，确定了教化与吏治相结合的制度化走势。

魏晋重玄学，轻名教礼法，于是世风“薄综世之务，贱功烈之用，高浮游之业，埤经实之贤”，贵族官僚“立言籍其虚无，谓之玄妙；处官不亲所司，谓之雅远；奉身散其廉操，谓之旷达”[5]。隋朝建立后，重振儒学，兴科举取士制度，使教化之功融入吏治。由此，兴起了中国长达一千三百年的教化政治，“学而优则仕”，“五尺之童，耻不言文墨焉”[6]。

唐朝社会思潮交融多样，但都倡导教化。从唐朝中期到北宋中期，孕育了后世所称的“宋明理学”。宋明理学注重内省修养德性，又不乏社会责任感，“为天地立志，为生民立道，为去圣继绝学，为万世开太平”[7]，对士人具有强烈的钟毓作用。

值得一提的是，教化既对官吏又对民众，是一个双重治理方式，对于形成清正廉洁的官僚群体和风清气正的社会风气，具有双重功用。试举王阳明一例。王阳明为一代心学大师，“随物而格致良知”，而其在江西为官，十分留意教化，致使人们“朝夕聚

---

〔1〕〔2〕《新书·大政下》。
〔3〕《春秋繁露·深察名号》。
〔4〕《汉书·董仲舒传》。
〔5〕裴頠：《崇有论》。
〔6〕《通典·选举三》。
〔7〕《张载集》，中华书局 1978 年 8 月第 1 版（下同），第 320 页。

会，考德问业”[1]。

不少英明帝王更是孜孜于教化，渴求官廉风清，提出了一些很有见地的廉政教化思想。隋文帝注意示范教育。岐州刺史梁彦光“甚有惠政，嘉禾连理，出于州境”，他曾下诏表彰曰：“赏以劝善，义兼训物。彦光操履平直，识用凝远，布政岐下，威惠在人，廉慎之誉，闻于天下。三载之后，自当迁陟，恐其匮乏，且宜旌善。可赐粟五百斛，物三百段，御伞一枚，庶使有感朕心，日增其美。四海之内，凡曰官人，慕高山而仰止，闻清风而自励。”[2]

“上之所为，人之所瞻也。夫释己教人，是谓逆政；正己教人，是谓顺政。”[3] 唐太宗以身作则，率先垂范，注重身教。他对身边大臣讲：“若安天下，必须先正其身，未有身正而影曲、上治而下乱者。”[4]唐太宗提倡节俭，从禁止修建宫殿为先例，要求“自王公已下，第宅、车服、婚嫁、丧葬，准品秩不合服用者，宜一切禁断。”“由是二十年间，风尚简朴，衣无锦绣，财帛富饶，无饥寒之弊。”[5]

北宋太宗注重对官僚进行诫勉教育。鉴于前朝后蜀政治腐败的历史教训，宋太宗亲书后蜀君主孟昶《颁令箴》的四句“尔俸尔禄，民脂民膏，下民易虐，上天难欺”，赐给州县官员勒石警诫，成为历史上有名的《戒石铭》。

明太祖朱元璋重视学校教育。他说：“治国之要，教化为先。

〔1〕《王阳明全集·别录十·牌行委官陈逅设教灵山》。
〔2〕《隋书·梁彦光传》。
〔3〕 张澍辑：《诸葛亮集·教令第十三》。
〔4〕《贞观政要·君道》。
〔5〕《贞观政要·俭约》。

教化之道，学校为本。”[1] 山东日照知县马亮工于督运，漠视课农办学，朱元璋罢了他的官，并斥责道：“农桑，衣食之本；学校，风化之原。此守令先务。不知务此，而曰长于督运，是弃本而务末，岂其职哉?”[2] 朱元璋还重视对在任的官吏进行廉政训诫，谆谆告诫他们要“简徭省费”，“劝孝励忠”，“守法奉公，不为阿私”，力争做一名“循吏”，“奉公无渔民也”[3]。

康熙注重移风易俗。他说：“治天下者，莫亟于正人心，厚风俗，其道在尚教化以先之。”[4] 他颁发《学校论》、《御制训饬士子文》，强调要“防其放僻邪侈之心”，杜绝“蜚语流言挟制官长”、“隐粮包讼出入公门”、“唆拨奸猾欺孤凌弱”、“招呼朋类结社要（邀）盟”等“名教不容，乡党弗齿”[5] 的丑恶现象。他还认为，“淫词小说，人所乐观，实能败坏风俗，蛊惑人心。朕见乐观小说者多不成材，是不惟无益，而且有害”[6]，着力进行整治。

乾隆运用反面典型案例进行廉政教育。乾隆十八年（1753年），黄河决口。他下令严查治河巨款使用情况，将事故主要责任者在灾区斩首示众，其他治河官员也被革职治罪。并勒令历任治河官员一年之内，将亏空的十万多两银子如数补齐，否则斩首。此举令百官震恐，民心得到抚慰，起到了很好的廉政教育作用。

中国古代历朝都奖掖清廉，为廉吏树碑立传，形成了一个优良传统。“二十四史”之中就有《循吏传》、《良吏传》、《良能

---

〔1〕《明太祖实录》卷四十六《洪武二年十月辛巳》。
〔2〕余继登：《典故纪闻》卷三。
〔3〕《明会要》卷四十一《职官十三》。
〔4〕康熙：《学校论》。
〔5〕《清圣祖实录》卷二〇八《康熙四十一年六月》。
〔6〕《清圣祖实录》卷一百二十九《康熙二十六年二月》。

传》。宋人费枢还撰《廉吏传》，明代还有《彰善录》、《圣政记》。让历史讴歌廉洁，使廉吏青史留名，对本人是极大的褒奖，又为百官树立效法的榜样，实在是很好的教化。

晚清时期，中国经历了有史以来未曾有的大变局。思想家、政治家反思历史，批判现实，创新文化，探求革新政治的新思路。如果说，春秋战国时期是中国思想文化的“轴心时代”，中国传统文化的思想理念由此发轫，那么，晚清时代则开始了对中国传统的思想观念的“扬弃”，中国古代的廉政思想在这一时期开始向近代转型。

龚自珍、林则徐、魏源的廉政思想具有传统士大夫特色，但是，他们认识到必须“更法”。例如，龚自珍对僵化官制和“一人为刚，万夫为柔”[1] 政体的批判，对不拘一格降人才和经世致用学风的呼唤，具有开风气之先的意义。

曾国藩、张之洞、左宗棠为代表的洋务派，标榜“中学为体，西学为用”，在廉政思想方面彰显出中国传统文化余晖灿烂的光芒，并以身作则把传统廉政理念践行得淋漓尽致。但是，他们固守旧道德、旧礼教，不肯作半点修正，竭诚于没落朝廷，有负于时代精神。例如，曾国藩秉承“始于修身，终于济世”[2] 的人生信条，一生战战兢兢，躬身自省，克己复礼，防微杜渐，循规蹈矩，几近圣人。《清史稿》主修赵尔巽称其“以忠诚倡天下”，“中兴以来，一人而已”[3]。其结果，从历史发展趋势来看，只是形成了传统政文化迈入近代门槛时的一抹落日返照，实在不足以

〔1〕《龚自珍全集》第一辑《古史钩沈论一》，上海人民出版社 1975 年版（下同），第 20 页。
〔2〕《曾国藩全集》第 14 册，第 443 页。
〔3〕《清史稿·曾国藩传》。

光炳民族复兴前程。

中日甲午战争失败后，康有为、梁启超等维新派揭櫫变法。他们从中西“政教之异”的剖析直捣旧体制的病灶，亮出了变革政体的主张，还进行了初步的国民性批判。例如，梁启超指出，长于私德修养，欠缺公德公利之心，对公务漠不关心〔1〕，致使少数人的腐败得以肆意妄行，政治文明难以进展。中国人把科学看低了，把科学看呆了，缺乏求真、求系统、求实证的知识与方法，结果形成笼统、武断、虚伪、因袭、散失的思想病症，难以开展健康的公共政治生活〔2〕。为此，在文化上进行矫正，才是根除腐败的根本之策。换言之，传统思想文化的精华要汲取，而包含诱发腐败的成分必须剔除。

邹容、陈天华是资产阶级民主革命的宣传家，他们鲜明地提出，改革晚清腐败政治只有进行革命。陈天华在《警世钟》里说：“做官的只晓得贪财爱宝，带兵的只晓得贪生怕死，读书的只晓得想科名，其余一切的事都不管。上中下三等的人，天良丧尽，廉耻全无……大家若不从此另换心肠，痛加改悔，恐怕不要洋人来灭，也要自己灭种了。”〔3〕作为一位年轻的革命家，陈天华认识到中国腐败衰弱是全社会性的，逻辑结论必然是，不仅要进行制度变革，而且要进行文化变革。

黄兴是资产阶级民主革命领袖之一。他既献身革命，又淡泊名利、严于律己，极富人格魅力。他说：“非有高尚之学术、卓越

〔1〕 陈书良编：《梁启超文集·政论·论公德》，北京燕山出版社2009年版（下同），第113页。

〔2〕《梁启超文集·政论·科学精神与东西文化》，第311－317页。

〔3〕 刘晴波等编：《陈天华集·警世钟》，湖南人民出版社2008年版，第77页。

之精神、优美之道德，不足竟全功而巩新国。”[1] 他言行如一，鞠躬尽瘁，勤政廉政，树立了一位近代民主革命家的光辉形象，也充分表明古代廉政思想可以继续发扬光大。

孙中山是“三民主义”的倡导者和革命的先行者。他认识到中国人民的苦难根源于一点，“那就是普遍的又是有系统的贪污”[2]，也就是政治腐败，而救治腐败只有政治的、社会的革命一途。因此，孙中山反腐倡廉的思想与根本措施在于建立新制度，具体的就是“权能分治”、“五权分立”的政治体制。这样的新制度，主张政府权力来自国民授予，人民通过宪法，把各种治权分别授予行政权、立法权、司法权、考试权和监察权分立制衡的国家机关行使；国民则保留“民权”，通过国民大会的形式来控制和指挥“治权”的行使，由此促使这些行使治权的主体兢兢业业为国民服务，做好国民的公仆。这就从根本上否定了在中国绵延几千年的皇权、官僚思想，把古代民本理念提升到近代民主精神层面，为资产阶级革命指明了政治方向，并且把建设廉洁政治思想推向了中国近代的最高峰。

二、 中国古代的廉政制度

（一）先秦时期

只要存在公共权力，廉洁政治就是人们的普遍诉求。这一点

〔1〕 刘泱泱编：《黄兴集》一册《与李宝成等发起陆军将校联合会缘起》，湖南人民出版社2008年版（下同），第218页。

〔2〕《孙中山全集》第一卷，中华书局2006年11月第2版（下同），第89页。

在关于三皇五帝的传说中就有所呈现。例如，尧选择有德行的舜作为接班人，经过了民主推荐、人事考察、三年试用，才予以摄政。舜帝执政，对于管理队伍和地方政事，“三岁一考功，三考绌陟”，“五岁一巡狩”，“远近众功咸兴”[1]。这些都具有早期廉政制度建设的意义。

其中，《尚书·舜典》记载了舜巡视四方的情况：“岁二月，东巡守，至于岱宗，柴。望秩于山川，肆觐东后。协时月正日，同律度量衡。修五礼、五玉、三帛、二生、一死贽。如五器，卒乃复。五月南巡守，至于南岳，如岱礼。八月西巡守，至于西岳，如初。十有一月朔巡守，至于北岳，如西礼。归，格于艺祖，用特。五载一巡守。群后四朝，敷奏以言，明试以功。车服以庸。”[2] 舜在摄政的第二年，就开始巡视四方，封禅四岳，考监官员，颁行礼治法度，听取地方官员的工作汇报，从此把巡察地方和接受朝觐定为制度。此乃中国古代巡视制度的发源。

夏朝是中国第一个奴隶制王朝。夏王通过召集盟会和巡狩诸侯等形式，巩固中央权威，实行政务监督。《尚书·甘誓》中有夏启“乃召六卿”议事的记载，《尚书·秦誓》正义及《太平御览》都引述了有关群臣劝谏夏桀的事例，这些均说明夏王治理也注意讲究群策群力和约束权力。

中国有文字记载的历史从商代开始。从文字记载看，商之廉政建设有三个特点：一是宣扬王权神授。“率民以事神，先鬼而后礼”[3]，增强对权力的敬畏。二是注重修德。鉴于夏桀暴虐亡国，

---

〔1〕《史记·五帝本纪》。
〔2〕《尚书·舜典》。
〔3〕《礼记·表记》。

商王和官员都尊崇道德修养。一个突出的例子，是商汤之孙太甲在位时，因其“不遵汤法，乱德”，当政的权相伊尹将其幽禁。太甲三年“悔过自责”，“修德，诸侯咸归汤，百姓以宁”〔1〕。三是施行了一些监察制度。例如，有对官员政务活动进行巡视、考察的“简相”规定。

西周的统治是建立在宗法制和分封制基础上的，廉政建设特点鲜明：一是官员职责考核突出了廉政要求：“一曰廉善，二曰廉能，三曰廉敬，四曰廉正，五曰廉法，六曰廉辨。”〔2〕二是建立了监督监察官员队伍，包括匡人、御史、大宰、小宰和宰夫等职官。三是中央特别注意对分封诸侯的监督，推行“天子使其大夫为三监，监于方伯之国”〔3〕的举措。四是尊崇“礼”制，“先君周公制周礼”〔4〕，推行森严的社会规范和道德规范。五是辅助礼制制定了刑法。在夏商“五刑”的基础上，增订为“九刑”〔5〕，形成较完备的《甫刑》。六是周天子建立“采谏”制度。周朝设有专门的采诗官，巡游各地，采集民间歌谣，以体察民俗风情、政治得失。所谓“哀乐之心感而哥（歌）咏之声发，诵其言谓之诗，咏其声谓之哥（歌）。故古有采诗之官，王者所以观风俗、知得失、自考正也。”〔6〕“孟春之月……行人振木铎徇于路以采诗，献之大师，比其音律以闻于天子。故曰王者不窥牖户而知天下”〔7〕。

---

〔1〕《史记·殷本纪》。
〔2〕《周礼·天官冢宰·小宰》。
〔3〕《礼记·王制》。
〔4〕《左传·文公十八年》。
〔5〕《左传·昭公六年》。
〔6〕《汉书·艺文志》。
〔7〕《汉书·食货志上》。

春秋时期，诸侯争霸，大夫专政，礼崩乐坏。在这种背景下，出现两个极为突出的政治现象。一是，“礼”在政治中的地位和作用继续被推崇，以求维护即将分崩离析的统治秩序。“礼”被认为是“经国家，定社稷，序民人，利后嗣”[1] 的最高准则，“非礼勿视，非礼勿听，非礼勿言，非礼勿动”[2]，礼之所禁同于法之不容。二是，残酷的政治和军事竞争，激发了前所未有的制度创新。郡县制、官僚制打破了采邑制和世卿世官制，奋发有为之君、贤良卓荦之士，廉洁自强，横空出世，与没落反动势力形成鲜明对比，成为新生政治力量，打破旧资质、旧秩序，逐渐主导社会变迁的方向。例如，奠定秦国强盛之基的秦穆公，“闻百里傒贤”，为其赎买变更了奴隶身份，“与语国事”，“授之国政”[3]，成为史家佳话。

战国时期，是各诸侯国通过变法，推动中国走向统一的时代。在变法中，廉政制度建设成为新政不可缺少的一个方面。楚国吴起认为，“大臣太重，封君太众，若此则上逼主而下虐民，此贫国弱兵之道也”，因此对封君子孙“三世而收爵禄”[4]，“令贵人往实广虚之地”[5]，同时“损其有余而继其不足”[6]，打击腐败的旧贵族，劝诫新生军功地主阶级。齐威王改革，首先整顿“百官荒乱”的吏治，奖赏清正廉洁、政绩卓著的即墨大夫，烹杀厚币贿赂博得“誉言日闻”、辖域“田野不辟，民贫苦”的阿大夫，

[1]《左传·隐公十一年》。
[2]《论语·颜渊》。
[3]《史记·秦本纪》。
[4]《韩非子·和氏》。
[5]《吕氏春秋·贵卒》。
[6]《说苑·指武》。

“谨修法律而督奸吏”[1]。魏国李悝编制了中国第一部系统的封建法典《法经》，其中有专门惩治“不廉”、“淫侈”、“逾制”的贪官污吏的条款[2]。秦国商鞅变法废除世禄世卿制度，建立封建官吏制度，奖励耕战新兴地主，规定爵位依军功授予，“宗室非有军功论不得为属籍”[3]。这样的变革，是对没落政治势力的强大冲击，具有很强的涤除旧弊、维新图强的效能，形成了“明主之吏，宰相必起于州部，猛将必发于卒伍。夫有功者必赏，则爵禄厚而愈劝”[4] 的欣欣向荣的局面。

战国时期，思想解放，制度创新迭出。各国普遍出现了荐举入仕、以功授官、俸禄养廉、“上计”考课、教育惩戒等廉政制度，都具体贯彻了当时兴起的“民本”、“仁政”、“君德”和“任贤使能”、“以法治吏”等廉政思想，强化了政权自我约束，有利于富国强兵，赢得了民众支持，推动了各国通过“农战”走向一统。

（二）秦汉时期

秦统一中国和两汉王朝的稳固治理，奠定了中国封建社会的制度框架，廉政制度借助春秋战国时期形成的丰厚廉政思想文化资源，逐步确立和完备起来。

秦王朝首创皇权制度和三公九卿为核心的中央行政体制、郡县制为基本形式的地方行政体制架构，建立了一套职业化官吏管

〔1〕《史记·田完世家》。
〔2〕《晋书·刑法志》。
〔3〕《史记·商君列传》。
〔4〕《韩非子·显学》。

理制度，构筑了相关的监督机制。秦王朝三公之一的“御史大夫”，其重要的职责就是监察百官，等于副丞相，可以递补相位之缺，其下有御史中丞、侍御史等辅佐，专事“察举非法”，位高权重，百官畏之如“风霜”。后人有诗云：“扶颠待柱石，独坐飞风霜。”[1]

秦朝廉政建设还有一个鲜明特点，就是贯彻法家治国理念而倡扬法制建设。1975 年，湖北云梦县睡虎地出土的秦简上载有秦朝“为吏之道”，其中指出：“凡为吏之道，必精洁正直，慎谨坚固，审悉毋私，微密纤察，安静毋苛，审当赏罚。”“为吏之道”严格规定了官吏的行为规范，包括“五善”、“五失”[2]，详尽具体，治吏严明。对于贪腐官员，秦朝必惩不贷，例如规定“通一钱，黥为城旦”，“府中公金钱私貣（tè）用之，与盗同法”[3]，凡此行贿与贪污者，都要受到惩办。

西汉在基本治理制度上多继承秦制。但是，西汉初期致力于社会休养生息，统治阶级“躬修俭节”[4]，至汉武帝时形成了廉政传统，所以极力推行“廉吏”规范和风尚，举孝廉成为最主要的察举仕进制度，也是很有效的廉政制度。西汉宣帝“及拜刺史守相，辄亲见问，观其所繇，退而考察所行以质其言，有名实不相应，必知其所以然”[5]。西汉后期，皇帝柔弱，“吏不良，风俗薄”[6]，官员荒淫奢侈成风。于是，东汉甫建，倡扬节俭，并官

---

〔1〕杜甫：《入衡州》。

〔2〕张晋藩主编：《中国法制史》第二章第二节《秦律对社会的多方面调整》，中国政法大学出版社 2002 年版，第 61 页。

〔3〕《睡虎地秦墓竹简·法律答问》。

〔4〕《汉书·食货志上》。

〔5〕《汉书·循吏传》。

〔6〕《汉书·龚胜传》。

省职，强化监督，形成“光武中兴”。

更为重要的是，官员选拔制度在西汉的改革，优化了官员队伍，推动了廉政建设。从公元前196年汉高祖刘邦下诏令郡国推举“贤士大夫”，经汉文帝诏举贤良能直言极谏者对策授官，至汉武帝元光元年（前134年）下诏郡国每年察举孝廉各一人，汉代察举选官制度逐渐确立。察举的科目很多，主要有孝廉（孝敬廉洁者）、秀才（才能优秀者）、明经（通晓经义者）、贤良方正（能直言极谏者）等，分为“常科”和“特科”两大类。“常科”即是“孝廉科”，由地方长官根据各地人口比例，推荐“孝子廉吏”到中央参加考试，合格者授予官职。其余为“特科”，为不定期挑选有特殊才能的人而设。在数百年实施过程中，察举制突出了“以德取人”、“以能取人”、“以文取人”等考选官员的价值取向，对于廉政建设发挥了很好的导向作用。

秦汉时期，中国廉政制度有重大发展，首先表现在实行了监察权与行政权的分离。从中央到地方各级政府均建立了相对独立的监察机构，使各级官吏和行政部门都处在有效监督之下。这些监察机构的工作职责和对象都很明确，操作性很强。例如，西汉初年，御史监察三辅时，就明确规定其监察的范围有九项：“辞讼者、盗贼者、铸伪钱者、狱不直者、繇（徭）赋不平者、吏不廉者、吏苛刻者、逾侈及弩力十石以上者、非所当服者”[1]。对于地方，有刺史巡察各地，主要负责监察郡守国相一级的地方高级官吏和宗族豪强，规定“以六条问事；非条所问，即不省”[2]。“六条问事”内容包括：强宗豪右，田宅逾制，以强凌弱，以众暴

〔1〕 李林甫撰：《唐六典》，中华书局1992年版，第379页。
〔2〕《汉书·百官公卿表上》颜师古注引《汉官典职仪》。

寡；不奉诏书，背公向私，侵渔百姓，聚敛为奸；不恤疑狱，风厉杀人，烦扰苛暴，为百姓所疾；选署不平，蔽贤宠顽；子弟恃怙荣势，请托所监；阿附豪强，通行货赂。[1] 这样的监察内容，抓住了监督检查的要害，有利于地方吏治建设和行政管理。“中国历史上讲到地方行政，一向推崇汉朝，所谓两汉吏治，永为后世称美。”[2]

为了提高监察的效能和权威，监察机构和官员被赋予特殊的地位和权力。如品秩较低的监察官员可以监察品秩较高的行政官员；刺史巡察，可以代表君主巡视；除去专司监察之权外，往往拥有一定的弹劾权、举荐权、司法权。这样就为顺利开展监察提供了制度保障。另一方面，为了防止监察机构坐大失控，秦汉时期规定监察官员必须接受监督，所谓“惧宰官之不修，立监牧以董之；畏督监之容曲，设司察以纠之：宰、牧相累，监、察相司”[3]。宰、牧相累，是行政权与监察权之间相互制约；监、察相司，是各监察机构之间相互监察。

除了建立上述专门的监察职官之外，秦汉时期的廉政制度建设还有三个突出特点：一是具体化。对官吏忠于职守、保障绩效、勤政惠民、节俭用度都有比较明确的规范。这些规范主要体现在职官设置、选用、管理以及一些法律制度之中，施行起来不显山水，却处处显示其约束力。例如，秦汉时期将“制节谨度以防奢淫”称之为“为政所先，百王不易之道”[4]，于是通过具体规定

---

〔1〕《资治通鉴·汉纪二十二·成帝建始元年》。

〔2〕钱穆：《中国历代政治得失》，三联书店2005年版（下同），第9页。

〔3〕《三国志·魏书·夏侯玄传》。

〔4〕《汉书·哀帝纪》。

"吏民养生、送终、嫁娶、奴婢、田宅、器械之品"的办法，"明申旧令，禁奢侈"[1]。二是成体系。一些廉政规范相互照应，多侧面多环节强化官员廉洁从政。例如在官吏管理规定中，有定期考课政绩和品行的规定，有对政绩卓著、德才出众的官吏破格提拔的规定，有犯有重大过失的官吏应主动引咎辞职的规定，有年老体弱官吏及时退休的规定，有官吏任职实行回避的规定，有中央对地方巡视督察的规定，等等。三是重治吏。廉政建设主要是管好官吏，君主"所谓寝食不安，所谓宵旰图治，在天下已定或大定之后，主要还不是为了对付人民，而是为了对付臣属"[2]。有力度的廉政建设，保障秦汉时期涌现出不少能干和廉洁的官吏。这样的一支队伍，成为国家长治久安的一个重要因素。因此，司马迁在《史记》中首设"循吏"和"酷吏"列传，两《汉书》沿袭循例，都不惜笔墨予以记载。循吏，是为廉洁、节俭、公正的"奉法循理之吏"[3]；酷吏，多具有"据法守正"[4]、"廉洁无资"[5] 的品德。

（三）魏晋南北朝时期

魏晋南北朝时期是中国历史上大分裂大动荡时期，政权割据、民族纷争以及地主阶级内部寒族对门阀势力的斗争，形成了此间时代特征。其中门阀士族的盛极而衰和寒门庶族的崛起，是这一时期阶级变动的主要标志。

---

〔1〕《后汉书·安帝纪》。
〔2〕王亚南：《中国官僚政治研究》，中国社会科学出版社1981年版（下同），第44页。
〔3〕《史记·太史公自序》。
〔4〕《汉书·酷吏传》。
〔5〕《后汉书·周纡传》。

门阀士族是两汉之际在地主阶级内部出现的一个特权阶层，他们凭借出身高阶、经术传道累世公卿，拥有崇高的社会地位和雄厚的经济实力，左右了主要仕进途径。东汉末年，门阀士族已经操纵了察举制，他们主导乡闾舆论，使察举滋生了种种腐败现象，与要求参与政治的中小地主及其知识分子产生了尖锐矛盾。在此背景下，曹操三下“求贤令”，倡扬“唯才是举”，提出“士无遗滞，官无废业”〔1〕，具有重要的历史进步性。曹丕即位后，为了缓和与士族的矛盾，确立了家世、道德、才能三者并重的“九品中正制”选官。

以“九品中正制”充实察举制，也具有一定的历史进步意义。这是因为，察举选官制度把宗族乡党的评定作为政府选拔官吏的最重要依据，而九品中正制一方面沿袭了乡里评议的传统，又把评议权也就是官员选任权通过“中正”收归政府，在一定程度上抑制了士族专权。此制规定，在各州郡选择“贤有识见”的官员任“中正”，中正从家世、道德、才能三个方面把人士分成上上、上中、上下、中上、中中、中下、下上、下中、下下九等，作为吏部对等授官的依据。但是，由于充当仲裁的“中正”几乎全部是门阀士族，他们实际上把持着官吏选拔之权。司马懿当政后，任世家豪门为各地中正，评定士人品级只论其门第而不论才能，家世越来越重要，甚至成为唯一的标准。因此，到西晋时，终于形成了“上品无寒门，下品无势族”〔2〕的局面。

九品中正制作为选官制度，下接科举制，施行数百年。“魏氏立九品，置中正，尊世胄，卑寒士，权归右姓已。其州大中正、

〔1〕《三国志·魏书·武帝纪》。
〔2〕《晋书·刘毅传》。

主簿，郡中正、功曹，皆取著姓士族为之，以定门胄，品藻人物。晋宋因之，始尚姓已。”[1] 但是，到南北朝时期，却带来了门阀士族的盛极而衰。由于“贵仕素资，皆由门庆，平流进取，坐至公卿”[2]，门阀士族“不乐武位”[3]，“不屑竭智尽心，以邀恩宠；且风流相尚，罕以物务关怀，人主遂不能借以集事”[4]。由于他们只愿意做职闲廪重的“清官”，职繁廪轻的“浊官”就自然让位给甘于勤政廉政的寒门庶族了。

在分裂动荡的三百余年间，中央集权的管理体制仍在沿着加强君权、分解臣权的趋势演进。魏晋时期，中央形成了三省六曹制，地方上则沿袭了东汉以来州（由刺史巡察全国后固定而来）、郡、县三级管理体制，还兼有诸侯王国。

尚书在秦代设于少府，掌管文书奏章，西汉后期成为分曹办事的政务官员。尚书台权力日益扩展，成为“出纳王命，敷奏万机，盖政令之所由宣，选举之所由定，罪赏之所由正”[5] 的重要机构。西汉成帝时，在尚书台之下设立六曹：吏部曹管选举祠祀之事，二千石曹管词讼、司法之事，民曹管修缮、园苑之事，三公曹管州郡考课之事，客曹管少数民族及外国之事，中都官曹管水火盗贼之事。此六曹，成为以后近两千年间六部的雏形。东汉时期，尚书台正式协助皇帝处理政务兼有纠察之权，“虽置三公，事归台阁。自此以来，三公之职，备员而已”[6]。魏晋南北朝时

---

〔1〕《新唐书·柳冲传》。
〔2〕《南齐书·褚渊王俭传》。
〔3〕《南齐书·丘灵鞠传》。
〔4〕《廿二史劄记·南朝多以寒人掌机要》。
〔5〕《文献通考·职官五》。
〔6〕《后汉书·仲长统传·法诫篇》。

期，六曹制基本保持。但是，为了限制权逾三公的尚书台，三省制约的体制应运而生。尚书省转变为辖管六曹掌管执行政务，“听命受事而已”[1]。中书省为曹丕始设，原来由尚书郎担任的诏令文书起草之责，转由中书省官员担任，中书省渐获掌管机要和督责之权。门下省原为皇帝的侍从机构，在晋武帝时得以建制，渐有封驳政令和诤谏得失职能。北朝政出门下省，一时成为中央政权机构的重心。

论及廉政制度建设，北魏孝文帝改革值得一提。北魏初期，地方官员任期一般为六年，届满即可升迁。另外，中央不负责地方官员的俸禄，一律由地方自筹，这样就造成了地方官员不思政务，专事掳掠。为扭转仕风日下，北魏孝文帝推行俸禄制度，禁止地方官员私自筹俸，一律改为由中央政府定期发放。同时孝文帝还颁布了惩治贪污法令，规定凡弄权枉法、贪污国家财物达到一匹绢帛者，一律处死；地方官员升迁不再按年资核定，只有政绩突出者升迁，否则推迟提拔。北魏还将具有民族特色的反腐败制度推广开来，“阙左悬登闻鼓，人有穷冤则挝鼓，公车上奏其表”[2]，允许有冤者击鼓向皇帝“直诉”，从此以后直到清代都有这种直诉制度。这些创新性的制度，对于澄清吏治意义很大。

魏晋南北朝时期监察机构进一步独立发展。东汉时期，监御史台和司隶校尉负有监察职责，与尚书省统称为“三独台”。魏晋时期，御史台负责监察宫内百官，称行马内察官；司隶校尉负责监察宫外百官，称行马外察官。两者形成专司监察的严密网络。南北朝时期，司隶校尉合归御史台。御史台则完全跃出百官之列，

---

〔1〕《通典·职官四》。

〔2〕《魏书·刑罚志》。

成为直接受命于皇帝的监察机构，被称为“南台”或“南司”。

魏晋南北朝时期的监察立法也有很大进步，最主要的是形成了一套对皇帝进行最高监督的言察制度。秦汉时期宫内设置的给事中、谏议大夫等加官，至此成为门下省的正式属官，具有诤谏和封驳之权力。在地方上，州刺史的监察职责被强化，魏晋时期出现了“六条察吏”，南北朝时期出现了“诏制九条”、“六条课郡法”，作为遣使巡察考课诸州的参照，从而把地方官员的为官道德和为官政绩都纳入监察立法范畴，进一步丰富了廉政制度。

（四）隋唐时期

隋唐时期是中国封建社会重要的发展期。隋王朝虽然国祚短暂，但是它在某些方面的创制作用功不可没。

隋朝首创科举取士，擢拔寒门俊杰，削弱门阀士族。隋文帝终止九品中正制，于开皇十八年（598年）下诏“以志行修谨、清平干济二科举人”[1]。隋炀帝大业三年（607年）“始建进士科”[2]，创立了延至1905年的科举取士制度，保障了封建官吏队伍能够源源不断地从各社会阶层吸收有生力量。这在廉政制度建设方面具有划时代的意义。第一，把天下才俊笼络到统治集团内部，实现了精英政治。隋炀帝诏书说得很透彻：“天下之重，非独治所安；帝王之功，岂一士之略？自古明君哲后，立政经邦，何尝不选贤与能，收采幽滞。……夫孝悌有闻，人伦之本；德行敦厚，立身之基。或节仪可称，或操履清洁，所以激贪厉俗，有益风化。强毅正直，执宪不挠，学业优敏，文才美秀，并为廊庙之

〔1〕《隋书·高祖纪下》。
〔2〕《通典·选举二·历代制中》。

用，实乃瑚琏之资。才堪将略，则拔之以御侮；膂力骁壮，则任之以爪牙。爰及一艺可取，亦宜采录，众善毕举，与时无弃。以此求治，庶几非远。文武有职事者，五品已上，宜依令十科举人。有一于此，不必求备。朕当待以不次，随才升擢。”〔1〕第二，把官员选任权从地方集中到中央，有利于国家的稳定和统一。“前代选用，皆州府察举……至于齐隋，不胜其弊……是以罢州府之权而归于吏部。……自隋罢外选，招天下之人，聚于京师，春还秋住，乌聚云合。”〔2〕“隋氏罢中正，举选不本乡曲，故里闾无豪族，井邑无衣冠……五服以内，政决王朝；一命免拜，必归吏部。”〔3〕

为加强权力制约和提高行政效率，隋文帝对中央官制进行改革。在三省六曹制的基础上，严格了三省职责，确定内史省掌管起草诏书、参与决策，门下省掌封审议、兼具监察，尚书省下辖六部、负责行政。整顿地方官制，“存要去闲，并小为大”，裁撤郡一级政府，实行州县两级制，专治民政，不再具有军事职能，不仅防止了地方割据生成，而且改变了东汉以来沿袭五百年的三级辖制，革除了“民少官多，十羊九牧”〔4〕的现象。

隋代监察制度进一步加强，在御史台之外又增设了司隶、谒者二台，三台分理监察。又颁布了“司隶六条”的监察法条，制定了《开皇律》的刑律。又建立大理寺作为最高审判机关、刑部作为最高司法政务部门，地方上仍以州刺史、县长令兼知司法，

〔1〕《隋书·炀帝纪上》。
〔2〕《全唐文·沈既济·选举论》。
〔3〕《通典·选举五·杂论议中》。
〔4〕《隋书·杨尚希传》。

建立起一套较为完整的司法审判机制。

唐代的制度建设，承继隋代而加以进一步完善。这主要包括：施行外朝听政、朔望朝参和君臣常朝的朝参制度，促进朝臣勤政自律；完善三省六部制的中央官制，内史省改称中书省，六部设为吏、户、礼、兵、刑、工，确立起中书省决策、门下省审议、尚书省执行的制衡行政格局；在地方上设置了专事监察的“道”，加强监察和巡视；发展科举制度和官吏致仕制度，促进官僚队伍吐故纳新；对官员进行严格考课，重修谱牒，推行“以资产为宗”的两税法，奖拔寒素、抑制士族。

唐朝反腐倡廉建设，突出了法制建设。本着“德礼为政教之本，刑罚为政教之用，犹昏晓阳秋相须而成”[1]的治国思想，唐朝先后编修《武德律》、《贞观律》、《永徽律》、《唐六典》等，促进保障廉政建设。《新唐书·刑法志》上说：“令者，尊卑贵贱之等数，国家之制度也。格者，百官有司之所常行之事也。式者，其所常守之法也。凡邦国之政，必从事于此三者，其有所违及人之为恶而入于罪戾者，一断以律。”传世的《唐律疏议》共计十二篇，其中第三篇《职制律》集中对官吏的设置、选任、失职、渎职等行为作出规范认定，其余八篇也涉及追究官吏违法渎职的法律责任，其中涉及惩治赃贪的内容有七十六条，规定罪名四百四十五个，涉及官吏犯罪有一百九十二个，占总律条的百分之四十三。[2] 比如严惩贪污、贿赂有规定：凡以次等之私有财物换取较好之官有财物者，以盗论。诸有事先不许财，事过之后而受财

---

〔1〕《唐律疏议·名例》。

〔2〕吴毅：《唐朝贞观年间防治贪腐的政策举措释析》，见《理论导刊》2009年第9期第117页。

者，事若枉，准枉法论，事不枉者，以受所监临财物论。[1] 较为完备的法制建设，促进了较好的反腐倡廉建设，使唐律和唐朝享有“得古今之平”[2] 的美誉。

在廉政制度执行中，唐朝有几个政治行为意义重要。一是殿廷议事。《资治通鉴》载：“中书、门下及三品官入（阁）奏事，必使谏官、史官随之，有失则匡正，美恶必记之。诸司皆于正牙奏事。御史弹百官，服豸冠，对仗读弹文。故大臣不得专君，而小臣不得为谗慝。”[3] 谏官、史臣参与廷议，当场行使职权，加强了君臣自律，促进了政治清明。二是门下言谏。门下省在中央决策中主要负责审议和封驳政令，其履职官员一般称“给事中”。给事中在审核政令时，如发现有不便施行者，可以封还中书省另拟，亦可以直接在诏敕上涂改，称“涂归”。司法部门审案不当时，给事中可以会同中书省、御史台覆核，称“三司受事”。这样的措施，增强了政策的准确性、可操作性和实效性。三是三院治事。御史台是独立的监察机构，是“治官”之官。御史台长官为御史大夫，号称“台主”，副官为御史中丞。下辖侍御史称“台院”，殿中御史称“殿院”，监察御史称“察院”。台院掌纠察弹劾不法百僚，审判皇帝特命的案件，并与门下省的给事中、中书省的中书舍人分值朝堂，受理冤讼，号称“小三司”。殿院掌殿廷供奉仪式，纠察朝会典礼失仪和随驾检举非违等事。察院掌监察地方官吏及尚书省的六部。御史台三院的设置与明确分工，说明中国封建社会的御史监察制度发展成熟到了一定程度。四是“分

〔1〕《唐律疏议·职制律》。
〔2〕《四库全书总目》卷八二《史部·政书类二·唐律疏议提要》。
〔3〕《资治通鉴·唐纪二十七·玄宗开元五年九月》。

察分巡”。唐朝监察权在中宗后分成左御史监察中央称“分察”、右御史监察地方称“分巡”。唐代以“道”为监察区，每道派监察御史一人，也称巡按使、观察使、按察使等。后来，这些监察御史在地方上停驻下来，全权处理监察区内的事务，演变成了“节度使”，集指挥军事、管理财政、任免官吏大权于一身。而且，唐代边陲要塞的节度使多选派武人充任，逐渐酿成了“安史之乱”那样的祸患。

“安史之乱”给大唐王朝以重创，成为其走向衰亡的转折点。从制度建设上看，有三个重要变化影响远大。一是，“安史之乱”后，学术机构“翰林院”成为宫禁“内制”决策机构，足以与“外制”的三省六部分庭抗礼，标志着皇宫权力加强，也形成了此后的内外党争。二是宦官组成的枢密使权力不断加大，成为又一“内相”，侵夺了各省部的管理职能，宦官专权由此发端。三是地方上州县两级行政区划之上，增加藩镇统管民政、财政和军政大权，最终酿成唐末严重的藩镇割据，直接形成五代十国的局面。朝官之争、宦官专权、藩镇割据，三大腐败症候导致唐王朝走向灭亡。

（五）宋元时朝

行伍出身的赵匡胤建立北宋王朝，采取了重文抑武的“文治”国策。“五代以还，不崇门阀，谱牒之学，遂绝不传”[1]，士族门阀地主衰退，科举出身的士大夫阶层在政治上越来越显赫，宋代成为一个“文质彬彬”的朝代。宋代“为与士大夫治天下，非与

〔1〕 胡应麟：《少室山房笔丛》卷三十九《庚部》。

百姓治天下也”[1]，于是，士大夫制约皇权、皇权挟制士大夫，成为宋代廉政制度建设的一个显著特征。

有宋一代，皇权受士大夫的约束是显而易见的。皇帝的制敕须经中书省宰相的副署，并由中书省发出。宰相甚至可以干预后宫事务，包括皇后、太后、储君以及宦官治事，宰相均可干预。“祖宗之法严，宰相之权重，貂珰有怀奸慝，旋踵屏除，君臣相与防微杜渐之虑深矣。”[2] 这样的“文治”意义重大，皇权得到有力的监控，而且官吏队伍保持了应有的生机。史称：“宋有天下三百载，视汉唐疆域之广不及，而人才之盛过之。”[3] 有宋一朝的君主，对读书仕进者给予了尊重和奖掖，激发了天下士子积极参与政治，成为抵制腐败的重要力量。北宋末年拥护抗战、反对投降的斗争，南宋后期对丁大全、史弥远、贾似道等擅权的斗争，都是由士人直接发起和领导的。

但是，士大夫“道不同不相为谋”的习性，使宋朝充满党争。党争炽烈，甚至置国家安危于不顾。“元祐、绍圣，一反一覆，而卒为夷狄侵侮之资，尚何望其振中国以威夷狄哉！”[4] 南宋却又矫枉过正地汲取了党争误国的教训，打压士大夫，士大夫在廉政中的作用逐渐削弱，致使腐败权臣横行当道。

在权力约束方面，皇权还是占上风的。宋太宗坦言：“国家若无外忧，必有内患。外忧不过边事，皆可预防。惟奸邪无状，若为内患，深可惧也。帝王用心，常须谨此。”[5] 宋代中央官制强

[1]《续资治通鉴长编·神宗熙宁四年三月戊子》。
[2]《宋史·宦者列传序》。
[3]《范文正公集·补编》卷四《重建文正书院记》。
[4]《陈亮集·上孝宗皇帝第一书》。
[5]《续资治通鉴长编·太宗淳化二年八月丁亥》。

化分权制衡，原来三省中尚书省、门下省弱化，独有中书省留在皇宫，称政事堂，取旨掌政，枢密院掌军，三司（户部司、盐铁司、度支司）掌财。枢密院在唐代为宦官机构，至五代为武臣执掌，宋代成为专管军政的独立机构。三司沿唐末五代之制，“通管盐铁、度支、户部，号曰计省，位亚执政，目为计相。”[1] 中书省只管民政，所谓“佐天子，总百官，平庶政，事无不统”[2]。中书省、枢密院、三司这三者鼎足而立，彼此不相知，实际上集权于皇帝一身。后来，军政之权渐渐为文职兼任，终成文弱南宋一朝。

在监察体制上，宋代继承了唐代的三院御史之设，又将门下等省的谏诤之权别立为谏院。此前，御史主弹劾，言谏主讽诤，到宋代御史台又可以参与言事谏诤，形成台谏合一，从而对行政可以全程监督和批评，成为很大的制约力量，以至于出现了“宰相但奉行台谏风旨而已”[3] 的局面。

宋代管理体制还有一个鲜明特点：不断增设新的机构，代行或分解已有机构的职权。例如，京朝官的任命不由吏部，另设差遣院。后又另设审官院专管京朝官考核、设考课院主管幕职州县官的管理。这样一来，“三省六曹二十四司，类以他官主判，虽有正官，非别敕不治本司事，事之所寄，十亡二三”，“居其官不知其职者，十常八九”[4]，中书、门下、尚书三省职能渐渐弱化，至南宋三省合一，六部监司也时有省并。宋代整个官制把制约和

---

〔1〕《宋史·职官志二》。
〔2〕《宋史·职官志一》。
〔3〕《苏轼文集》卷二十五《奏议·上神宗皇帝书》。
〔4〕《宋史·职官志一序》。

控制放在了首位，廉政意义当然突出，但是不利的结果是机构叠床架屋，管理职能被置于其后，而且官员莫不以保持气节操守为首要，治国才干和效能却有些缺失。

宋代对科举制度作出发展。唐代科目繁多，宋代变成进士一途，且三年一考成为定制，成为稳定的取士制度。为科举选官更加公平，宋代施行了几项配套制度。一是“锁厅试”。即“见任官应进士举，谓之锁厅。虽中选，止令迁官，而不赐科第；不中者，则停见任。”[1] 借此，限制现任官与寒俊之士竞进。二是“禁公荐”。唐代有公卷，即考生把代表作预投，供录用时参考；行卷则是考生求得名人或高官推荐的卷子。宋代采取封弥、誊录之法，“一切以程文为去留”[2]，彻底清除了取士之中的荐举因素，有效防止了因缘挟私。另一方面，社会各阶层仰望科举制，“圣朝广开科举之门，俾人人皆有觊觎之心，不忍自弃于盗贼奸宄”[3]。而且，宋朝状元选择寒门子弟授予，抑制豪门实力，加速了贵族政治、武人政治退出历史舞台的进程。三是“覆考试”。初考之后，增加殿试，以皇帝权威监督和防范考官作弊，保证举人服膺，杜绝恩出私门。另一方面，宋代君臣彰扬文教，尊崇士人，调动了读书人参政的积极性，发挥了科举选官的积极作用。例如，文天祥“年二十举进士，对策集英殿。时理宗在位久，政理浸怠，天祥以法天不息为对，其言万余，不为稿，一挥而成。帝亲拔为第一。考官王应麟奏曰：‘是卷古谊若龟鉴，忠肝如铁

〔1〕 叶梦得撰：《石林燕语》。
〔2〕 陆游：《老学庵笔记》。
〔3〕 王栐撰：《燕翼诒谋录》。

石，臣敢为得人贺。’”[1] 科举选官推动了宋朝官吏队伍建设和士人群体成长，可谓“三百余年元臣硕辅、鸿博之儒、清强之吏，皆自此出，得人为最盛焉。”[2]

在官员管理制度方面，宋代有两项制度具有较大的廉政意义。一是官职差遣分离。宋代任官制度有官、职、差遣三个体系。官原本属于职事官系统。至宋，官称与实际职务逐渐脱离，仅用于表示官位、俸禄高低，故又称寄禄官。唐末五代以来，因事而设、事后即撤的使职差遣，在北宋成为由固定官员担任的实际职务，简称职。职又分馆职和贴职。馆职指官员所任职务。他官兼馆职，称贴职，一般为文官荣誉头衔。官表示地位，职指示职务，差遣是担当的工作。官职差遣，使官员待遇、职务、荣誉分离，利于通过擢拔勤政廉政的年轻官员担当重要而崇高的职务，也利于地位高、资历深的年长官员通过廉洁奉公继续保持较高的地位和荣誉。二是推行高俸养廉。“惟其给赐优裕，故入仕者不复以身家为虑，各自勉其治行。观于真、仁、英诸朝，名臣辈出，吏治循良，及有事之秋，犹多慷慨报国，绍兴之支撑半壁，德祐之毕命疆埸，历代以来，捐躯殉国者，惟宋末独多，虽无救于败亡，要不可谓非养士之报也。”[3]

相比之下，辽金元的廉政制度明显不及两宋，呈现游牧民族制度建设的粗放状态。在中央官制方面，辽并三省六部职权集中到枢密院。金撤中书、门下两省，只留有尚书省总理朝政。元则以中书省为政务中枢，尽管枢密掌军戎、御史台掌纠察，但是，

---

〔1〕《宋史·文天祥传》。

〔2〕《宋史·选举志一》。

〔3〕《廿二史劄记·宋制禄之厚》。

后两者受制于皇帝和中书省，几近虚设。在官员选用方面，辽金元沿用了科举制，但多粗疏缺憾。例如，元朝选官看重宿卫和吏员，其宰相多属于此两项出身。宿卫是赳赳武夫，吏员老奸巨猾，这样的人操持了权柄，其结果可想而知："台阁之位，率取敏锐材干、练达时事者居之。其效官举职，治繁理剧，固不乏人；而格君经世，蹈道迪德者，盖未多见也。"〔1〕正如史家所言："宋亡于儒，元亡于吏。"

（六）明清时朝

明朝建立后，朱元璋强化皇权，把专制体制推向极致。其重要的表现是废除中书省和丞相制，以皇帝直接统领六部。朱元璋解释其中理由："自古三公论道，六卿分职……自秦始置丞相，不旋踵而亡。汉唐宋因之，虽有贤相，然其间所用者多有小人，专权乱政。我朝罢丞相，设五府、六部、都察院、通政司、大理寺等衙门，分理天下庶务，彼此颉颃，不敢相压，事皆朝廷总之，所以稳当。"〔2〕宰相，丞相，是泛指的最高级别的行政长官，所谓"上佐天子理阴阳、顺四时，下育万物之宜，外镇抚四夷诸侯，内亲附百姓，使卿大夫各得任其职焉。"〔3〕宰相居于一人之下、万人之上，对皇权起着制约甚至抗衡作用。

实职宰相废除，"内阁"大学士助理庶务，内阁制应运而生。内阁大学士官阶五品，是皇帝的顾问和参谋，有时也"传旨当笔"，很难制约皇权，皇权空前强化。皇帝如果无心朝政，权力就

〔1〕王结：《文忠集》卷四《书松厅事稿略》。
〔2〕《明太祖实录》卷二百三十九《洪武二十八年六月己丑》。
〔3〕《史记·陈丞相世家》。

落在了宦官手中。所以，明朝政纲腐败突出的表现就是内阁与宦官的勾结或争斗。史称："有明之无善治，自高皇帝罢丞相始也。"[1] 清朝先是沿袭内阁大学士之设，后又以军机处取而代之，二者都是闲曹参谋，对"乾纲独断"起烘托作用。晚清新政，仿照日本近代政治体制设内阁总理大臣，是为君主立宪制的行政长官，与古代宰相非能同日而语。

在明朝官制中，五府管军政，六部司行政。与六部行政的"寺监"相对，设"六科"专司政务的审核、言谏、监督和官吏考察，长官为给事中。前代所设中央监察机构御史台改为都察院，长官为都御史。地方上又划分出十三道，分设监察御史巡按州县，专事官吏的考察、举劾。清因明制，仍设都察院，下设十五道。通政使司是明清时收受、检查内外奏章和臣民申诉文书的中央机构，其职能就是开天下言路，长官为通政使。大理寺所掌为"审谳平反刑狱之政令"，长官为大理寺卿。六部尚书加都御史、通政使司、大理寺卿称为九卿，后三者掌管监察。另外还有学术机构翰林院、太子辅导机构詹事府，"清议"批评政务。因此，明清具有监察职责的机构有翰詹科道以及通政使司、大理寺，可谓规模大、地位高、职能强。但是，他们都是针对监察百官、加强皇权而设立的。在地方上，明朝废除元朝的各"行中书省"，设立十三个承宣布政司管理民政（提刑按察使司管刑狱、都指挥使司管军政）。清朝地方管理机构恢复为"省"，上面又把巡视性质的巡抚和总督固定为地方行政官。这都是为了加强对地方管理的防范而加大中央集权。

---

〔1〕《明夷待访录·置相》。

为了严密监控官员，明朝先是设立了锦衣卫，专门承受皇帝旨意，超越司法程序，专司处理针对不法官吏的“诏狱”案件。明成祖又增设东厂，以太监提督，专管“缉访谋逆妖言大奸恶等”[1]。明宪宗再设西厂，刺探官民阴私。厂卫本为监督不法官吏而设，起初也在惩治腐败方面效用显著。但是，它逐渐为权宦把持，超越司法不接受监督制约，不仅造成不少冤狱，而且自身迅速腐败，清代将之废除了。

为了通达下情和舆论，明代创立了密疏言事制度。密疏言事是臣民上呈给皇帝的一种特殊上行文书，直达御前开拆，皇帝亲批而不需内阁票拟，其间不假他人之手而高度保密，是皇帝掌握信息、监控官吏、推行廉政的重要手段。清承明制，建立了密折奏事制度。

为了保障皇权独断，又防止大权旁落宫禁，明朝加强了内阁、清朝增强了军机处等参谋机构建设。清朝还增加了皇帝读书听讲、增强修养的制度，又特别严格了皇帝勤于视朝和躬亲批阅奏章的规范。这些举措主要在于加强皇权，也有一定的廉政建设意义。

为了加强中央对地方的监控，明清强化了自汉武帝创设刺史形成的中央巡按制度。明代巡按御史衔命巡察州县，代天子巡狩，举凡吏政、刑名、钱谷、治安、档案、学校、农桑水利、风俗民隐，无所不察，小事当即处理，事大者奏请皇帝裁决，或候差满回京汇报工作时交中央有关部门处理。巡按的主要任务是考察地方官吏是否有违法失职情节，因此有利于地方廉政建设和加强中央权威。在执行巡视监察地方的过程中，产生了巡抚、提督、总

[1]《明史·刑法志三》。

督等官职，渐渐由临时性变为常任。例如，清代总督就成了统辖一省或数省的最高军政长官。全国常设的有直隶、两江、闽浙、湖广、陕甘、两广、四川、云贵等八大总督，总督均加兼部院衔，为正二品或从一品，“掌总治军民，统辖文武，考核官吏，修饬封疆”。[1] 这实际上增加了行政层次，也加强了中央对地方的监控力度。

吸取元朝选官制度的教训，明清两代对吏员入仕大加限制：明朝时几乎不能够做到州县正官，清朝时只能担任低级杂职官。他们的升迁受到了限制，沉在社会基层弄权为患，成为一大社会毒瘤。明清两代草创时期都允许荐举仕进，但是，至中期都大大加以限制。明朝中期后，有荐举“籍记举主，后有犯赃，必明正举主之罪”[2] 的规定。清朝对荐举者，也规定“称职，量效之大小，举主同其赏；不称职，量罪之大小，举主同其罚”[3]。明代存在捐官制度，但是严格予以限制。清初也允许捐官，至乾隆年间受到严格限制，但终未取消，结果至晚清成为政治腐败的一大根源。

明清两朝最主要的取士制度是科举制。明清科举制的特点是：考试程式越来越规范，走向僵化；考试纪律越来越严格，防止舞弊费尽心机；考试内容越来越限定，几近文化专制。科举取士的廉政意义逐渐消退，“士子以四书五经为干禄之具，而不知其为修己治人之方；其所为文，悉是剿说之余，而不足为躬行心得之

〔1〕《皇朝通典·职官十一》。
〔2〕《续文献通考·选举三》。
〔3〕《清史稿·范文程传》。

验。"[1] 至晚清，科举取士严重束缚了读书人的思想和整个民族的视野，成了削弱民族创新力和官员活力的重要原因。

（七）晚清之际

阿克顿勋爵曾说："权力导致腐败，绝对权力导致绝对腐败。"[2] 明清的廉政制度建设总的特点是，防范腐败逐渐演变成防范臣民失控和谋求专制。皇权极尽专制，必然走向绝对腐败。干腐枝枯，这也说明中国古代以专制皇权为核心的廉政制度建设走到了尽头。

一个国家的廉政制度分为几个层次：一是基本政治制度，一是选官任官制度，一是监察监督制度，一是相关配套制度。至于晚清，根本层面的政治制度是封建专制制度，因为它的反民主反人民性质，决定了它已经毫无进步意义；选官任官制度是科举取士制度，因为它的考试内容局限于经学，因而落伍于近代潮流；监察监督制度是皇权专制制度的一部分，因为受制于和服务于专制而使其廉政意义大打折扣；相关配套制度同理需要革命性变革。于是，中国廉政制度建设需要另辟蹊径，实现范式革命。

相应的历史事实是，1840 年后，中国进入半殖民地半封建社会。清政权的软弱无能和腐朽没落逐渐为社会各阶层所认识，社会革新的浪潮一浪高过一浪。

以林则徐等为代表的地主阶级开明派，呼吁"睁眼看世界"，主张"更法"，把中国制度变革的方向引向了学习西方。但是，他们没有先进的思想资源作支撑，也就无法提出进步的制度建设

---

〔1〕 齐召南：《进呈经史说》，《皇朝经世文编》卷十《治体》。
〔2〕［英］阿克顿：《自由与权力》，侯健、范亚峰译，商务印书馆 2001 年版，第 342 页。

主张。

以太平天国为代表的农民革命力量，力图推翻清王朝的统治，建立平均主义的农民政权。但是，由于农民阶级到了近代已经不属于先进的领导阶级，它的政权终于没有站住脚跟。洪仁玕的《资政新篇》，是中国第一个力图发展资本主义的纲领，在刷新政治方面提出移风易俗、加强法制建设、察失用人乃至简化文风等举措，可惜还没有来得及施行，太平天国就失败了。

以曾国藩、左宗棠、张之洞为代表的地主阶级洋务派，举起自强求富的旗帜，力图推动中国走上发展资本主义经济军事的道路。但是，他们为传统文化所拘囿，固守“中学为体，西学为用”，故而迈不出政治革新的步子。

以康有为、梁启超为代表的资产阶级维新派，勇敢地揭举了戊戌变法运动，试图建立君主立宪制度。但是，由于维新势力的单薄和保守势力的强大，变法最终就连“开制度局”这样的一小步政治改革也没有被接受，仅仅以促进了科举制度废除的微弱进步而仓皇终结。

以孙中山为代表的资产阶级革命派，在实践经验中认识到，中国人民的苦难根源于一点，“那就是普遍的又是有系统的贪污”[1]，也就是政治腐败，而救治腐败只有政治的、社会的革命一途。只有武装革命推翻清王朝的专制统治，才能结束中国腐败落后的局面。于是，以资产阶级政党为领导，以“民族、民权、民生”为号召，发动了资产阶级民主革命。

孙中山图谋建立一种具有彻底廉政意义的新制度，具体的就

〔1〕《孙中山全集》第一卷，第89页。

是“权能分治”、“五权分立”的政治体制。孙中山把国家的政治权力分为“政权”（或者“民权”）和“治权”两部分。他说：“政是众人之事，集合众人之事的大力量，便叫做政权；政权就可以说是民权。治是管理众人之事，集合管理众人之事的大力量，便叫做治权；治权就可以说是政府权。所以政治之中，包含有两个力量：一个是政权，一个是治权。这两个力量，一个是管理政府的力量，一个是政府自身的力量。”〔1〕政权，即民权，在孙中山思想中包括国民有选举、罢免官吏之权，有创制、复决法案之权这样四种权力。同样，孙中山把“治权”，即“能”，分成五个部分，即立法权、行政权、司法权、监察权和考试权，分别由立法院、行政院、司法院、监察院和考试院五个机关来行使。有了这种政权和治权，就能够“造成万能政府，为人民谋幸福”，“便可以破天荒在地球上造成一个新世界”〔2〕。

“权能分治”体现着资产阶级的民主精神，它坚持了人民主权原则。这是此前立宪派、改良派所不具备的新思想。它主张政府权力来自民众授予，民众通过宪法，把各种治权分别授予不同的国家机关行使；民众则保留“民权”，通过国民大会的形式来控制和指挥“治权”的行使，由此促使这些行使治权的主体兢兢业业为民众服务，做好民众的公仆。这就从根本上否定了在中国绵延几千年的皇权、官僚思想，为资产阶级革命派指明了政治方向。民权政府的“五权分立”，是从欧美国家的“三权分立”演化而来的，孙中山认为：“将国外的规制和本国原有的规制，融合起来，较为完善。”“中国古时举行考试和监察的独立制度，也有很

〔1〕《孙中山全集》第九卷，第345页。
〔2〕同上书，第355页。

好的成绩，像满清的御史，唐朝的谏议大夫，都是很好的监察制度。举行这种制度的大权就是监察权。监察权就是弹劾权。”〔1〕至于考试制度、选拔人才，他认为更具有中国特色。这种制度最为公允，无论贫民贵族，一经考试合格，即可入仕为官。因此，孙中山融合中西政治思想文化，创立了中国式的资产阶级革命政治理想和政治体制，并且把建设廉洁政治的举措推向中国近代的最高峰。

1911 年，辛亥革命结束了封建专制制度，资产阶级民主共和国性质的廉政制度亟待构建，中国廉政制度建设进入近代化阶段。

（八）几点认识

政治制度是对公共权力的配置关系、运作方式的具体规范。廉洁从政是公共权力的基本要求，廉政制度建设是政治制度的基础工程。中国历史绵延几千年，廉政制度起着重要的保障作用，形成了突出的特色。

一是官僚政治系统对皇权系统的制约，延缓王朝的衰亡。中国传统社会并非死水一潭，它充满着种种紧张和冲突，其中如君主与官僚制度之间的紧张与冲突。〔2〕专制主义与官僚政治始终是贯穿中国古代政治制度的两条主线，它们共同构成了帝国的制度结构，其中皇权专制主义居于核心和主导地位。但是，皇权不能无限制扩张，它还要尊重一个相对独立的治理系统——官僚政治系统。官僚政治系统的首脑就是宰相。宰相可以是一个人，但在

---

〔1〕《孙中山全集》第九卷，第 353 页。

〔2〕［美］列文森著，郑大华、任菁译：《儒教中国及其现代命运》，中国社会科学出版社 2005 年版，“代译序”第 8 页。

古代中国一般不是一个人，而是最高行政长官集体。例如，秦朝宰相就包括丞相、御史大夫，唐朝宰相包括三省长官，实际上是一个政治委员会。在皇帝之外形成一个根据皇帝意志建立但又独立于皇帝的政府机构来实施对全国的统治，目的在于防止皇权泛滥和腐败，这归根结底又符合皇帝的利益。

理论上一致的一面，在实际上却有时形成冲突的一面。“宰相之职佐天子，总百官，平庶政，事无不统”[1]。相权辅佐、制约皇权，如果皇帝感到的却有一种掣肘和僭越的威胁，皇权就对相权进行削弱与剥夺。中国古代皇权总体上是上升、相权逐渐地下降。明朝宰相的废除，使专制主义政治空前强化。“这种把一切权力都揽在皇帝个人手中的高度集权的状况，是在明朝以前没有过的。所以，封建专制主义经过一千几百年的发展，到了朱元璋的时候，形成了一个历史上从来没有过的高度中央集权制的政治系统。”[2]

基于上述情况，中国古代腐败的发生，首先从皇权系统发生。皇帝的昏庸、宦官擅权、外戚专政、奸臣当道，都是皇权的腐败堕落或内臣的狐假虎威，基本上构成了历代王朝灭亡的内因。

二是选举考官制度确保王朝政权具有一定的公平性，利于廉政建设。选官制度，“这是讲中国政治制度上一个最主要的大题目”[3]。中国古代依次有三个主要的选官制度：察举制、九品中正制、科举制。这三项制度，都为了从社会基层选拔才俊，为统治集团注入新生力量。选举的标准，第一是“德”，第二是

〔1〕《宋史·职官志一》。
〔2〕吴晗：《明史简述》，中华书局1980年版，第21—22页。
〔3〕钱穆：《中国历代政治得失》，第11页。

“才”，共同的举措是不同程度的考试。察举重在推荐，但是只有经过“策问”才能使用。汉武帝办太学，与选官制度相结合，“那些郡国孝廉，又多半是由太学毕业生补吏出身的”[1]。魏晋以降察举制逐渐被九品中正制取代，但是，被征举的也要经过一定考试。西晋形成了秀才对策而孝廉试经的格局。秀才主要是对策时文辞的优美，孝廉则在于经学的深湛。到南北朝时，考试日益成为决定被举者得官与否的中心环节。科举制更是将考试选拔官吏确定为国家大法。“科举制度显然在开放政权，这始是科举制度之内在意义与精神生命。”[2] 考试开放政权，及时把优秀分子吸收到政权内部，不断充实政权的生命力。

另一方面，考试取士对于录用官员自然有一种廉政意义。一要珍惜读书奋斗的结局，“现在所考试求取者则须专心为公家服务”[3]；一要珍惜清廉进取的名声。唐朝宰相刘晏曾比较以科举出身为主的“士”和非科举出身的“吏”的德行，他说：“士陷赃贿则沦弃于时，名重于利，故士多清修；吏虽廉洁，终无显荣，利重于名，故吏多贪污。”[4]宋代王曾也比较流内官（科举入仕者）和流外官的区别说：“士人入流，必顾廉耻；若流外，则畏谨者鲜。”[5] 清人也说：“自念读书考试历数十年之辛苦，偶得一官，一旦因贪去职，则所得不若所失之大，即不肖偶蒙贪念，亦有所顾忌而不敢为。”[6] 可见，两千多年考试取士的办法，成为

〔1〕 钱穆：《中国历代政治得失》，第 14 页。
〔2〕 同上书，第 51 页。
〔3〕 同上书，第 49—50 页。
〔4〕 《文献通考·选举八》。
〔5〕 《续资治通鉴长编》卷一百四《天圣四年春正月己亥》。
〔6〕 周恒祺：《请整饬吏治疏》，《同治中兴京外奏议约编》卷二。

确保中国古代廉政建设的一个独特的重要因素。

三是监察系统的监督检查，在一定程度上防治了古代政治的腐败。中国形成了一套完备而又严密的监察制度，在一定意义上改善了吏治。历代封建统治者为了充分发挥监察机关对百官的威慑制约作用，赋予了监察官广泛而充分的权力：第一，弹劾权。御史监察官员“受公卿奏事，举劾按章”[1]，甚至可以“风闻论事”[2]，“掌纠察官邪，肃正纲纪”[3]。监察官的弹劾对象可以说是除皇帝之外的文武百官。第二，谏诤权。古代谏官有权参与讨论军国大事，“不矜宠利，不惮诛责，一为天下昌言，以寤主上；起民之病，治国之疵，蹇蹇一心，如对策时”[4]。凡遇朝廷决策，谏官有权与闻政事，并可对政策得失直接发表意见。第三，司法权。自御史之设即有司法监察权，到南朝陈时，御史中丞也参与司法审判。唐时，刑部、大理寺和御史台三者共同审理案件，称“三司推事”。到清时，除沿用“三司”制外，如遇重大案件，则实行九卿会审制，即刑部、大理寺、都察院会同吏、户、礼、兵、工部和通政司的官员共同审理。可以说古代御史既是监察官又是司法官。第四，审计权。监察官员对国家财政预算编制与执行实行审核，稽查财政上的不法行为。唐宋之时，“岁行所部，检察储积，稽考帐籍”[5]。明清时，官府收支账目和会计报告，都要送呈都察院检查。此外，监察官还有便宜处置权，如明清御史发现六品以下贪酷显著者即便拿问。还有监试权、监军权、调查权，

---

〔1〕《汉书·百官公卿表上》。

〔2〕《文献通考·职官七》。

〔3〕洪迈：《容斋四笔·台谏分职》。

〔4〕王安石：《上田正言书一》。

〔5〕《宋史·职官志七》。

等等，都为了有效防范、制止官吏违法乱纪行为的发生，加强了封建统治与国家管理，也历来受到统治者的重视。元世祖忽必烈曾说："中书朕左手，枢密朕右手，御史台是朕医两手的。"[1]

然而，作为体制内架构，监察职能的发挥受整个管理体系左右，一旦王朝腐败透顶或出现统治危机，监察官就难以发挥正常作用，甚至会催化吏治的腐败。如：东汉外戚、宦官专权之时，监察机关冷漠旁观甚至助纣为虐。明代宦官刘瑾专权，操纵东厂、西厂、锦衣卫，增设大内行厂，厂、卫乌合，大兴特务恐怖之治，陷害异己，残害忠良，把社会搞得乌烟瘴气。这些都说明封建专制政治之下纠腐反贪极具局限性且极易异化。

总的看来，中国古代廉政制度建设有明显的缺陷：一是被动性，二是边缘化，三是难贯彻。

中国古代政治制度演绎的传统逻辑是，"一个制度出了毛病，再订一个制度来防制它"。结果制度越来越多，不仅造成前后矛盾、执行困难，失去效率与效力，而且，更严重的是病上加病，最后病入膏肓。这一现象，为史学家钱穆所揭示，有的称之为"钱穆制度陷阱"。

以监察制度为例，虽然齐相管仲在两千七百年前就说过，监察制度的设立对于君主统治具有主动性，"一曰长目，二曰飞耳，三曰树明。"[2] 但是，这也正说明中国古代监察制度建设是为了强化皇权，而不是彰显老百姓的意志，不是保护和伸张公共权力。中国古代廉政制度，本身就是在这样一种矛盾丫口上生长出的枝条，它是在强化皇权的驱动下产生并发展的。中国古代的政治制

〔1〕《草木子·杂制篇》。
〔2〕《管子·九守》。

度结构，既是古代监察制度系统日益壮大的土壤，也是造成这些廉政制度异化的陷阱。中国古代传统政治制度，导致皇权至高无上，官僚集团权力难以约束。所谓的权力制约和监督往往是软弱的，有时甚至是徒劳无效的。在中国古代社会中，付诸政治能力的只有一个主体，这就是皇权指挥下的官僚集团。这个集团不能够从根本上用制度加以制约。因此，如果官僚集团中个别成员腐败，那么从维护其集团利益出发还可以去处治；如果整个集团普遍腐败，则社会上就没有什么力量可以控制它。故而，历朝历代殚精竭虑严防腐败，朝代之初也几乎都能严刑峻法惩治腐败，但是，随后就是于事无补、制度废弛。为了亡羊补牢，又改旧制、兴新法，最终还是“生法者，君也；守法者，臣也；治于法者，民也”[1]，纵欲无度的君主国戚达官贵人照旧可以乘借制度的空隙而终究为所欲为。这种循环往复腐败横行的根源，就是中国古代的权力结构具有滋生腐败的必然性：一是皇权专制对腐败的影响；二是权臣专权对腐败的影响；三是普遍的专权造成普遍的腐败。

王亚南先生在《中国官僚政治研究》一书中说：“历史家昌言中国一部二十四史是相斫史，但从另一个视野去看，则又实是一部贪污史。”原因是：“一个为官僚把持操纵的社会，本来没有什么法度可言，要说有，不外是有关人民对于他们的义务的规定，或有关他们自己相互之间的权利的规定罢了。”[2]

1897 年，孙中山在一次演讲中指出，“中国所有一切的灾难

〔1〕《管子·任法》。
〔2〕《中国官僚政治研究》，第 94、95 页。

只有一个原因，那就是普遍的又是有系统的贪污。”[1] “这样就证明了，用输入物质文明的方法不能改良中国，只有用根绝官吏贪污的办法才行。”[2] 因此，中国的前途“只有革命”。

三、 中国古代的廉政人物

中国古代历史绵延数千载，王朝循环兴替，政治清明是根基，廉政人物起着重要的支柱作用。廉政人物的政治行为效应，直接决定着朝代命运浮沉和治乱格局；廉政人物的思想作风、道德品质，凝聚为宝贵的廉政文化遗产，代代相传，化作一股蓬勃朝气、昂扬锐气、浩然正气，亘古长存。

“以铜为鉴，可正衣冠；以古为鉴，可知兴替；以人为鉴，可明得失。”[3] 中国古代廉政建设，济济多士。我们跨越历史星空，萃取廉政人物所共有的行为和品质特征，在今天仍有积极的借鉴意义。

（一）修身立德

中国古代德治气息浓郁充沛，“天下者，非一人之天下，惟有道者居之”[4]，“为政以德，譬如北辰，居其所而众星共（拱）之。”[5] 廉政人物首先讲究修德立身。为政者修德立身，不仅是要加强个人道德修养，最重要的是提高政治道德修养，主要包括

---

〔1〕《孙中山全集》第一卷，第 89 页。
〔2〕同上书，第 105 页。
〔3〕《新唐书·魏徵传》。
〔4〕《六韬·武韬·顺启》。
〔5〕《论语·为政》。

恤民、爱国、忠君、孝悌、尚贤。

舜是传说中的五帝之一，是中国古代道德楷模，史载“天下明德皆自虞帝始”。舜居家以德，宽厚孝悌，以德报怨，敬愚父，恭悍母，友顽弟，饬妻妾，首倡人伦道德之风。舜为人以德，踏实谦让，助人为乐。“舜耕历山，历山之人皆让畔；渔雷泽，雷泽上人皆让居；陶河滨，河滨器皆不苦窳。一年而所居成聚，二年成邑，三年成都。”舜为政以德，谋四岳，举八恺，用八元，惩四凶，远佞人，“七政以齐”，“远近众功咸兴”，“蛮夷率服”。〔1〕“舜勤民事而野死”〔2〕，“以君人之大德，为帝王之称首”〔3〕。

召公奭是西周四朝元老，辅佐文武成康四王，是崇德恤民的典范。召公巡治民间，每在甘棠树下处理政务，“自侯伯至庶人各得其所，无失职者”。“召公卒，而民人思召公之政，怀棠树不敢伐，歌咏之，作《甘棠》之诗”〔4〕，留下“甘棠遗爱”的美谈。

屈原以爱国忠君为志，以致力民生为业，以洁身自好为德。位居楚国大夫，屈原主张“美政”，谏言彰明法度、举贤任能。但是，楚王不听，不思振作，放逐屈原。公元前278年，秦军攻占楚都，屈原投汨罗江殉国明节。曾有渔父问被逐的屈原“何故至于斯?”屈原答：“举世皆浊我独清，众人皆醉我独醒，是以见放。”渔父又问：“何故深思高举，自令放为?”屈原回答：“安能以身之察察，受物之汶汶者乎？宁赴湘流，葬于江鱼之腹中，安能以皓皓之白，而蒙世俗之尘埃乎!”〔5〕屈原志高气正，留下

〔1〕《史记·五帝本纪》。
〔2〕《国语·鲁语上》。
〔3〕温子昇:《舜庙碑》,《汉魏六朝百三家》本之《温侍读集》。
〔4〕《史记·召公世家》。
〔5〕屈原:《渔父》。

"长太息以掩涕兮，哀民生之多艰"，"路曼曼其修远兮，吾将上下而求索"[1] 等警言。

唐朝颜真卿德能兼优，四次被任命为监察御史，又迁殿中侍御史，代宗时官至吏部尚书、太子太师。他侍奉父母以孝顺闻名，治民也突出孝道。辖区内有一老妇死了二十九年仍殡放在寺院，颜真卿剥夺她两个儿子三十年平民资格，使"天下耸动"[2]。安禄山反叛，颜真卿与从兄杲卿起兵平叛，并以十岁儿子随军作人质，国尔忘家。他辅佐肃宗，秉持礼仪典章法度，"绳治如平日"[3]，建议肃宗修改"嗣皇帝"之称以尊重上皇玄宗，"帝以为达识"[4]，尊称"鲁公"。最后遭奸相卢杞、叛将李希烈陷杀，"毅然之气，折而不沮，可谓忠矣"[5]。

岳飞是南宋名将，毕生尽忠报国，身具多种优秀品德。爱民安民，治军严格，"冻死不拆屋，饿死不卤（掳）掠"，"卒有取民麻一缕以束刍者，立斩以徇"。爱兵如子，恩慈呵护，生病者"躬为调药"，远征者慰问其家，死难者抚育其孤，"凡有颁犒，均给军吏"。虚怀若谷，推功就过，时有"撼山易，撼岳家军难"之誉，岳飞却说："将士效力，飞何功之有！"好贤礼士，"恂恂如书生"。事亲至孝，家无姬侍，生活朴素，每调军食，则皱着眉头说："东南民力，耗敝极矣。"岳飞"忠愤激烈，议论持正"，与腐败投降的秦桧集团进行了不妥协的斗争，留下了许多垂世名言：治国"文臣不爱钱，武臣不惜死，天下太平矣"。治军"仁，

[1] 屈原：《离骚》。
[2] 《旧唐书·颜真卿传》。
[3][4][5] 《新唐书·颜真卿传》。

信，智，勇，严，阙一不可”[1]。

修身立德，是中国古代的治理根本。古代官员入仕为宦的路径大致为格物、致知、诚意、正心、修身、齐家、治国、平天下[2]。到南宋时期，修德被理学强调成每个人处世立业的出发点和归宿点。“自天子以至于庶人，壹是皆以修身为本。”[3] 它的积极的一面是强化了官员的道德自律，消极的一面则伴生出空谈心性、不务实践的倾向。近人魏源曾经一针见血地指出：“学术之非，至于灭种，此吾所以不能不太息痛恨于宋人也。”[4]

（二）明法审令

“法律政令者，吏民规矩绳墨也。”[5] “君臣上下贵贱皆从法，此谓为大治。”[6] 称职的管理者要把法律政令贯彻到包括自己在内的民众之中，实现统治意志。明法审令、公正廉明、无私无畏、惩恶扬善，是廉政人物的职守。

皋陶是中国历史上第一位大法官，首创法刑狱，规范职事、秩序、伦理、赏罚，“惟明克允”[7]，生动诠释了中国原始的法制精神。

商鞅依法治国，功效卓著，为秦统一中国打下了基础。商鞅

---

〔1〕《宋史·岳飞传》。

〔2〕《礼记·大学》。

〔3〕《大学章句》，见朱熹《四书章句集注》，上海古籍出版社、安徽教育出版社2001年版，第5页。

〔4〕王栻主编：《严复集》第四册《〈原富〉按语九五》，中华书局1986年版，第905—906页。

〔5〕《管子·七臣七主》。

〔6〕《管子·任法》。

〔7〕《尚书·舜典》。

提出“当时而立法，因事而制礼”[1]。他立木为信，执法如山，令行禁止，尤其不阿权贵。时太子犯法，商鞅以“法之不行，自上犯之”[2] 为诫，“刑其傅公子虔，黥其师公孙贾”。后公子虔又犯法，商鞅施以割鼻之刑。

徐有功是唐高宗和武周时期的审案官，慨然护法，廉洁清正，磊落光明。酷吏奸臣频予弹劾，他三次被控死罪，两次被罢官，但酷吏奸臣终究找不出他贪赃徇私的证据。酷吏皇甫文备曾经陷害过徐有功，后来皇甫文备被人控告，徐有功仍公正审理，使其免刑。有的人问他为何不伺机复仇，他说不能以公法泄私愤。[3]

宋朝包拯既有执法如山的刚毅，更有拒腐防变的廉洁。他巧断牛舌案是明法审令的生动案例。有人牛舌被割掉，跑来报案。包拯告诉那人回家把牛杀了去卖。很快有人来投诉私杀牛者，包拯反问投诉人为何割了人家的牛舌而又来告状？那盗贼惊服归案，承认泄愤割舌的罪过。[4] 包拯性格耿直，也以忠恕待人，清廉简朴，持家甚严。“虽贵，衣服、器用、饮食如布衣时。”留有“后世子孙仕宦，有犯赃者，不得放归本家，死不得葬大茔中。不从吾志，非吾子若孙也”[5] 的家训和“廉者，民之表也；贪者，民之贼也”[6] 的箴言。

海瑞在世，明王朝处在由盛及衰时期，危机四伏，他欲挽狂澜于既倒。他诊治时弊，买好了棺材谏止迷信道教、大兴土木。他严肃法纪，力倡恢复明太祖时“枉法赃八十贯绞”等重典治吏。

---

〔1〕《商君书·更法》。
〔2〕《史记·商鞅列传》。
〔3〕《新唐书·徐有功传》。
〔4〕〔5〕《宋史·包拯传》。
〔6〕包拯：《孝肃奏议集》卷三《乞不用赃吏》，《四库全书》本。

他节俭垂范，“葛帏敝籝，有寒士所不堪者”〔1〕。纵观海瑞为官，历经嘉靖、隆庆、万历三朝，多次犯颜直谏，针砭时弊，得到百姓广泛拥护，却遭到朝官百般阻隔弹劾，最终还能够得到皇帝召用。恰如嘉靖所言：“此人可方比干，第朕非纣耳。”〔2〕

为了维护家国天下，有些最高统治者明法审令是坚决的。清史记载，雍正十二年，“三月丁丑，工部尚书范时绎免。戊戌，河南学政俞鸿图以婪赃处斩，其父侍郎俞兆晟褫职。尹继善奏剿平普思叛苗，招抚投诚人众。得旨：‘凡事懈于垂成，忽于既定。勉之。’”〔3〕范时绎是世代贵胄，且是雍正即位前的亲信，但是，他结交地方劣绅奸宄，公务懈惰，收受贿赂。俞兆晟、俞鸿图是父子，学政俞鸿图在科举考试中纳贿行私，遂以问斩。〔4〕尹继善时任广西总督，平定边关叛乱。一月中处理完三件大事，下旨警告执法要坚定，一以贯之，足见雍正振作法纪用心良苦。

但是，在古代中国伦理化的、人治的社会里，往往难以真正实现明法审令，不可避免地存在对贵族的包庇、对纲常的顾忌。即使最严厉的执法者，也不乏宽贷的情况。“礼不下庶人，刑不上大夫”〔5〕，是周秦千年以来不变的潜规则。皇权偏袒贵族，成为常理。范时绎早该数罪并罚“论斩”，雍正以“范氏为大僚”，“勋臣后裔”，“特宥之”。〔6〕而像海瑞这样的清官廉吏，也只好倾向于用法令自由裁量权保护弱者：“凡讼之可疑者，与其屈兄，宁屈其弟；与其屈叔伯，宁屈其侄；与其屈贫民，宁屈富

〔1〕〔2〕《明史·海瑞传》。
〔3〕《清史稿·世宗本纪九》。
〔4〕《清史稿·王士俊传》。
〔5〕《礼记·曲礼上》。
〔6〕《清史稿·范文程传附范时绎》。

民；与其屈愚直，宁屈刁顽。事在争产业，与其屈小民，宁屈乡宦，以救弊也；事在争言貌，与其屈乡宦，宁屈小民，以存体也。”[1]

（三）尚学崇教

轩辕黄帝成为中华民族的领袖，开始时就做了两件事：一是“习用干戈”，二是“修德振兵”。[2] 亦即修业进德。所谓“君子学以聚之，问以辨之，宽以居之，仁以行之”[3]。

自古及今，“自天子至于庶人，未有不须学而成者”[4]。中国古代统治者尚学崇教，寄望官吏能够严格自律，社会形成廉洁之风。儒学推行仁政、教化、德政，汉武帝“罢黜百家，独尊儒术”，唐玄宗封孔子为“文宣王”，宋仁宗封孔子为“衍圣公”，都是为了张扬尚学崇教、敦化治理的传统。

战国时期的齐桓公设立稷下学宫，召集天下学者，“号曰列大夫”，“咸作书刺世”[5]。淳于髡谏威王戒“长夜之饮”，振作朝政；王斗曾直面批评宣王“好马”、“好狗”、“好酒”、“好色”，独不“好士”，促其“举士五人任官，齐国大治”[6]；孟子与齐宣王探讨治国和统一天下之道，批评霸术、提倡仁政。诸如此类的谏言活动，促进了齐国的廉政建设。

西汉时期董仲舒向汉武帝建言，匡扶吏治必须兴学崇教，擢

---

〔1〕 转引自黄仁宇著《万历十五年》，三联书店 1997 年版，第 139 页。
〔2〕《史记·五帝本纪》。
〔3〕《易·乾·文言》。
〔4〕《唐会要》卷三十五《学校》。
〔5〕《风俗通义·穷通》。
〔6〕《战国策·齐策三、四》。

拔饱学盛德之士，否则“累日以取贵，积久以致官，是以廉耻贸乱，贤不肖混淆，未得其真”。[1] 汉武帝听取了董仲舒的劝说，在长安设立了国家最高学府“太学”，以五经博士为教授，置博士弟子五十人，为国家培养廉洁贤能的后备官员。

西晋时车胤出身没落大族，极爱学习，恭勤不倦，留有“囊萤夜读”的佳话，官至礼部尚书。他学以佐政，养成秉持正义、为官正派、不屈权贵的廉正品格，在与当时骄矜放荡的世族斗争中慨然殉职。

尚学崇教被隋文帝开创的国子监学与科举取士体制化，奠定了中国古代文化精英政治，在一定意义上保障了政治清明廉洁之风的张扬。史家曾经将士官与吏员作廉政对比：“士陷赃贿则沦弃于时，名重于利，故士多清修；吏虽廉洁，终无显荣，利重于名，故吏多贪污。”[2]

张载是理学的创始人之一，入仕后以“敦本善俗”为先，推行德政，重视移风易俗。张载一生，两被召晋，三历外仕，官至同知太常（礼部副职），始终保持学人本色，以学为志，著书立说，终身清贫，乐在其中，不沾尘埃。殁后贫无以殓，门生买棺成殓。张载“与诸生讲学，每告以知礼成性、变化气质之道，学必如圣人而后已”[3]。张载留有“为天地立志，为生民立道，为去圣继绝学，为万世开太平”[4] 和“民吾同胞，物吾与也”[5] 等名言，为后世传诵。

---

[1] 《汉书·董仲舒传》。
[2] 《文献通考·选举八》。
[3] 《宋史·张载传》。
[4] 《张载集》，第 320 页。
[5] 同上书，第 62 页。

康熙是中国历史上最为嗜书好学的帝王之一。他在出巡途中，或居行宫，谈经论道，赋诗著文，花甲之年仍手不释卷。康熙崇尚儒学，尤其是程朱理学，认为“殊觉义理无穷，乐此不疲”[1]。他明确宣布清廷要将治统与道统合一，以儒家学说为治国之本，对于吏治清化起到决定性作用。

但是，清初统治者为了实行思想统治，大兴文字狱，酿成了文化恐怖。许多士人逐渐埋头故纸堆，不再过问政治，廉政建设失去了重要的文化支撑。鉴于此，晚清时期，龚自珍、魏源、康有为、梁启超、严复、章太炎等知识分子，对清政府文化政策的愚昧保守和高压，对学风的空乏玄虚、逃避现实，对科举制度的僵化和反科学，对中国传统文化的陈腐和反民主，进行了多角度、多侧面、多层次的批判，直启文化革新和新文化运动，也开启了中国政治文明建设的新篇。

（四）尽职敬业

明晰责权利，增强责任意识，尽职尽责，爱岗敬业，忠于职守，是现代廉政建设的基本要求。与之相通，在中国古代讲究“中和位育”[2]。中国古代廉政人物表现出很强的敬业精神、职责意识。

大禹治水，竭心尽力。以身作则，“声为律，身为度，称以出；亹亹穆穆，为纲为纪”；专心公职，三十岁未娶，新婚第四天就去复职，居外十三年，后三过家门而不入；德业俱隆，“天下大

---

〔1〕《康熙起居注》第1册，第80页。
〔2〕《礼记·中庸》。

应”[1]，遂继承舜位。

比干死争，以身殉职。比干任少师（丞相），时纣王暴虐荒淫，横征暴敛，比干慨叹：“主暴不谏，非忠也；畏死不言，非勇也；过则谏，不用则死，忠之至也。君有过而不以死争，则百姓何辜?”[2] 于是三次强谏，纣王竟将其刳腹而不听。

苏武牧羊，荡气回肠。苏武是汉武帝派往匈奴的持旄使者，因部下与匈奴臣子串通密谋作案，受牵连被拘。苏武始终保持汉室气节，严正拒绝高官厚禄劝降。囚禁在地窖中，以雪解渴，以旄毛充饥。流放牧羊，与世隔绝，尝尽艰辛，仍不屈其志节。在匈奴被囚十九年后，终于回到汉朝，苏武仍然手持汉朝节旄。

诸葛亮“鞠躬尽瘁、死而后已”，是封建臣僚的榜样。作为蜀国丞相，他对刘氏主公忠心耿耿。白帝城托孤后，诸葛亮更是诚惶诚恐，兢兢业业，南征北伐，积劳成疾，至死不渝。诸葛亮告诫后人，鞭辟入里：“淫慢则不能励精，险躁则不能治性。年与时驰，意与日去，遂成枯落，多不接世，悲守穷庐，将复何及!”[3]

南朝梁开国皇帝武帝萧衍早期堪称尽职尽责。他每天四五更天起床，批阅公文奏章，冬天有时冻裂了双手。“虽万机多务，犹卷不辍手，燃烛侧光，常至戊夜”[4]。他垂范节俭，菜羹粝饭，“一冠三载，一被二年”[5]，性不饮酒，后宫严肃。他礼贤下士，从谏如流，门前设立谤木、肺石两函，收集官员和百姓意见，闻过则改。史称“历观古昔帝王人君，恭俭庄敬，艺能博学，罕或

---

〔1〕《史记·夏本纪》。
〔2〕蔡振绅辑:《德育课本》初集卷三《二十四忠·比干死争》，民国时期刻本。
〔3〕《诸葛亮集·诫子书》，第28页。
〔4〕〔5〕《梁书·武帝本纪下》。

有焉”[1]，“梁氏享国五十年，天下且小康焉”[2]。然而，他迷信佛法，晚年溺于慈爱，疏于明察，“牧守多浸渔百姓，使者干扰郡县”，专听生奸，独任成乱，落得“自我得之，自我失之”[3] 的下场。魏徵曾批评梁武帝问题出在“非弘道以利物，惟饰智以惊愚”[4]。忠于职守，勤奋敬业，不能够完全出于个性喜好，而要专心职务，努力做到执政为民。

明宣宗时的苏州太守况钟是一位亲民为政的清官。况钟任苏州知府，着力减轻百姓赋税徭役，打击豪强污吏勾结，劝善惩恶，雷厉风行，赢得了百姓爱戴。况钟母亲去世守丧、担任苏州知府满三年、任满升迁，几次援制离任，百姓都极力挽留，最后明英宗下诏升况钟享正三品俸禄，连任苏州知府，直至卒于任上。当时民歌歌颂他道：“况太守，民父母。众怀思，因去后。愿复来，养田叟。”[5]

林则徐是晚清敬业官员的光辉典范。林则徐进士入仕后，先后经历了二十多个职务贬降升迁，始终以“苟利国家生死以，岂因祸福避趋之”自励，大公无私，勤奋谨慎，亲民爱民。他是虎门销烟的英雄，是近代中国睁眼看世界的先驱，是“壁立千尺，无欲则刚”的清官。

《说文解字》里说：“尽心曰忠。”朱熹也说：“尽己之谓忠。”[6] 曾国藩为官讲究“忠勤”，他总结自己的从政经历，教训

〔1〕《梁书·武帝本纪下》。
〔2〕王夫之：《读通鉴论》卷十七《梁武帝一》，中华书局1975年版，第477页。
〔3〕《梁书·高祖三王传》。
〔4〕《梁书·敬帝本纪》。
〔5〕《况太守集》卷一，江苏人民出版社1983年版，第35页。
〔6〕《论语集注》卷一。

后人称："以人事与天争衡，莫大乎忠勤二字。乱世多尚巧伪，惟忠者可以革其习；末俗多趋偷惰，惟勤者可以遏其流。忠不必有过人之才智，尽吾心而已矣；勤不必有过人之精神，竭吾力而已矣。能剖心肝以奉至尊，忠至而智亦生焉；能苦筋骸以捍大患，勤至而勇亦出焉。"〔1〕 在中国古代，尽职敬业，忠勤智勇，都是为了竭诚忠君，说到底是为了维护封建统治。

孙中山有言："我们做一件事，总要始终不渝，做到成功，如果做不成功，就是把性命去牺牲亦所不惜，这便是忠。""我们在民国之内，照道理上说，还是要尽忠，不忠于君，要忠于国，要忠于民，要为四万万人去效忠。"〔2〕 尽职敬业，忠于职守，在近代开始发生质的进步。

（五）诚实守信

忠挚诚信，心存正道，不违正直，光明磊落，是做人的要求，更是为官的基本要求。不弄权，不文过，不欺民，不自欺，是廉政人物一种共有的品质。

失去诚信，众叛亲离。周幽王宠爱褒姒，但是褒姒很少欢笑。周幽王竟然使出"烽火戏诸侯"的奇计，与褒姒同游骊山，燃起烽火，擂鼓报警。诸侯闻警来救，至时才发现是个儿戏。褒姒启唇而笑，但周王室从此失信于诸侯。公元前 771 年，犬戎侵兵真至，幽王再燃烽火，诸侯没有勤王，结果幽王被杀，褒姒被掳。

重然诺守信用讲人品，是古代廉政人物的一项持身之本。秦末，楚人季布侠义好助，只要允诺的事情，无论有多大困难，

〔1〕《曾国藩全集》第 14 册，第 392 页。
〔2〕《孙中山全集》第九卷，第 244 页。

都设法办到，受到社会赞誉，“得黄金百（斤），不如得季布一诺”[1] 成为人格品牌。楚汉相争时，季布是项羽的部下，曾几次献策，使刘邦的军队吃了败仗。刘邦当了皇帝后，下令缉拿季布。往日敬慕季布的人都在暗中竭力相助，终于打动了刘邦，使他不仅撤销了通缉令，还封季布做了郎中，后来提升季布为河东太守。

诚实守信、实事求是、调查研究，是廉洁官吏为政的一种好作风。西汉赵广汉曾任京辅都尉、颍川郡守、京兆尹等职务。为了整治豪族横行的颍川郡，汉宣帝擢拔赵广汉前去担任太守。赵广汉到任后，首先进行缜密的调查研究，发现豪族大姓通婚交结，士族联袂胡作非为，恶霸腐朽势力聚集作乱，官员卑躬塞责附炎。在获得具实罪证后，赵广汉果断诛杀首恶，震慑全郡。同时设置竹筒举报，受理官吏结交地痞劣迹，一经核实，依法治罪，从内部分化瓦解了强宗大族，致使奸党散落，社会风气大为好转。

东晋陶侃初为县吏，后为郡守，官至大司马。他从政勤勉恭谨，作风扎实，明察秋毫，史称“性纤密好问”，“发奸擿伏如神”。陶侃任职武昌时，曾令诸军营植柳，有一都尉偷来官柳种自己门外。陶侃巡视时突然问他：“这些是武昌西门前柳，你为何把它们挪到这里种?”都尉大为惊骇，具实招认谢罪[2]。

陶澍政治生涯处于清朝嘉庆、道光年间，历任安徽巡抚、江苏巡抚、两江总督，为官“即实象以求实理”，“丝毫不容假借”[3]。陶澍主持海运，“宵旦讨论，寝食筹度，征之属吏，质之

[1]《史记·季布栾布列传》。
[2]《晋书·陶侃传》。
[3]《陶澍集》下册，岳麓书社1998年版，第62页。

滨洋人士，诹之海客畸民，众难解驳，愈推愈审，万举万全。"〔1〕治理吴淞江时，"其阅工也，屏舆从，徒步视察，不受属吏欺，风霜劳瘁弗恤"〔2〕。道光皇帝称其"端直宅心"〔3〕，"实心任事，不避嫌怨"〔4〕。

"诚，五常之本，百行之源也。"〔5〕"诚者，天之道也；思诚者，人之道也。"〔6〕"道也者，不可须臾离也；可离，非道也。是故君子戒慎乎其所不睹，恐惧乎其所不闻，莫见乎隐，莫显乎微，故君子慎其独也。"〔7〕康熙皇帝写《庭训格言》，第一条就是讲诚信，特别强调的是慎独："《大学》、《中庸》俱以慎独为训，是为圣贤第一要节。后人广其说曰'暗室不欺'。所谓暗室有二义焉：一在私居独处之时，一在心曲隐微之地。夫私居独处则人不及见，心曲隐微则人不及知。惟君子谓此时指视必严也。"〔8〕晚清重臣曾国藩留有慎独、主敬、求仁、习劳"日课四条"，首要的是慎独。

诚实守信，慎独自重，是拒腐防变的"防火墙"。东汉名臣杨震赴任东莱太守，途径昌邑县。昌邑县令王密曾经得到过杨震的举荐，夜深人静时，王密"怀金十斤以遗震"。杨震拒而不受。王密说："暮夜无知者。"杨震斥责道："天知，神知，我知，子知，何谓无知！"王密听后十分羞愧。杨震也因此被人称为"四知先

〔1〕《魏源集》上册，中华书局1983年版，第418页。
〔2〕王步瀛：《开吴松江纪事》，《资江陶氏七续族谱》卷八，民国二十九年刻本。
〔3〕《御制祭文》，《陶文毅公全集》卷首，清道光二十年刻本。
〔4〕《清史稿·陶澍传》。
〔5〕周敦颐：《周子通书》卷七《诚下》，商务印书馆万有文库本，第123页。
〔6〕《孟子·离娄上》。
〔7〕《礼记·中庸》。
〔8〕康熙：《庭训格言》，《四库全书》本。

生”。有人劝他为子孙“开产业”，他说：“使后世称为清白吏子孙，以此遗之，不亦厚乎！”〔1〕 诚不妄为，信无虚伪，反腐倡廉当从自身做起。

（六）自持知止

兢兢业业，谦逊自守，抵御诱惑，清静淡泊，守持正固，保持自己的清廉节操和高洁品德，不贪财，不好色，不居功，不享乐，是中国古代廉政人物的一大共性。

老子是中国古代哲学先贤，他虽然只做过“守藏室之官”，却著有充满辩证法和政治智慧的《道德经》，留有“上善若水”，“去甚，去奢，去泰”，“知足不辱，知止不殆”，“慎终如始”等二十多条廉政格言，给廉政建设以充分启迪。

陕西汉中张良庙有一副对联，上联是“掷秦一椎”，下联是“辞汉万户”，横批是“知止”。这副对联可谓是西汉重臣张良一生的写照。张良早年反秦，在博浪沙用大椎伏击秦始皇未中，逃亡到下邳隐藏起来。一位老者看张良是可造之才，有心授以兵书。为了考验他，就故意把鞋扔到桥下，让张良三次给他捡回。张良强忍怒气替老者把鞋子捡回穿好后，又三次赴约桥头，终得兵书，学成了著名的谋略家。张良是抗秦元老，又以“运筹策帷幄中，决胜千里外”为刘邦建汉立下汗马功劳。但是他不伐其功，不矜其能，面对刘邦“自择齐三万户”的奖赏，辞而不受，仅求封始与刘邦相遇的留地（今江苏沛县），“臣愿封留足矣，不敢当三万户”〔2〕，故张良又称为留侯。

---

〔1〕《后汉书·杨震传》。
〔2〕《史记·留侯世家》。

金日磾本来是匈奴贵族，十四岁时被霍去病俘获，后来做朝内官，成为汉武帝的亲近侍臣。他的大儿子与宫女嬉戏，被他亲手杀死。皇上要迎娶他的女儿到后宫，被他婉拒。汉武帝托孤霍光，霍光推让给金日磾。金日磾说自己是一个外国人，如果当了此桩大任，匈奴国就会看轻了汉人，以为汉朝没有人了，故坚持做了霍光的副手。霍光一族，几度擅权，最后宗族遭诛夷。而金日磾“以笃敬寤主，忠信自著，勒功上将，传国后嗣，世名忠孝，七世内侍，何其盛也！”[1]

卢怀慎在唐玄宗时担任宰相，曾与姚崇同事，自认为才能不如姚崇，事务都推让给姚崇做主，时人讥为“伴食宰相”。又兼任吏部尚书，因疾病恳请退休。去世前留下遗言推荐宋璟等。他对前来探望的宋璟、卢从愿说：“主上急于求得天下大治，然而在位年久，对勤勉稍有些厌倦，恐怕要有险恶之人乘机而入了。你们要记住这些话！”[2]

廉希宪是元代政治家，官至平章政事，始终恭谨自律。一次生病要用砂糖治疗，权奸阿合马送来二斤，被他拒绝说：“使此物果能活人，吾终不以奸人所与求活也。”[3] 他镇守荆南，大量启用前宋官吏，却拒收他们的谢礼，说：“汝等身仍故官，或不次迁擢，当念圣恩，尽力报效。今所馈者，若皆己物，我取之为非义；一或系官，事同盗窃。若敛于民，不为无罪。宜戒慎之！”[4]

夏原吉为明朝名臣。明成祖北伐鞑靼，郑和下西洋，均由夏

---

〔1〕《汉书·霍光金日磾传》。
〔2〕《新唐书·卢怀慎传》。
〔3〕《元史·廉希宪传》。
〔4〕《续资治通鉴·宋纪一百八十一·帝㬎德祐元年》。

原吉筹措钱粮。朱棣第三次亲征漠北，国库空虚，夏原吉力陈国家财政已难以承受，惹怒朱棣，系之大狱。抄家时，家中除布衣、陶器等日常用品外，别无长物。夏原吉“有雅量，人莫能测其际”，“尤持大体，有古大臣风烈”。从善如流，推功就过，宽以待人，严于律己，从洪武到宣德，连仕五朝。《明史》评价夏原吉“通达政体，谙练章程，称股肱之任。……使吏治修明，民风和乐，成绩懋著，蔚为宗臣。树人之效，远矣哉。”[1]

张伯行为官康熙、雍正两朝，官至吏部尚书，一生恪守“官无大小，在得民心”。他曾在寓所张贴《禁止馈送檄》，说道：“一丝一粒，我之名节；一厘一毫，民之脂膏。宽一分，民受赐不止一分；取一文，我为人不值一文。谁云交际之常，廉耻实伤？倘非不义之财，此物何来？”[2] 成为历史佳话。

鸦片战争和太平天国运动之后，“中兴派”崛起，这些朝中重臣和封疆大吏不乏既能干又守正之辈。曾国藩“以忠诚倡天下”，“中兴以来，一人而已”[3]。左宗棠澄叙官方，以廉为本。张之洞跻身清流，以清肃官场为职志，在弥留之际仍敦念“朝廷方宵旰忧勤，预备立宪，但能自强不息，终可转危为安”[4]。

但是，清王朝并没有在这些治世能臣手中起死回生，分析其中原因可知，封建社会后期廉政人物长于私德，却少于公德培养和训练，政治文明难以与时俱进到民主化，晚清廉政建设需要从文化到制度进行深刻的大变革。

---

〔1〕《明史·夏原吉传》。

〔2〕陈康祺：《郎潜纪闻二笔》卷一，中华书局1984年版，第336页。

〔3〕《清史稿·曾国藩传》。

〔4〕苑书义等主编：《张之洞全集》卷七十《奏议七十·遗折》，河北人民出版社1998年版，第1825页。

（七）乐道安贫

廉政人物追求政治清明，以海内宴清为志向。坚守信仰或理想，即使处于贫困恶劣环境，他们也矢志不移。

战国时期晏婴为齐相，效法管仲，接连辅佐灵公、庄公、景公，“以节俭力行重于齐”。“食不重肉，妾不衣帛”；尊君重道，主持正义；危言危行，谦虚谨慎；有道在位，无道退隐，“以此三世显名于诸侯”[1]。晏婴规劝齐景公一定要上善若水，推行廉政，“其行水也。美哉水乎清清，其浊无不雩途，其清无不洒除，是以长久也。”[2]

南北朝时期的刘裕出身东晋下级军官，拔起于行伍之间，通过平定孙恩、桓玄之乱，成为东晋最后一位权臣，并最终代晋立宋。刘裕从掌权到做皇帝，近二十年间致力于整治腐败已久的社会政治，进一步打击腐朽士族势力。刘裕位极皇帝，生活却极为简朴。史书称他“清简寡欲，严整有法度，未尝视珠玉舆马之饰，后庭无纨绮丝竹之音”，“内外奉禁，莫不节俭”。人颂其俭素之德，刘裕答曰：“田舍公得此，以为过矣。”[3]

房玄龄出身廉正世家。父房彦谦一生经历了东魏、北齐、北周和隋四个王朝，始终为官清廉，所得俸禄大多用于周济他人。他曾说：“人皆因禄富，我独以官贫。所遗子孙，在于清白耳。”[4] 房玄龄跟随李世民十年征战，二十余载稳任首宰，终生

---

〔1〕《史记·管晏列传》。

〔2〕《晏子春秋·内篇问（下)》。

〔3〕《宋书·武帝本纪下》。

〔4〕《隋书·房彦谦传》。

清白。史家评论道："玄龄佐太宗定天下，及终相位，凡三十二年，天下号为贤相；然无迹可寻，德亦至矣。"[1]

姚崇历任武周到玄宗四朝宰相，选贤任能、奖励清廉、精简机构、裁减冗员、惩治贪官，著有为官"五诫"（《执秤诫》、《弹琴诫》、《执镜诫》、《辞金诫》、《冰壶诫》），提出"凡所从政，当须正己。诫往修来，慎终如始。"[2] 玄宗即位之初，姚崇上《十事要说》，整治时弊，被称为"救时宰相"。其后，继任者宋璟等萧规曹随、"守法持正"[3]，造就了"开元盛世"。

范仲淹早年清苦，发奋读书，割粥划齑，二十七岁中进士入仕，做官公正、执政为民，"为政尚忠厚，所至有恩"[4]，修"范公堤"，却西夏兵，推行"庆历新政"，革除腐败，振作朝政，留下"先天下之忧而忧，后天下之乐而乐"的名句。王夫之评论说："（范公）以天下为己任，其志也。任之力，则忧之亟。故人之贞邪，法之疏密，穷檐之疾苦，寒士之升沉，风俗之醇薄，一系于其心。"[5]

欧阳修进士入仕，官至兵部尚书、太子少师，道德博闻，廉方公正，颇多建树。在中央和地方任职期间，主张除积弊、行宽简、务农节用，与范仲淹、韩琦、富弼等推行庆历新政。晚年辞职闲居，自号"六一居士"："吾家藏书一万卷，集录三代以来金石遗文一千卷，有琴一张，有棋一局，而常置酒一壶。……以吾

---

〔1〕《资治通鉴·唐纪十五·太宗贞观二十二年》。
〔2〕《全唐文》卷二百六。
〔3〕《资治通鉴·唐纪二十七·玄宗开元四年》。
〔4〕《宋史·范仲淹传》。
〔5〕王夫之：《宋论》卷四《仁宗九》，中华书局1964年版，第95页。

一翁，老于此五物之间，是岂不为‘六一’乎?”[1] 在其笔记中，欧阳修提出：“廉耻，士君子之大节”[2]，激励后来士大夫廉隅自持。

耶律楚材是元初重臣，致力于推动蒙古贵族以儒学治国。他谏言禁止地方贵族擅自征战杀掠，使蒙古宿老贪暴之风颇为收敛。蒙军不断占领中原地区，他上书《便宜十八事》，建议强化法制准绳，其中七条涉及廉政。他力谏恢复科举制度，开科取士以补充官员。他主张轻徭薄赋，反对横征暴敛。他亲睦宗族，却公私分明，严格限制他们做官。他生活简朴，每每念及征战时期的凶险艰辛，忆苦思甜，“执菜根、蘸油盐、饭脱粟（糙米)”[3]，甘之若饴。耶律楚材品位高雅，品质高洁，史载他“博极群书，旁通天文、地理、律历、术数及释老、医卜之说，下笔为文，若宿构者。”有人谎说他在相位日久，已经把天下贡赋一多半私纳其家。等到他辞世后，朝廷派人到他家里查看，“唯琴阮十余及古今书画、金石、遗文数千卷。”[4]

清初励精图治，带动廉洁政风。于成龙出仕二十余年，三次被举“卓异”，上任从未携带过家属。临终屋内竹箱中仅有一件绨袍，床头仅有几个装盐、装豆豉作料的器皿。康熙帝钦定其“天下廉吏第一”[5]。

孔子说：“饭疏食饮水，曲肱而枕之，乐亦在其中矣。不义而

---

〔1〕欧阳修:《六一居士传》。
〔2〕《欧阳修集》卷一三〇《笔说·廉耻说》,《四库全书》本。
〔3〕耶律楚材:《湛然居士文集·序三》,《丛书集成》本。
〔4〕《元史·耶律楚材传》。
〔5〕《清史稿·于成龙传》。

富且贵，于我如浮云。”[1] 廉政人物对“道济天下”的笃信，“以天下为己任”的社会责任感，使得他们从功名利禄的贪欲中超脱出来，不会迷失人生方向而堕落，“非淡泊无以明志，非宁静无以致远”，守护心灵深处的高雅，义无反顾地反对贪腐，永不懈怠。

（八）勇略敢当

反腐倡廉是政治斗争，具有长期性、艰巨性和复杂性。廉政人物勇于和善于同腐朽现象作坚决斗争，坚持正确的立场和原则，不回避、不妥协、不退让，有勇有谋，坚决果敢，不怕挫折，不惧舍身。

冯劫曾任秦始皇时期的御史大夫，后来升至大将军，位比丞相。时历经数代战乱，社会创痛巨深，民心思定日久。秦二世胡亥即位，倒行逆施，屯戍边地，兴作土木，横征暴敛，民不堪重负，陈胜吴广揭竿而起。冯劫犯颜进谏，力主停止续建阿房宫，减省戍役，与民休养生息。秦二世不听，反将他囚禁。冯劫认为“将相不辱”[2]，自杀而死，翌年秦亡。

东汉董宣为官不畏强暴，勇于惩治不法豪族。他任洛阳令时，光武帝刘秀的姐姐湖阳公主有一奴仆仗势为虐杀人。董宣拦截湖阳公主的车，迫使此奴下车而将之击杀。湖阳公主向刘秀哭诉，刘秀勒令董宣向公主叩头谢罪，董宣拒不低头，赢得“强项令”之称，京师权贵再也不敢违法乱纪。

魏晋以降，宗族豪强士族门阀把持政柄，成为腐朽黑暗的特

---

〔1〕《论语·述而》。
〔2〕《史记·秦始皇本纪》。

权阶层，曹操却敢于挑战特权和门第。曹操是汉献帝的岳父，但从未以此炫耀。孔融是孔子世家子弟、文化名流、地方要员，以北海相身份投靠他，后却极力标榜尽忠汉室、反对改革，被曹操毫不客气地诛杀。煮酒论英雄时，曹操对袁绍、袁术、刘表之类出身名门望族的州牧，统统予以否定，倒把平民出身的刘备抬得很高。曹操不屑招纳名门子弟，发布《求贤令》、《举士令》、《选举令》、《求逸才令》，强调不讲出身、成分、资历、名望，一律“唯才是举”，锋芒直逼特权阶层。曹操发布《抑兼并令》、《禁比周令》（《整齐风俗令》），向社会恶俗恶势力叫板，英气勃勃。曹操力挫群雄，广延名士，以自壮大，然“犹畏名义而自抑也”[1]，只自况于周文王，可称既富有政治策略，又是一位务实的政治家。

历史地看，武则天是与保守的门阀贵族集团进行不懈斗争的政治家。武则天被太宗选为才人，太宗死后入感业寺为尼。高宗重新召其入宫，立为昭仪，三十二岁立为皇后，六十七岁称帝。由于身份特殊，武则天踏入政界，遭到李唐宗室、元老大臣及关陇士族的激烈反对。武则天采取酷吏政治打击和排斥异己，贬杀褚遂良、长孙无忌等反对派，镇压徐敬业以及琅琊王、越王的讨伐，使用铜匭直送告密揭发，利用索元礼、来俊臣、周兴等酷吏，向李唐宗室和大老中不附己者大开杀戒，为取唐立周扫清道路。另一方面，武则天宽待延揽，识人善任，擢拔贤俊，刷新政治。她首倡“自举”，规定九品以上官员可以自荐升官或入仕。她首设“殿试”，亲自加试选拔贡生。还增设“武举”，开通武生进身之路。她要求地方各州选送举人先于贡物，一改贡物为先的旧例，

〔1〕《资治通鉴·汉纪六十·献帝建安二十四年》。

致使朝廷上下人才济济。武则天打击了腐旧势力，培养了新生力量，一直保持政局平稳，促进了经济文化发展。晚年毛泽东曾称赞武则天“有容人之量，又有识人之智，还有用人之术”〔1〕。

武则天的宰相狄仁杰，几经宦海浮沉，始终保持体恤百姓、善断案狱、不畏权势、秉公任直的为政作风，多次直谏戒奢简政、慎权慎行，被倚为“唐室砥柱”。狄仁杰疾恶如仇、思贤若渴，向武则天推荐了张柬之、姚崇、桓彦范、敬晖等一批优秀人才，委以重任，兴举政风，刚正清扬。当时有人夸赞他：“天下桃李，悉在公门矣。”狄仁杰回答说：“荐贤为国，非为私也。”〔2〕

王安石少有“矫世变俗”之志，进士入仕后在地方和中央任职，深感朝廷“积贫”、“积弱”，倡导大力革新。神宗召王安石“越次入对”，主持变法，位居宰相，全面整顿积弊时局。反对派对其“天命不足畏，祖宗不足法，人言不足恤”〔3〕的气势和主张深感恐惧和恼怒，群起而攻之，逼迫王安石罢相归隐。王安石仍不改其志，在廉政建设方面提出，养廉之道，教之以道，饶之以财，约之以礼，裁之以法，〔4〕对于全面扭转政治颓势起到了积极作用。列宁称他是“中国11世纪时的改革家”。〔5〕

文天祥二十一岁中状元，时朝廷奸臣当道，蒙古大军压境，文天祥“忠君爱国之心，坚如铁石”，主张改革政治、扩充兵力、抗元救国，并与贾似道等奸佞进行了坚韧的斗争。1275年，元军

〔1〕郭金荣：《走进毛泽东的最后岁月》，中共党史出版社2009年版，第84—85页。

〔2〕《资治通鉴·唐纪二十三·则天后久视元年》。

〔3〕《宋史·王安石传》。

〔4〕王安石：《上仁宗皇帝言事书》，《临川先生文集》卷三十九，中华书局1959年版，第412页。

〔5〕《列宁全集》第10卷，人民出版社1960年版，第152页。

逼近，文天祥奉诏起兵勤王。翌年，文天祥为右丞相兼枢密使，苦撑残局，对元军进行了顽强抵抗。1278 年年底被俘，写下了“人生自古谁无死，留取丹心照汗青”的诗句。在押大都三年，受尽酷刑不屈服，许以宰相不投降，最后就义，衣底留下“孔曰成仁，孟曰取义。惟其义尽，所以仁至。读圣贤书，所学何事？而今而后，庶几无愧”的绝唱。史家为此有言：“宋三百余年，取士之科，莫盛于进士，进士莫盛于伦魁。自天祥死，世之好为高论者，谓科目不足以得伟人，岂其然乎！”[1]

鲁迅先生曾经说过：“我们从古以来，就有埋头苦干的人，有拚命硬干的人，有为民请命的人，有舍身求法的人，……虽是等于为帝王将相作家谱的所谓‘正史’，也往往掩不住他们的光耀，这就是中国的脊梁。”[2] 廉政人物，堪称中国古代社会的脊梁。

中国古代何以涌现如此众多光耀千古的廉政人物呢？经过分析，我们认为主要有以下四个方面原因。

（一）中国古代拥有德治教化的优良传统

《易》云：自强不息，厚德载物。三皇五帝以德治理天下，夏桀、商纣因腐败丧天下。西周深刻认识到“皇天无亲，惟德是辅”[3]，于是大兴德治，辅以礼乐治国。周公辅政，“道之以德，齐之以礼”，开创了德治治理模式。管子相齐，贯彻“民惟邦本，

---

〔1〕《宋史·文天祥传》。

〔2〕《鲁迅全集》第六卷，人民文学出版社 2005 年版，第 122 页。

〔3〕《尚书·蔡仲之命》。

本固邦宁”[1]方针，使得“民归之如流水”[2]。由余规劝秦穆公“上含淳德以遇其下，下怀忠信以事其上，一国之政犹一身之治”[3]。董仲舒谏言汉武帝“国之所以为国者德也”，“是故为人君者，固守其德以附其民”[4]。这些德治思想几经强化，深入到统治者的意识之中，并为儒学入仕制度所巩固，代代相袭。至最后一个王朝清代，顺治帝入驻北京（时称燕京），首先有步骤、大力度地推行汉化政策，兴起拨转乾坤的仁义之政，把德治传统继承了下来。第一，尊孔崇儒，“以孔子六十五代孙允植袭封衍圣公，其五经博士等官袭封如故”。第二，肃清政治，下诏书大赦，唯有“官吏贪贿枉法，剥削小民，犯在五月朔（按指进京）以后，不在此例”。第三，减轻赋税徭役。第四，招贤纳士，明令“故明建言罢谪诸臣及山林隐逸怀才抱德堪为世用者，抚按荐举，来京擢用”；文武制科，恢复科举。第五，抚恤老弱，下令“鳏寡孤独、废疾不能自存者，官与给养”，“前明宗室首倡投诚者，仍予禄养”[5]。

中国古代德治不绝如缕，得益于教化盛行。一为官教。例如，周公旦辅佐周成王，言传身教。“一沐三捉发，一饭三吐哺”[6]，礼贤下士，兢兢业业，著成《多士》、《毋逸》、《立政》等文诰，灌输廉政勤政思想。其中《毋逸》写道，王公之室离开创业阶段越久，子孙们就识不得先辈们打天下的艰辛困苦，越容易变得骄

〔1〕《尚书·五子之歌》。
〔2〕《管子·霸形》。
〔3〕《史记·秦本纪》。
〔4〕《春秋繁露·保位权》。
〔5〕《清史稿·世祖本纪一》。
〔6〕《史记·鲁周公世家》。

奢荒淫，也就坐不住天下，终至国灭家破人亡，规勉成王一定引以为戒。二为家教。凡是廉洁官吏，多有严格的家教熏陶。在陕西长安境内有一“廉亭”，纪念的是西汉的张汤。张汤在监察执法业内雷厉风行，又以廉洁著称。他先后办理陈皇后巫蛊案、淮南王等谋反案，深得汉武帝信任，升为御史大夫，位列三公，后来因遭构陷自尽。“汤死，家产直不过五百金，皆所得奉赐，无他业。昆弟诸子欲厚葬汤，汤母曰：‘汤为天子大臣，被污恶言而死，何厚葬乎！’载以牛车，有棺无椁。天子闻之，曰：‘非此母不能生此子。’”〔1〕

（二）中国古人注意总结历史经验教训

历史籍典“记事载言，劝善惩恶”，是鲜活的价值趋向教育。回首和反思历史，“不出户庭，而穷览千载。见贤而思齐，见不贤而内自省”〔2〕。

黑格尔曾说过：“中国‘历史作家’的层出不穷、继续不断，实在是任何民族都比不上的。”〔3〕中国古代史官，“在齐太史简，在晋董狐笔”〔4〕，在政治体制中具有监督作用。例如，宋太祖在后花园玩打鸟，臣子紧急求见言事。他觉得扫兴，臣子争辩说：“我认为这些事情比打鸟更紧急。”赵匡胤大怒，顺手抄起旁边摆的斧子，用斧子柄打那臣子的嘴，打掉了两颗牙齿。那臣子把牙齿捡起来，放在怀里。赵匡胤骂他说：“你拿着牙齿是想状告我

〔1〕《史记·酷吏传》。
〔2〕刘知幾：《史通·史官建置》。
〔3〕黑格尔：《历史哲学》，王造时译，商务印书馆1963年版，第161页。
〔4〕文天祥：《正气歌》。

吗?”那人回答说:“臣不是要告状,但是负责记载历史的官员会把这件事情写进史书。”宋太祖忽然醒悟,转而连忙赏赐那臣子。[1] 这样的故事说明皇帝警醒历史,史官也对权力具有监督、制约作用。

历史对过往的人物和事件进行是非判断的,具有生动的现实警示作用。“二十五史”中《循吏传》、《酷吏传》、《佞幸传》《奸臣传》、《忠义传》、《列女传》、《孝义传》等分传,这种评断是在坚持道德原则下进行的,对社会历史的健康发展起着某种积极导航作用。历史就是“龟鉴”。《诗经》说夏亡殷鉴,孔子编《春秋》、司马光编《资治通鉴》、苏天爵撰《治世龟鉴》,都是突出历史的经验教训,重复地强化着廉洁执政的行为规则。面对历史,凡是有历史意识的人,都不会苟且自己的行为,而是认真地对待自己的人生。屈原自警“修名之不立”,在离国求荣与守道自终二者之间,毫不犹豫地选择了死亡;文天祥在死亡面前高歌“人生自古谁无死,留取丹心照汗青”,同样选择了历史中的声誉重于苟活。而只有那些丧失了历史意识的人、漠视历史存在的人,才难以正确把握自己的行为,最终在利益的诱惑下、在私利欲望的驱动下腐败堕落,成为历史反面教员。

(三)明君治理对廉政建设有一定积极作用

中国古代系专制政体,最高统治者的贤愚善恶左右着政局。汉朝是吏治较好的时期,这与几代贤明君主励精图治不无关系。西汉初立,与民休养生息,倡导勤谨廉洁之风。汉文帝振作朝纲,

---

〔1〕 事见司马光《涑水记闻》明抄本卷一。

废诽谤妖言之罪，鼓励臣下大胆进谏，畅言政治得失；移风易俗，废除“秘祝”之官，下诏“百官之非，宜由朕躬”[1]，平息民怨，兴德造福；躬身节俭，“即位二十三年，宫室苑囿车骑服御无所增益。……身衣弋绨，所幸慎夫人衣不曳地，帷帐无文绣，以示敦朴，为天下先。治霸陵，皆瓦器，不得以金银铜锡为饰，因其山，不起坟。”[2] 文帝兴起清明政治，开辟了“文景之治”，赢得了普遍尊重和赞誉。西汉末年赤眉军起义攻占长安，皇陵均被破坏，唯有汉文帝的霸陵完好无损。

一流的政治家廉明善治，必经艰苦卓绝的历练，识得民本政治的重要。汉武帝巫蛊之祸案发后，卫子夫和戾太子刘据相继自杀，其直系中唯有刘据之孙刘病已（即位后改名刘询）得到廷尉监丙吉保护，在襁褓中收系郡邸狱幸存。武帝大赦后，刘病已游走民间，深切体会了百姓疾苦，也获得了辨别忠奸、察查吏治的政治经验，十八岁“通经术，有美材，行安而节和”[3]，且“操行节俭，慈仁爱人”[4]。汉昭帝死后，光禄大夫、给事中丙吉和大司马、大将军霍光迎刘病已至宫中，拥立为汉宣帝。汉宣帝发愤图强，惩治腐败，抚恤流民，抑制兼并，发展经济，整理经典，安定边疆，造就治世。汉宣帝认为，“吏不廉平则治道衰”，故尤其致力于整顿吏治。一是举措选官。“诏内郡国举文学高第”，“令三辅、太常、内郡国举贤良方正”，“令郡国举贤良方正可亲民者”，诏“举廉吏，诚欲得其真也”。二是考绩官僚。“五日一

[1]《史记·孝文帝本纪》。
[2]《汉书·文帝纪》。
[3]《汉书·魏相丙吉传》。
[4]《汉书·宣帝纪》。

听事。自丞相以下各奉职奏事，敷奏其言，考试功能。”[1] 三是严明奖惩。政绩显著者，加俸禄晋职。郡守刺史优异者，晋填朝廷公卿大臣缺位。四是增加俸禄，称“奉禄薄，欲其毋侵渔百姓，难矣”[2]。五是剪除腐朽，例如，果断清除了专权而腐朽的霍氏集团。史称：“是时黜陟有序，众职修理，公卿多称其位，海内兴于礼让”，“是故汉世良吏，于是为盛，称中兴焉”[3]。

明朝是治理腐败较为坚决的朝代。在元末农民起义的基础上创立政权的朱元璋，出身贫僧，从社会最底层打下天下，深知民间疾苦和官场顽疾，切实体会到“民者，国之本也”[4]，对贪官污吏不识民艰、苛剥虐害、丧失仁心，可谓深恶痛绝。他对大臣说：“又尝思昔在民间时，见州县官吏多不恤民，往往贪财好色，饮酒废事，凡民疾苦，视之漠然，心实怒之。”[5] 因此，朱元璋采取一系列举措，严整吏治，倡廉惩腐。一是推行重典治吏，“故今严法禁，但遇官吏贪污蠹害吾民者，罪之不恕。”[6] 规定官员凡贪污六十两银子以上者，“枭首示众，仍剥皮实草”[7]。在《大明律》之外，另颁专门惩治官吏犯罪的刑事特别法《大诰》，以当时官民犯罪的典型案例为比，治贪官污吏以严刑峻法。《大诰》刊行，朱元璋明令：“一切官民诸色人等，户户有此一本，若犯笞杖徒流罪名，每减一等，无者每加一等。所在臣民，熟观为戒。”[8] 因此，“一时守令畏法，洁己爱民，以当上指，吏治焕然

[1]《资治通鉴·汉纪十六·宣帝地节二年》。
[2]《汉书·宣帝纪》。
[3]《汉书·循吏传》。
[4]《明太祖实录》卷二五六，明抄本。
[5][6]《明太祖实录》卷三九，明抄本。
[7]《廿二史劄记·重惩贪吏》。
[8]《大诰·颁行大诰》，明洪武内府刻本。

丕变矣。下逮仁、宣，抚循休息，民人安乐，吏治澄清者百余年"[1]。二是改革机制，加强皇权，监察百官。1380 年，朱元璋罢相胡惟庸，革除中书省，职权分归六部，废宰相制度。废除了元朝的御史台，改设都察院，“专纠劾百官，辩明冤枉，提督各道，为天子耳目风纪之司"[2]，品秩与六部相齐，左右都御史与六部尚书合称“七卿”。三是率先垂范，大兴勤政节俭之风。史载朱元璋“勤于听断，四鼓而兴，未明而朝，日昃始罢。稍闲，辄与诸儒讲论经史，晡时复听政，至昏乃还宫，隆寒甚暑，未尝少变。体或不豫，亦强出视朝。凡有陈论者，无问卑贱，皆引见。四夷有小警，则终夕不寐，深思弭患之宜。节于自奉，食不用乐，罢四方异味之贡，非宴群臣，不特设盛馔，功业益崇，愈尚俭朴。"[3] 四是任用贤能，借以劝廉，至详至渥，旌其治行。济宁知府方克勤、监察御史陶垕仲、平阳县令张础、建阳县令郭伯泰、兴化县丞周舟都得到提拔重用和表彰。遇有廉官良吏被辖民挽留者，予以晋秩留任。所以，明初“崇尚循良，小廉大法，几有两汉之遗风，且驾唐、宋而上哉。"[4]

（四）中国古代文官制度和监察制度具有制约作用

中国古代政治清明与否与选官制度有着极为紧密的联系。先秦时期的世卿世禄，西汉的任子、察举、征辟，魏晋南北朝时期的九品中正制等选官制度，维护贵族世袭特权，“上品无寒

---

〔1〕《明史·循吏传》。
〔2〕《明史·职官志二》。
〔3〕解缙：《天潢玉牒》，明嘉靖三十二年刻本。
〔4〕《廿二史劄记·明初吏治》。

门，下品无势族"[1]，使得中国古代贪污腐败现象延及社会生活的各个方面。而科举制度的建立与完善，较为彻底地消除了选官任官方面的世袭特权，对古代社会的廉政建设起到很大的保障作用。

隋文帝首创科举取士可谓中国古代廉政建设史上划时代之举。科举取士目的是从民间提拔人才，冲击腐朽的门阀政治，以整顿刷新吏制。广而大之，相对于世袭、举荐等制度，在封建社会里，科举取士无疑是一种公平、公开及公正的选官渠道，中国古代借此走上了文化精英主义的道路。科举择官既得重用又受尊重、礼遇优恤，"进士之科，往往皆为将相，皆极通显"[2]，社会上有焚香礼进士之语。"故入仕者不复以身家为虑，各自勉其治行"，"名臣辈出，吏治循良，及有事之秋，犹多慷慨报国。"[3]

在制度上促进廉政建设的还有古代行政监察制度。它发乎秦汉，迄至明清。监察官在官制中相对独立，"内承本朝之风化，外佐丞相统理天下"[4]，依法遵令行使建言政事、纠弹官吏、监督司法、巡查政务、审计财务、考核人事等多项职权。尤其是被派往地方"代天子巡狩"的御史，具有一职多能的监察权限，可以参与审核大案或疑案、受理申诉和控告、巡视刑狱、审录囚徒等等，以至御史既是监察官，又是"天子之法官"。各级监察官员有效地遏制了特权者的恣意行为，预防和惩治了权贵官僚的贪婪恣肆，牵制和削弱了地方势力的坐大与分裂，为维护封建社会的

〔1〕《晋书·刘毅传》。
〔2〕《文献通考·选举五·举士》。
〔3〕《廿二史劄记·宋制禄之厚》。
〔4〕《汉书·薛宣传》。

稳定，保障统一多民族国家的巩固和发展，起到了重要的历史作用。孙中山先生就曾对中国古代监察制度作了充分的肯定，认为是一种很好的制度，“不独行之官吏，即君上有过，犯颜谏诤，亦不容丝毫假借”[1]，“是自由与政府间底一种最良善之调和法”[2]。

当然，中国古代的监察与专制、集权是紧密联系的，反而缺乏与民主理念上的关联，所以无法达到那种对于国家最高权力进行约束的水平，不可能形成近代以来权力分立的政治体制。而专制制度具有天生缺陷，终不能保障廉洁到永久。清朝康雍乾空前盛世豢养出中国古代首屈一指的大贪官和珅，仅一例足以说明君主专制制度在预防和惩治腐败方面的功能缺失。在秦之前，世卿世禄制度将社会政治权益集中于少数世袭贵族集团，其自身腐败和滋生腐败是显而易见的。春秋战国兴起官僚政治，官僚政治建构了皇帝、官僚和民众三个政治层级。“（一）所尽的责任，减至最小限度。（二）所得的利益，扩充至最大限度。……所以怠惰和贪污，乃是官僚阶级的本性。”[3] 又因为民众没有民主权利，国家政治命运便寄托在皇帝一人身上。但是，正如龚自珍总结的那样，开国君主往往有称霸天下、匡济国民的气概和能力，其子孙们却逐渐文弱，逐渐愚钝，仅仅依靠“礼义廉耻之士”治理天下。这样的“礼义廉耻之士”有时能征得，有时就未必征得。另一方面，那些力强、志武、敏慧之君，以其强烈的权力意志号令天下，未尝不与“礼义廉耻之士”针锋相对，于是就不惜牺牲他们的

---

〔1〕《孙中山全集》第三卷，第346页。
〔2〕《孙中山全集》第五卷，第493页。
〔3〕《吕思勉讲中国政治》，第211页。

"礼义廉耻"，贯彻自己的意志，畅快自己的情绪，所谓"一人为刚，万夫为柔"[1]。封建君主制度滋生的或忠良贤士难求、或忠奸善恶不辨，自然会产生出篡权弄权之辈，不是这些腐败分子身败名裂，就是江山易姓破碎。[2] 这说明，廉政建设必须革除专制制度。晚清之后，中国廉政建设和先进的中国人奋斗的努力方向，朝向了民主与科学，就成了顺理成章的事情。

[1][2] 《龚自珍全集》，第一辑《古史钩沉论一》，第20页。

第一章 先秦廉政思想

概述

廉政思想是我国古代政治思想的重要组成部分。我国古代的廉政思想主要有两个范畴：制度和伦理。我国古代的廉政建设典型地体现为政治规范和伦理教化这两条进路的融合，即政治伦理化和伦理政治化。这个特征在当代政治学和伦理学研究中具有独特的价值。这种特征在先秦时期的廉政思想里已经有所体现。

一

廉政思想是我国古代政治思想的重要组成部分。在展开廉政思想的论述之前，鉴于古今汉语的差异和联系，我们首先需要对

"廉政"进行一番语义考察。

"廉"字在古汉语中通常有以下含义：（1）厅堂的侧边；（2）正直；（3）不贪，廉洁；（4）考察，查访；（5）价格低。[1] 第（1）义为"廉"字的本义。有学者认为，"廉"字的原初义可参见成书于战国时期的《仪礼》："设席于堂廉东上。"（《乡饮酒礼》）古汉字在产生之初，往往与其所指有一对一的关系，且其所指一般为实物；在后来的交流过程中，为了表达的需要，其含义会逐渐发生扩充，渐渐发展出与本义相关的比喻义、转义和引申义，而若干衍生义较本义有可能使用更加频繁。"廉"的情况便是如此。"作为形声字的廉，其本义与建筑物有关，是指堂屋的侧边，其特点是平直、有棱、敛缩等，后来又引申为清廉、正直、俭约、收敛等等。这样，它才逐渐成为一个重要的伦理范畴。"[2] 也就是我们今人谈论"廉政建设"时使用的含义。而其本义，在现代汉语中，几乎已经不被使用了。

"廉"与"政"并用，最早见于《晏子春秋》："景公问晏子曰：'廉政而长久，其行何也？'晏子对曰：'其行水也。美哉水乎清清，其浊无不雩途，其清无不洒除，是以长久也。'公曰：'廉政而速亡，其行何也？'对曰：'其行石也。坚哉石乎落落，视之则坚，循之则坚，内外皆坚，无以为久，是以速亡也。'"（《晏子春秋·内篇问下》）这是我国历史上第一处有关"廉政"二字的文本记载。但需要指出的是，这里所说的"廉政"与我们今人的常用义略有不同。在现代汉语里，"廉政"一词是偏正结

〔1〕 王力：《古汉语常用字字典》，商务印书馆1998年版，第155页。

〔2〕 王萍、刘杰：《先秦诸子的廉政思想》，载《山东大学学报》（哲学社会科学版）2003年第1期（下同），第23页。

构，“廉”字修饰中心词“政”，描述一种政治状况。而在《晏子春秋》的这段文字里，“政”通“正”；“廉政”并用，形容个人品质的廉洁正直。今天的常用义主要倾向于官员品质上的清廉不贪贿。这段最早的关于“廉政”的文字记载，包含了较高的政治变通智慧：像水那样的随时变化的形态，才能长久地保持廉洁正直的品质，而像坚石那样的一成不变、不知变通，则容易受到创伤，无法保全自身，更遑论政治上的进取。这同屈原笔下所描绘的渔父的见解有类似之处：“圣人不凝滞于物，而能与世推移。世人皆浊，何不淈其泥而扬其波？众人皆醉，何不餔其糟而歠其酾？”以及“沧浪之水清兮，可以濯吾缨；沧浪之水浊兮，可以濯吾足”（《楚辞·渔父》）。可见，中华民族历来有一种智慧变通的传统功夫，用于补足一味讲求道德正直所带来的缺陷。

二

“廉”字开始带有政治意义与廉政思想的产生并非同时。在研究先秦时期的廉政思想之前，我们首先面临的问题是，作为我国古代廉政思想的最初形态，它是如何产生的？一般认为，按照马克思主义政治经济学的理论，廉政思想是随着私有制的出现而出现的。在原始社会的公有制之下，生产资料归氏族成员共同所有，人们共同劳动，共同占有生产资料，平均分配劳动成果。随着社会的发展，社会财富的增加，私有财产出现，阶级分化产生，一部分人成为统治阶级，同时身兼集体或国家的行政和司法管理人员。这些人在拥有公共权力和承担为大众服务的义务的同时，也有机会和特权将公共财产据为己有。这种状况导致了某些人在贪欲的驱使下实施各种贪贿的行为。贪污腐败的活动所带来的后果是，社会财富愈加向少数人手中集中，社会矛盾越来越激化。为了维护社会稳定，并保证上层统治阶级内部的财富得到有效分配，反腐倡廉的要求逐渐引起最高统治者的重视。

概括起来，廉政思想主要包括两个方面：制度和伦理。制度上，制定鼓励廉洁、遏制腐败的政治方针，如重罚贪官、减轻赋税、与民休息等；伦理上，为廉洁政治的人生观、价值观的正确性提供哲理基础，包括节俭、修身、正直无私、重义轻利、先公后私、崇公尚廉等等，为统治阶级内部的君主和官员提供必备的政治操守。这两个方面相辅相成，缺一不可。从根本上说，廉政思想的伦理层面可直达对人性的干预，从而潜移默化地影响人的行为选择；其缺点是需要社会文化乃至舆论的长期熏陶。相比之下，廉政思想的制度层面则有立竿见影的实际收效，是一种强制性的、带有明确赏罚特征的机制；但制度不是万能的，再全面的制度也不可能约束人的行为的所有方面，在这个意义上，诉诸人的行为自觉的伦理层面则具有将道德选择转化为人的自主行为的优越性。在复杂的政治环境中，伦理和制度两个层面共同作用，相互补充，才能够收到良好的效果。

我国古代的廉政建设典型地体现为政治规范和伦理教化这两条进路的融合，即政治伦理化和伦理政治化。这个特征在当代政治学和伦理学研究中具有独特的价值。具体到先秦而言，这个历史时期的廉政思想是中国古代廉政思想的发端形态。这意味着两点：第一，这个时期的廉政思想尚无系统的成熟体现，与后世或西方成体系的廉政思想相比较而言，显得不够典型；第二，它的不成熟并不妨碍其作为一种发端性的思想启示后代。具体而言，自先秦以降，中国的政治思想便一直带有浓重的伦理色彩，而这一点在其他文化中是少见的。

如果我们将先秦时期的廉政思想比作一架天平的话，那么，制度和伦理就像这架天平的两个托盘；怀有不同政治立场和见解的先秦诸子，从自身的政治理论出发，在这两个托盘上分别放置砝码。因此，天平的倾斜度便成为我们判定某一学派在廉政思想领域内的立场属于哪种路径的标准。其中，倾斜度最大的当属儒家和法家。

先秦儒家的主脉是政治伦理化的集中代表者。其他如传说中的黄帝、尧、舜、皋陶、盘庚、姜尚、（尤其是）周公等等这些以德政闻名的圣王深受儒家的拥戴；又如春秋时期的晏婴以廉洁奉公来要求自己、以节俭爱民来劝谏君主，曾受到孔子的敬重。这些人都可以被纳入这个体系之中。“德治”是他们共同的思想核心。所谓“德治”，“简单来说，就是通过最高政治人格或政治主体的德性和德行，来赢得民心，从而达到治理国家和社会的政治目标”[1]。从这个简单的定义可以看出，“德治”同“人治”相关联。这派的思想认为，首先，统治者的身教在政治行为中具有重要地位，统治者自身的勤政廉政可直接促成社会的繁荣稳定局面，其尚俭尚德的生活方式有利于形成良好的社会风气；其次，施政者必须怀有仁爱之心，不要过度征收赋税，毁夺农时；再次，在选拔人才方面，政府官员的候选人必须德才兼备，甚至对德行的重视超过才能，即所谓“德能补才”。从根本上讲，儒家思想在形成时期所致力于恢复的“周礼”（周公为其代表），实际上已经是一种伦理政治。如果说孔子在《论语》中更多地是在谈论一种

---

〔1〕 姜广辉主编：《中国经学思想史》第一卷，中国社会科学出版社2003年版（下同），第710页。

政治素养〔如“节用而爱人”（《论语·学而》），“为政以德”（《论语·为政》），“政者，正也”（《论语·颜渊》）〕，并将这种政治素养集中表达为“仁”，那么，战国时期的孟子则充分领会和继承了孔子的政治抱负，因而努力将道德要求更加深入地植入政治体制之内。就像有学者所指出的：“春秋战国时期，乐坏礼崩，道不传焉。孔子主张恢复周礼，并把这种复礼的大任建立在个人道德基础之上，这就是‘仁’。孟子从两个方面发展了孔子‘仁’的学说，一是向内，把‘仁’完全落实在心上，创立了性善论，使孔子的‘仁’学有了根基，得到了真正的落实；二是向外，把‘仁’扩充为‘仁政’，发展为一套完整的治国方略，使孔子的礼学得到了进一步的发展。这两个方面合而言之，就是孟子孜孜以求的安身立命之‘道’。”〔1〕于是，从孔子的“仁”到孟子的“仁政”，这一脉的儒家思想最终发展为舍生取义的唯道德主义。它在中国士人阶层的精神气质的形成过程中有着极大的影响力，也为我国古代的廉政思想奠定了最为厚重的伦理根基。〔2〕

但同为儒家，战国时期的荀子却有不同的思想倾向。相比孟子的道德主义，他更加实际，注重政治制度层面上的社会规范。他所宣扬的“性恶论”与孟子的“性善论”针锋相对，他对孔子的仁义理论的改造，使其政治思想更加崇礼重法，与孟子的王道、

〔1〕 杨泽波：《孟子评传》，南京大学出版社2004年版，第243页。

〔2〕 徐复观先生认为，尽管孔孟的政治思想在秦大一统后受到了严重歪曲和利用，但“凡受到儒家思想一分影响的人与事，总会在某种程度上为民族保持一线生机，维系民族一分理想与希望。即使是在受歪曲最多的政治思想的这一部面而言……但勤政、爱民、受言、纳谏、尊贤、使能、廉明、公正这一连贯的观念，毕竟在中国以流氓、盗贼、夷狄为首的统治层中，多少争到一点开明专制的意味”（徐复观：《中国艺术精神》，华东师范大学出版社2001年版，第27页）。可视为一家之言。

仁政也背道而驰。[1]

如果考虑到系统的政治思想，那么，制度方面的廉政思想从文本上较为晚出，一般以战国时期及以后的法家思想为代表。管子曾说过："法度者，主之所以制天下而禁奸邪也，所以牧领海内而奉宗庙也；私意者，所以生乱长奸而害公正也，所以壅蔽失正而危亡也。故法度行则国治，私意行则国乱。"（《管子·明法解》）法家主张用明确的制度来替代君主的好恶无常而引起的政令混乱，从而行之有效地限制和杜绝贪污现象，一言以蔽之，用"法度"来限制"私意"。这对于儒家一脉因过度推崇"人治"而可能带来的弊端是必要的矫正。韩非子的这段文本便是典型的例证："人主有二患：任贤，则臣将乘于贤以劫其君；妄举，则事沮不胜。故人主好贤，则群臣饰行以要君欲，则是群臣之情不效；群臣之情不效，则人主无以异其臣矣。故越王好勇，而民多轻死；楚灵王好细腰，而国中多饿人；齐桓公妒而好内，故竖刁自宫以治内；桓公好味，易牙蒸其子首而进之；燕子哙好贤，故子之明不受国。故君见恶则群臣匿端，君见好则群臣诬能；人主欲见，则群臣之情态得其资矣。故子之，托于贤以夺其君者也；竖刁、易牙，因君之欲以侵其君者也。其卒子哙以乱死，桓公虫流出户而不葬。此其故何也？人君以情借臣之患也。人臣之情非必能爱其君也，为重利之故也。今人主不掩其情，不匿其端，而使人臣有缘以侵其主，则群臣为子之、田常不难矣。故曰：'去好去恶，群臣见素。'群臣见素，则大君不蔽矣。"（《韩非子·二柄》）春

〔1〕 对于荀子的思想倾向，学界尚有争议。有人认为他的思想是儒家向韩非式的法家过渡的桥梁，也有人认为他严格地继承了儒家的道统（姜广辉主编《中国经学思想史》第一卷，第226—227页）。

秋时期，管子在齐国推行重视法治的政治思想；战国时期，商鞅在秦国变法，韩非和李斯都继承了法家的治国思想。这些法家的代表人物在治国策略上都看到了律法对官员贪贿行为的约束作用。可以说，法家是先秦各派学说中将廉政思想有效践行的一派，甚至有学者认为，“在先秦诸子中，就反贪倡廉的呼声而言，法家似乎表现得最为突出。”〔1〕

除了儒家和法家，先秦时期的另外两大学派是道家和墨家。道家有点儿类似古希腊的斯多葛学派，无论伦理还是政治都无法干扰他们对内心宁静的追求。因此，如果说他们拥有某种廉政思想，那么，这种思想应当来自他们全生保身的愿望以及由此引发的对追名逐利的社会风气的厌弃，是一种抵抗世俗的个体行为，与儒家的那种普适道德观相对立。从某种意义上说，老子和庄子都具有这种倾向，尤以庄子更为典型。老子提出“甚爱必大费，多藏必厚亡”（《老子·第四十四章》），“咎莫大于欲得”（《老子·第四十六章》）等等。庄子认为，“富贵寿善”皆非至乐（《庄子·至乐》），主张精神上的逍遥自在，希望达到不依赖外物而遗世独立的精神境界，强调顺应自然法则，不以人的欲望强求自然，要安时而处顺，提倡修养内在德性。

墨家的基本政治主张是倡导“兼爱”、“非攻”，反对战争；提倡“尚贤”、“尚同”，主张突破当时的贵族世袭制，为下层小生产者要求平等的政治权利。总体而言，墨子的思想具有自我牺牲的崇高精神，反映出当时小生产者阶层的政治要求。他的廉政思想也由此而来，在先秦诸子中显得十分特别。墨子在节葬、节

〔1〕 王萍、刘杰：《先秦诸子的廉政思想》，第26页。

用方面提出的一系列见地，如“俭节则昌，淫佚则亡”（《墨子·辞过》），“诸加费不加于民利者，圣王弗为”（《墨子·节用中》），“厚葬久丧果非圣王之道”（《墨子·节用中》），虽然没有直接被当时的统治者所采纳，但作为中国春秋战国时期的一派显学，其影响力是巨大的，在中国政治思想史上开辟了立足底层劳动人民发言的一支。

在这些先秦诸子之外，还有一些先秦时期的政治家，单从廉政思想的倾向性上看，也可约略划入各学派的阵营：如管仲的《管子》倾向于道家和法家，晏婴的《晏子春秋》倾向于儒家等等。

三

综上所述，廉政思想产生于长久保持政权的政治需要，有利于限制君主和各级官员的各种嗜欲和过度腐败，有助于巩固国家内部统治局面的稳定性，有助于形成良好的社会风尚，并且在客观上对人民群众的生存状态具有积极的保证作用。先秦时期的廉政思想具有深厚的哲学基础，它开启了我国古代对各种社会关系（包括君臣关系、君民关系、臣民关系）进行考察的先河，为我国的古代政治思想奠定了基调，并对后世的廉政思想产生了重要的影响。

在选取文献时主要依据以下标准：首先，限定在政治哲学的范围内；其次，涉及统治阶级的施政伦理；再次，涉及统治阶级的制度思想。本部分拟研究以下人物：黄帝、尧、皋陶、盘庚、姜尚、周公、管仲、老子、晏婴、孔子、墨子、商鞅、孟子、庄子、荀子这十五位思想家的廉政言论。

第一节　黄帝

【人物简介】

据《史记·五帝本纪》记载：“黄帝者，少典之子，姓公孙，名曰轩辕。”据传，黄帝曾与炎帝结盟对抗蚩尤，蚩尤战败后，炎帝不满黄帝成为天下共主，企图夺回失去的地位，发兵与之决战。炎、黄二帝在阪泉决战，最后黄帝取得胜利，巩固了共主的地位。

黄帝同炎帝并称为中华民族的始祖，华夏部落联盟领袖。他的功绩首先是统一了中原地区的华夏民族。在治理国家方面，他制定了国家的职官制度，并播百谷草木，大力发展生产，创造文字，始制衣冠，建造舟车，发明指南车，定算数，制音律，创医学等，是开创中华民族古代文明的先祖，被后世尊为“三皇五帝”之首。

为民父母

【原文】

爰有大圜①在上，大矩②在下，汝能法之，为民父母。〔1〕

【注释】

①圜：通“圆”，圆形，特指天。

〔1〕 严可均辑：《全上古三代秦汉六朝文》（一），中华书局1958年版（下同），第10页。

②矩：方形，特指地。古人认为天圆地方。

【译文】

有苍天在上，大地在下，你能效法这个，便可以做百姓的父母。

【评述】

此文本第一次明确地提出了“为民父母”的说法，或许可以算作我国古代廉政思想的发端。但文本比较晚出，见于《吕氏春秋·序意》，据传为黄帝教诲其孙颛顼的话。[1] 在上古时期，作为部落联盟首领的黄帝能够有这样的胸襟和见地是值得称赞的。后世的“父母官”的说法便脱胎于此。孟子也有过“为民父母”的说法：“为民父母行政，不免于率兽而食人，恶在其为民父母也?”[2] 既然是“父母官”，便有“为民做主”的义务。我国明清时期的一则民谚“当官不为民做主，不如回家卖红薯”，也体现了这个官员须为父母官的传统。

第二节　尧

【人物简介】

尧是我国古代传说中的帝王之一，帝喾次子，名放勋，号陶

〔1〕《吕氏春秋·序意》：“尝得学黄帝之所以诲颛顼矣，爰有大圜在上，大矩在下，汝能法之，为民父母。”

〔2〕《孟子·梁惠王上》，焦循撰：《孟子正义》，中华书局1987年版（下同），第62页。

唐氏，也称唐尧。

据史书记载：“帝尧者，放勋。其仁如天，其知如神。就之如日，望之如云。富而不骄，贵而不舒。黄收纯衣，彤车乘白马。能明驯德，以亲九族。九族既睦，便章百姓。百姓昭明，合和万国。”[1] 无论是对其外貌还是政绩，都极尽盛赞之辞。我国古代知识分子在论及政事之时有“言必称尧舜”的习惯，可以说，尧是中国古代有德之君的典范。

平章百姓

【原文】

曰若稽古。帝尧曰放勋。钦明文思安安。允恭克让，光被四表，格于上下。克明俊德，以亲九族①。九族既睦，平章百姓。百姓昭明，协和万邦，黎民于变时雍。[2]

【注释】

①九族：自高祖至玄孙共九代人，即高祖、曾祖、祖、父、自己、子、孙、曾孙、玄孙。

【译文】

考察从前，尧帝名叫放勋。他在处理政务的时候既谨慎又节俭，为人宽容谦让，其人格光辉照耀四方，上下无不深心称赞。他任贤使能，使得整个家族亲密和睦。家族和睦了，便可以令百

---

〔1〕《史记·五帝本纪》。

〔2〕周秉钧注译《尚书·虞书·尧典》，岳麓书社 2001 年版（下同），第 1 页。

官族姓分辨是非，彰明善恶。百姓的是非善恶分明之后，又使各个部落氏族协调和顺，天下众人从此也就友好和睦了。

【评述】

该选文与《史记·五帝本纪》的记载类似，主要用于歌颂尧帝的功德，为后来的统治者树立榜样。与现代管理思想不同，上古时期注重对百姓的教化而非在制度上的管理，因此，“平章百姓”便是令天下和平和服从的重要一步。

战战栗栗，日慎一日

【原文】

尧戒曰：战战栗栗，日慎一日，人莫蹪①于山，而蹪于蛭（垤）②。[1]

【注释】

①蹪（tuí）：绊倒，跌倒。

②蛭：应为“垤（dié）”，蚂蚁在做窝时堆在穴口的小土堆。

【译文】

尧告诫说：“战战栗栗，一天比一天谨慎。人不会被大山绊倒，而往往被小土堆绊倒。”

〔1〕《淮南子·人间训》，何宁撰《淮南子集释》，中华书局1998年版（下同）。

【评述】

尧的这句话是廉政、勤政的警语。《淮南子》引用这句话，意在论证人不应忽视微小的事变所引发的后果，可以说是后世“勿以恶小而为之”的前身。放在尧这样的首领身上，我们或许可以解读为：为政者应当勤勉，并努力避免哪怕是微小的过失，因为他的地位有可能使得他的小错给百姓带来大的灾难。需要注意的是，《淮南子》较为晚出，在史料的可靠性上大打折扣，在引用时应稍加留心。

第三节　皋陶

【人物简介】

皋陶，与尧、舜、禹同为“上古四圣”，是舜帝执政时期的士师，相当于国家的司法长官。皋陶又是上古时期伟大的政治家、思想家、教育家，被史学界和司法界公认为“司法鼻祖”。他的“法治”、“德治”思想，与今天的“依法治国”和“以德治国”有着历史渊源关系，皋陶文化中的司法活动与法律思想对中国古代法律文化有着重要的影响。皋陶还被后人神化为狱神。他辅佐夏禹理政、治水和发展生产，并为融合夷夏和后来中华民族的形成作出了巨大贡献。

据传，禹曾根据皋陶的品德和功劳而举他为继承人，并授政于他，但他还未即位就去世了。

从政九德

【原文】

皋陶曰："宽而栗，柔而立，愿而恭，乱而敬，扰而毅，直而温，简而廉，刚而塞，强而义。彰厥有常吉哉！

"日宣三德，夙夜浚明有家。日严祗敬六德，亮采有邦，翕受敷施。九德咸事，俊乂在官。百僚师师，百工惟时，抚于五辰，庶绩其凝。"[1]

【译文】

皋陶说："既宽宏又严谨，既温柔又卓然独立，既谦虚又庄重，既有才又认真，既善于听取意见又刚毅，既正直又温和，既仔细又直率，既刚正又实际，既坚强又讲究道义。能够在行为中表现出这九种品德，就会行事顺利！

"如果每天都能表现出其中的三种，早晚恭敬努力地去施行，就可以做卿大夫。如果每天都能恭敬地施行其中的六种品德，就可以协助天子处理政务而成为诸侯。如果能全面贯彻九种品德，使有那些品德的人都担任职务，那么在职官员就都会是才德出众的人了。大夫们互相学习仿效，官员们都想尽职尽责，严格按照五辰运行和四时变化行事，众多的政绩就可以建成了。"

---

〔1〕《尚书·虞书·皋陶谟》，第23页。

【评述】

该段选文出自皋陶和禹的一段对话。皋陶提出从政者应具备九种品德，其实，完全具备这些品德是非常高的要求。或许他本人也意识到了这一点，因此提出了具备其中六种品德甚或三种品德也是可以行得通的。对道德要求设置级别，有助于吸引更多的人以道德规范来要求自身。无论如何，从政者必须是有德者，且须具备高于一般人的德行，这个倾向在皋陶的言语中十分明显。

第四节 盘庚

【人物简介】

盘庚，或作般庚，生卒年不详。他是商朝第二十代王，阳甲死后即位，在位二十八年。盘庚即位之时，商朝统治者十分腐败，贵族生活奢侈，王室内争激烈，阶级矛盾尖锐，再加上自然灾害频繁，商朝的统治处在风雨飘摇之中。为了挽救颓势，盘庚决定迁都。他抵制住贵族的竭力反对，采用恩威并重的方法，实现了迁都的目的。值得一提的是，他提倡节俭并减轻对民众的剥削，使得商朝的统治风气为之一变。

经过迁都之后在政治和经济等各个方面不懈的努力，商王朝终于走上了中兴的道路，进入鼎盛时期。盘庚迁殷体现出盘庚高超的政治智慧，是商朝历史的转折点，也是我国政治史上的重要事件。

不肩好货，敢恭生生

【原文】

盘庚既迁，奠厥攸居，乃正厥位，绥爰有众。

曰：“无戏怠，懋建大命！今予其敷心腹肾肠，历告尔百姓于朕志。罔罪尔众，尔无共怒，协比谗言予一人。

“古我先王将多于前功，适于山。用降我凶，德嘉绩于朕邦。今我民用荡析离居，罔有定极，尔谓朕曷震动万民以迁！肆上帝将复我高祖之德，乱越我家。朕及笃敬，恭承民命，用永地于新邑。肆予冲人，非废厥谋，吊由灵各①；非敢违卜，用宏兹贲。

“呜呼！邦伯师长百执事之人，尚皆隐哉！予其懋简相尔念敬我众。朕不肩好货，敢恭生生。鞠人谋人之保居，叙钦。今我既羞告尔于朕志若否，罔有弗钦！无总②于货宝，生生自庸！式敷民德，永肩一心！”[1]

【注释】

①灵各（gé）：即灵格，专门负责占卜的人，据说可传达上帝的旨意。

②总：聚敛。

【译文】

盘庚迁都以后，在殷安定下来，选定了王宫和宗庙的方位，

〔1〕《尚书·商书·盘庚下》，第87—89页。

然后告诫众人道："不要贪图享乐，不要懒惰，要努力重建家园！现在我要开诚布公地把我的意见告诉你们。我没有惩罚你们，你们也不要心存不满，串通起来诽谤我。我们的先王功劳大大超过了前人，把臣民迁移到山地去，因此减少了我们的灾祸，为我们的国家立下了大功。现在，我的臣民由于水灾而失去家园，没有固定的住处，你们却责问我为什么要兴师动众地迁居。这是因为上帝将要恢复我们先王的美德，治理好我们的国家。我迫切而恭敬地遵从天意，拯救臣民，在新国都永远居住下去。因此，我这个年轻人不敢放弃迁都的远大计划，上天的旨意通过占卜者传达了下来；我不敢违背占卜的结果，而要使占得的天意得以实现。

"啊！各位诸侯、大臣、官员，希望你们各自考虑自己的责任！我将认真地考察你们是否体恤我的百姓。我不会任用那些贪恋财货的人，而要任用帮助百姓谋生的人。能够养育百姓并使他们安居乐业的人，我将论功行赏。现在我已经把我赞成什么和反对什么都告诉了你们，你们不可不顺从！不要聚敛财富，要为民谋生以立功。要把恩德施予百姓，永远与百姓同心同德。"

【评述】

本篇记载的是盘庚迁都之后向群臣训话，除了宣称和证明迁都的正当性之外，还要求群臣克勤克俭，不要贪婪聚财，要体恤民情，恭谨从政，率领臣民共建家园。"不肩好货，敢恭生生"、"无总于货宝，生生自庸"的训言，将廉政措施同保民思想结合起来，具有高明的政治洞察力。

第五节　姜尚

【人物简介】

姜尚，姓姜名尚，又称吕望、吕尚，字子牙（一说字尚），俗称姜太公、姜子牙。为西周开国功臣，也是春秋战国时期齐国的始祖。《史记》记载："太公望吕尚者，东海上人。其先祖尝为四岳，佐禹平水土甚有功。虞夏之际封于吕，或封于申，姓姜氏。夏商之时，申、吕或封枝庶子孙，或为庶人，尚其后苗裔也。本姓姜氏，从其封姓，故曰吕尚。"（《史记·齐太公世家》）《太公六韬》又称《太公兵法》，是中国古代著名的兵书。《隋书·经籍志》注云："周文王师姜望撰。"历史上对于该书作者、成书年代及书的真伪争议颇多。宋代以来，基本否定该书为吕望所作，而认为是汉以后人伪托。后经考古发现，证明此书在汉之前已经存在于世。当代学者大多认定其成书于战国时期。

有学者把《太公六韬》中体现的政治思想总结为"人君领导学"，意思是强调统治者身教的重要性，认为首先做到自身生活节俭才能够治理好国家。此书中多处涉及廉洁问题，如"廉洁而不爱人者，可侮也"（《太公六韬·龙韬·论将》）、"有外廉谨而内无恭敬者"（《太公六韬·龙韬·选将》）、"使之以财，以观其廉"（《太公六韬·龙韬·选将》）、"廉洁爱人者厚其禄"（《太公六韬·文韬·盈虚》）等等。作为兵书，它所提出的廉洁奉公问题具有特别的战略意义。

廉洁爱人者厚其禄

【原文】

文王问太公曰："天下熙熙，一盈一虚，一治一乱，所以然者何也？其君贤不肖不等乎？其天时变化自然乎？"太公曰："君不肖，则国危而民乱。君贤圣，则国安而民治。祸福在君，不在天时。"

文王曰："古之圣贤，可得闻乎？"太公曰："昔者帝尧之王天下，上世所谓贤君也。"文王曰："其治如何？"

太公曰："帝尧王天下之时，金银珠玉不饰，锦绣文绮不衣，奇怪珍异不视，玩好之器不宝，淫佚①之乐不听，宫垣屋宇不垩，甍桷椽楹不斫，茅茨遍庭不剪。鹿裘御寒，布衣掩形，粝粱之饭，藜藿之羹。不以役作之故，害民耕织之时，削心约志，从事乎无为。吏，忠正奉法者尊其位，廉洁爱人者厚其禄。民，有孝慈者爱敬之，尽力农桑者慰勉之。旌别淑慝②，表其门闾。平心正节，以法度禁邪伪。所憎者，有功必赏，所爱者，有罪必罚。存养天下鳏寡孤独，赈赡祸亡之家。其自奉也甚薄，其赋役也甚寡，故万民富乐而无饥寒之色。百姓戴其君如日月，亲其君如父母。"文王曰："大哉，贤德之君也。"[1]

【注释】

①佚：通"逸"，快乐。

---

〔1〕《太公六韬·文韬·盈虚》，徐培根撰：《太公六韬今注今译》，台北商务印书馆1976年版（下同），第48—49页。

②慝（tè）：邪恶。

【译文】

文王问太公："天下纷繁复杂，有时强盛，有时衰弱，有时安定，有时混乱，为什么会这样呢？是君主贤与不贤造成的，还是天命变化自然而然的结果呢？"太公说："君主不贤，则国家危险而人民内乱；君主贤明，则国家太平而人民安定。国家的祸福在于君主的贤与不贤，而不在于天命的变化。"

文王问："可以把古时圣贤的事迹讲给我听吗？"太公说："从前尧帝统治天下，上古的人都称他为贤君。"文王问："他是怎样治理国家的？"

太公说："尧帝做君主时，不拿金银珠玉作装饰，不穿华丽的衣服，不观看珍奇的物品，不珍藏古玩宝物，不听靡靡之音，不粉饰宫廷墙垣，不雕饰甍桷椽楹，不修剪庭院的杂草。用鹿裘御寒，以布衣遮体，吃粗粮饭，喝野菜汤。不因劳役而误农时，约束心志，行身教而非言教，清静无为。官吏中忠诚公正并守法的就升迁他的爵位，廉洁爱民的就增加他的俸禄。对百姓中孝敬父母、抚爱幼小的就敬重他，尽力从事农桑的就鼓励他。区别善恶，表彰善良人家。提倡公正节操，以法令禁止奸邪诈伪。即便对厌恶的人，他也有功必赏；即便对喜爱的人，他也有罪必罚。赡养鳏寡孤独的人，救济祸患伤亡的家。至于他自己，则生活十分俭朴，征收赋税、征用劳役很少，所以天下万民富足安乐，没有饥寒之色。百姓爱戴他像景仰日月一样，亲近他像亲近父母一样。"文王说："贤德的君主真是伟大呀！"

【评述】

《盈虚》篇讨论的是国家的内政政策。盈虚即盛衰。本篇认为，天下国家的兴衰治乱同君主的个人作为直接相关，即“祸福在君，不在天时”，由此支撑起姜尚的“人君领导学”的理论基础，并引出君主的治躬之道、爱民之道，而俭朴的生活方式正是这种思想的实际体现。在上古社会中生产资料和生活资料均不宽裕的情况下，劝诫君主尽量减少自己的生活消耗，可以说是稳固政权、赢得民心的很好的策略。

国之大务，爱民而已

【原文】

文王问太公曰：“愿闻为国之务，欲使主尊人安，为之奈何?”太公曰：“爱民而已。”

文王曰：“爱民奈何?”太公曰：“利而勿害，成而勿败，生而勿杀，与而勿夺，乐而勿苦，喜而勿怒。”文王曰：“敢请释其故。”太公曰：“民不失务则利之，农不失时则成之，薄赋敛则与之，俭宫室台榭则乐之，吏清不苛扰则喜之。民失其务则害之，农失其务则败之，无罪而罚则杀之，重赋敛则夺之，多营宫室台榭以疲民力则苦之，吏浊苛扰则怒之。故善为国者，驭民如父母之爱子，如兄之爱弟：见其饥寒则为之忧，见其劳苦则为之悲；赏罚如加诸身，赋敛如取于己。此爱民之道也。”〔1〕

〔1〕《太公六韬·文韬·国务》，《太公六韬今注今译》第52页。

【译文】

文王问太公道："我想知道治国之要道。想要让君主受到尊敬，百姓得到安宁，应当怎么办呢?"太公说："唯有爱民罢了。"

文王问："应当怎样爱民呢?"太公说："要给予百姓以利益，不要伤害他们；要促进百姓的生产，不要破坏他们；要保护百姓的生命，不要杀害他们；要给予百姓实惠，不要掠夺他们；要使百姓安乐，不要使他们痛苦；要使百姓喜悦，不让他们愤怒。"文王说："请你再解释一下其中的原因。"太公说："不让百姓失职，就等于是给了他们利益。不耽误农时，就等于是促进了百姓的生产。少收赋税，就是给了百姓实惠。少建宫室台榭，就能使百姓安乐。官吏清廉，不苛刻扰民，就能使百姓喜悦。反之，如果使百姓失去职业，就是损害了他们的利益。耽误农时，就是破坏了他们的生产。百姓无罪而妄加惩罚，就等于是杀害他们。对百姓横征暴敛，就等于是掠夺他们。多修建华丽的宫室台榭而使百姓身心疲惫，就会增加百姓的痛苦。官吏庸碌贪污，苛刻扰民，就会使人民愤怒。所以，善于治国的君主，统治人民要像父母爱护子女、兄长爱护弟妹那样：见到他们挨饿受冻就为他们忧虑，见到他们辛劳受苦就为他们悲痛；对他们施行赏罚就像自己身受赏罚一样，征收百姓的赋税就像夺取自己的财物一样。凡此种种，就是爱民的方法。"

【评述】

《国务》篇继续讨论国家的内政政策，其核心思想是：国务以爱民为先。这个思想延续了黄帝的"为民父母"的观点。分而言之，就是"利而勿害，成而勿败，生而勿杀，与而勿夺，乐而勿苦，喜而勿怒。”这里谈到的百姓问题主要是两种，一是就业问题，二是赋税问题。如果人民能够有土地可耕种，并且不被耽误农时，那就可以保证基本的生活需求，并且还能为社会创造更多的财富，进而令国家有足够的经济基础；如果人民不被沉重的苛捐杂税所困扰，那么就能够安享自己的劳动果实，并同政府保持良好的合作关系，这样政权就容易稳固。

禁暴乱，止奢侈

【原文】

文王问太公曰："王人者，何上何下，何取何去，何禁何止?"太公曰："上贤，下不肖。取诚信，去诈伪。禁暴乱，止奢侈。故王人者有六贼七害。"

文王曰："愿闻其道。"太公曰："夫六贼者：

一曰，臣有大作宫室池榭，游观倡乐者，伤王之德。

二曰，民不事农桑，任气游侠，犯陵[1]法禁，不从吏教者，伤王之化。

三曰，臣有结朋党，蔽贤智，障主明者，伤王之权。

四曰，士有抗志高节，以为气势，外交诸侯，不重其主者，伤王之威。

五曰，臣有轻爵位，贱有司，羞为上犯难者，伤功臣之劳。

六曰，强宗侵夺，陵[2]侮贫弱，伤庶人之业。

"七害者：

一曰，无智略权谋，而重赏尊爵之，故强勇轻战，侥幸于外，王者谨勿使为将。

二曰，有名无实，出入异言，掩善扬恶，进退为巧，王者谨勿与谋。

三曰，朴其身躬，恶其衣服，语无为以求名，言无欲以求利，此伪人也，王者谨勿近。

四曰，奇其冠带，伟其衣服，博闻辩辞，虚论高议，以为容美，穷居静处，而诽时俗，此奸人也，王者谨勿宠。

五曰，谗佞苟得，以求官爵；果敢轻死，以贪禄秩；不图大事，贪利而动；以高谈虚论，悦于人主，王者谨勿使。

六曰，为雕文刻镂，技巧华饰，而伤农事，王者必禁。

七曰，伪方异技，巫蛊左道，不祥之言，幻惑良民，王者必止之。

"故民不尽力，非吾民也。士不诚信，非吾士也。臣不忠谏，非吾臣也。吏不平洁爱人，非吾吏也。相不能富国强兵，调和阴阳，以安万乘之主，正群臣，定名实，明赏罚，乐万民，非吾相也。

"夫王者之道，如龙首，高居而远望，深视而审听；示以形，隐其情。若天之高，不可极也；若渊之深，不可测也。故可怒而不怒，奸臣乃作，可杀而不杀，大贼乃发；兵势不行，敌国乃强。"

文王曰："善哉！"[1]

【注释】

①陵：通"凌"，冲犯。

---

〔1〕《太公六韬·文韬·上贤》，《太公六韬今注今译》第70—72页。

②陵：通“凌”，欺凌，欺负。

【译文】

文王问太公：“作为国君，应该什么样的人居上位，什么样的人居下位，什么样的人应被任用，什么样的人应被革职，什么事应严禁，什么事应制止？”太公回答说：“让贤者居上位，不贤者居下位，任用诚信的人，除去诈伪的人，禁止暴乱的行为，制止奢侈的事情。所以，国君，应该注意六项贼害的事和七种贼害的人。”

文王问：“这六项贼害的事和七种贼害的人有哪些？”太公说：“所谓六项贼害的事：

一是，臣下有大造宫室台榭，陶醉于游观之乐的，损害了君主的德行。

二是，百姓有不事农桑，任意游侠于各地，犯法违禁，不听官吏管教的，损害了君主的教化。

三是，臣下有结交朋党，壅蔽贤良，妨害君主的圣明的，损害了君主的权力。

四是，士人有抗志不屈、自负高节，对外则私自交结诸侯，不尊重自己的君主的，损害了君主的威望。

五是，臣下有轻视君主所给的爵位，轻视官员的职责，羞于为君主冒险犯难的，损害了功臣的辛劳。

六是，宗族大户人家相互侵夺，并且欺侮贫穷弱势的百姓，损害了百姓的产业。

“七种贼害之人：

一是，没有谋略的人，给予重赏尊爵，因此靠着匹夫之勇作战的人都侥幸立功，君主切勿任这种人为将。

二是，徒有虚名而无实际才能，出入言辞前后不同，掩盖别人的善事，宣扬别人的缺点，进退投机取巧。这种人，君主千万不要与之谋划大事。

三是，外表朴素，衣着简单，开口言无为之道而其实是为了求名，闭口言无欲之德而其实是为了求利。此种虚伪的人，君主切勿与之亲近。

四是，头上戴着奇异的冠带，身上穿着壮美的衣服，用广博的见闻、善辩的辞令、高谈阔论来修饰自己，穷居静处时则诽谤时俗。这种奸诈之人，君主切勿宠信他。

五是，谄媚逢迎，只图苟得以求官爵；鲁莽躁急，轻率冒死以图俸禄、不顾全局，贪利妄动、言辞浮夸，取悦君主。这样的人，君主切勿任用。

六是，做雕文刻镂和华美的装饰，以至于伤害农事，君主必须禁止这类事情。

七是，有些人使用诈伪的方术和诡异的技术，用巫蛊那样的邪术蛊惑人心，说着不祥的话。他们欺骗善良的百姓，君主必须加以禁止。

“所以，百姓如果不能尽力为国家服务，就不是我国的国民。士人如不能诚信奉上，就不是我国的士人。大臣如不能忠谏奉公，就不是我国的大臣。官吏如不能公正廉洁爱民，就不是我国的官吏。宰辅如不能帮助君主富国强兵，调和天地，使君主安宁、君臣正位、名实确定、赏罚分明、万民欣悦，就不是我国的宰辅。

“为人君之道，如同露出龙头，从高处向远处望去，目光深邃，仔细聆听；具体的外表体现出来，但掩盖其喜怒哀乐的情感。

犹如天之高远，无法企及；犹如渊之深邃，无法测度。所以，君主对应怒的人不发怒，那么奸邪之人就会出头；对应杀的人不杀，那么坏人就会生出叛乱的念头；兵力不强，敌国就会来攻伐。”

文王说：“您说得太对了！”

【评述】

《上贤》篇讨论的是用人政策。它明确指出，凡大造亭台楼阁、雕文刻镂的臣下并非是国家的良才，他们必定会损害国家的经济，也会损害君主的名声。从先秦到明清，出现过不少劝谏君主不要贪图享乐的良臣，同样也出现过很多帮助、迎合甚至诱导君主过度享乐的佞臣。历史的情况比较复杂，良臣与佞臣标准也并非泾渭分明。但一个较为明确的判定标准是，在国家经济总量不算良好的情况下，助长君主享乐是佞臣的行为。

文伐之法

【原文】

文王问太公曰：“文伐之法奈何？”太公曰：“凡文伐有十二节：

一曰：因其所喜，以顺其志。彼将生骄，必有奸事。苟能因之，必能去之。

二曰：亲其所爱，以分其威。一人两心，其中必衰。廷无忠臣，社稷必危。

三曰：阴赂左右，得情甚深。身内情外，国将生害。

四曰：辅其淫乐，以广其志，厚赂珠玉，娱以美人；卑辞委听，顺命而合，彼将不争，奸节乃定。

五曰：严其忠臣，而薄其赂，稽留其使，勿听其事。亟为置代，遗以诚事，亲而信之，其君将复合之。苟能严之，国乃可谋。

六曰：收其内，间其外。才臣外相，敌国内侵，国鲜不亡。

七曰：欲锢其心，必厚赂之。收其左右忠爱，阴示以利，令之轻业，而蓄积空虚。

八曰：赂以重宝，因与之谋。谋而利之，利之必信，是谓重亲。重亲之积，必为我用。有国而外，其地必败。

九曰：尊之以名，无难其身；示以大势，从之必信；致其大尊，先为之荣，微饰圣人，国乃大偷。

十曰：下之必信，以得其情。承意应事，如与同生。既以得之，乃微收之。时及将至，若天丧之。

十一曰：塞之以道：人臣无不重贵与富，恶危与咎；阴示大尊，而微输重宝，收其豪杰；内积甚厚，而外为之；阴内智士，使图其计；纳勇士，使高其气；富贵甚足，而常有繁滋；徒党已具，是谓塞之。有国而塞，安能有国。

十二曰：养其乱臣，以迷之，进美女淫声以惑之，遗良犬马以劳之，时与大势以诱之，上察而与天下图之。

“十二节备，乃成武事。所谓上察天，下察地，征已见，乃伐之。”〔1〕

【译文】

文王问太公说：“文伐的方法都有哪些？”太公说：“文伐的

〔1〕《太公六韬·武韬·文伐》，《太公六韬今注今译》第90—92页。

方法有十二种：

一是，依照敌人的喜好，顺从他的心愿，他的骄傲情绪滋长起来就会去做些邪恶的事情。如果能巧妙地利用这一点，就必能将他除掉。

二是，拉拢敌君所亲近的臣子，以削弱敌君的力量。一个人一旦怀有二心，其忠诚必然减少。敌人朝中如果没有了忠臣，他的国家就必定危险了。

三是，暗中贿赂敌国的近臣，与之建立深厚的情谊。如果他们身居国内却心向国外，敌国就会有祸害了。

四是，助长敌国君主过分的享乐行为，加强他的荒淫的倾向，用大量的财宝贿赂他，赠送美女讨好他；言辞卑下，曲意听从，顺从其命令，迎合其心意。这样，他就会忘记战争的需要而放肆发展其邪恶的行为了。

五是，要尊敬敌国的忠臣，少给他贿赂。当他的使者前来交涉时，要故意拖延他，不要听从他的意见。极力促使敌国君主改派别人来替代，然后给他透露一些实情，表示亲近信赖他，以拉拢关系。如能像这样用不同的方法去对待敌国的忠臣与奸佞，就可以图谋他的国家了。

六是，收买敌国君主左右的大臣，离间他的外臣。使其有才干的大臣都帮助外国，再加上外国的入侵，这样的国家很少不灭亡的。

七是，要想使（敌国君主）对我深信不疑，就必须赠送他大量的礼物，收买他左右亲信的大臣，暗中给他们好处，使他们忽视生产，造成其国家财库空虚。

八是，赠送（敌国的君主）厚重的财宝，进而与他同谋别国，以重利诱惑他。于是他必然信任我，这就加深了敌国君主与我们的关系。关系密切了，敌国君主必然被我利用。他有国而被外国利用，其国必亡。

九是，用煊赫的名号颂扬他，不让他遭遇危难，给他势倾天下的感觉，毕恭毕敬地顺从他；以至高无上的名位尊崇他，先夸耀他的功绩显赫，再恭维他堪比圣人，这样他必然会对于国事懈怠废弛了。

十是，对他要表示恭顺诚信，以取得他的友情和信任；顺承他的意图办事，和他好像兄弟一般亲密；既已得到他的友情和信任，就进一步巧妙地控制他；时机一到，他就像上天注定似的灭亡了。

十一是，闭塞（敌国君主）视听的方法：所有臣民没有不渴望富贵而厌恶危难与灾祸，暗中许给尊贵的官位，秘密送给大量的财宝，收买敌国的英雄豪杰。国内积蓄很多，对外却装作很穷困的样子。暗中收纳智士以制定谋略；收纳勇士以提高士气。要让他们获得富贵，不断获取更多的财富，结成自己的党徒，聚集起力量。这样做就能闭塞敌人的视听了。敌人虽有国家，但耳目已为人所闭塞，怎么能够保住他的国家呢?

十二是，扶植敌国的乱臣，以迷乱其君主；进献美女和靡靡享乐之音，以迷惑他；送他良犬和骏马，使他沉溺在犬马游猎之中而神形疲惫；又常向他通报有利的形势，使他放松警惕；然后，观察有利时机与天下人共谋拿下他的国家。

“以上十二种计谋如能善于运用，就可成全武功。这就是我们所说的上察天时、下察地利，等到各种有利的征兆都显露时，就可举兵征伐敌国了。”

【评述】

“文伐”指的是用非武力的手段打击敌人，与“武伐”相对。也就是说，在军事进攻之前，通过阴谋诡诈的手段，分化、打击、削弱敌人，激化敌方的内部矛盾，使其腐化堕落而自行崩溃。在文中列举的十二条之中，大部分都集中在用“糖衣炮弹”的贿赂手段引发敌方内部的腐败行为（文中仅“赂”字就出现了五次之多），从而为“武伐”创造了良好的时机。换一个角度思考，自身腐化堕落便是为敌方提供攻伐自己的便利条件。

第六节　周公

【人物简介】

周公，姬姓，名旦，亦称叔旦，周文王之子，周武王之弟。西周时期著名的政治家、军事家、思想家和教育家，被尊为“元圣”，也被后世尊为儒学的先驱。[1] 武王死后，其子成王年幼，由周公摄政当国，平定“三监”叛乱，营建东都，制礼作乐，还政成王，巩固和发展了周王朝的统治，对中国历史的发展产生了深远的影响。

他的廉政思想十分重要。就像有学者指出的那样：“作为一个头脑清醒的政治家和思维锐敏的思想家，他敢于冲破强大的神权思想的束缚，提出了符合历史要求的廉政主张，解决了一系列现实生活中的重大问题，从而推动了历史的进程，对后世产生了深

〔1〕 子曰：“甚矣，吾衰也！久矣，吾不复梦见周公！”（《论语·述而》）

远的影响。”[1] 他的思想言论主要见于《尚书·周书》。

若保赤子，惟民其康

【原文】

王曰：“呜呼！封，汝念哉！今民将在祗遹乃文考，绍闻衣德言。往敷求于殷先哲王用保乂民，汝丕远惟商耇①成人宅心知训。别求闻由古先哲王用康保民。弘于天，若德裕乃身，不废在王命！”

王曰：“呜呼！小子封，恫②瘝③乃身，敬哉！天畏棐忱；民情大可见，小人难保。往尽乃心，无康好逸豫，乃其乂民。我闻曰：‘怨不在大，亦不在小；惠不惠，懋不懋。’已！汝惟小子，乃服惟弘王应保殷民，亦惟助王宅天命，作新民。”

王曰：“呜呼！封，敬明乃罚。人有小罪，非眚④，乃惟终；自作不典，式尔，有厥罪小，乃不可不杀。乃有大罪，非终，乃惟眚灾；适尔，既道极厥辜，时乃不可杀。”

王曰：“呜呼！封，有叙时，乃大明服，惟民其敕懋和。若有疾，惟民其毕弃咎；若保赤子，惟民其康。

“非汝封刑人杀人，无或刑人杀人。非汝封又曰劓⑤刵⑥人，无或劓刵人。”[2]

【注释】

①耇（gǒu）：老年。

---

〔1〕 王同君、侯文友、邹远修编著：《中国历代廉政思想教育读本》，中国方正出版社2007年3月版，第8页。

〔2〕《尚书·周书·康诰》，第146—148页。

②恫（tōng）：痛。

③瘝（guān）：病。

④眚（shěng）：过失。

⑤劓（yì）：古代割掉鼻子的酷刑。

⑥刵（èr）：古代割耳朵的酷刑。

【译文】

王说："是啊！封，你要多加留心哪！现在的臣民都在观察你是否恭敬地遵循你父亲文王的道路，依据他从殷那里所见所闻的有德之言。你到那里以后，务必广泛推行并继续征求殷邦先贤的政教，以保护和治理人民。你还要访求商家老人的意见，铭记在心。此外，你还要从古代虞夏贤者那里求得好的知识，以保护人民。你的心地要比天还宏阔，让美德充实于自身，你也就会长居王命，永远立于不败之地了！"

王说："啊！年轻的封，治理国家一定要去除恶政，就像病痛在你身上一样。你一定要认真哪！天是威严的，只辅助有诚心的人；民情大致可以看出来，现在小民都难以为生。你去了那里以后，一定要尽心尽力，不要贪图安逸，才能治理好臣民。我听说：'民怨不在于大，也不在于小；要使不顺从的人顺从，使不努力的人努力。'啊！你是个年轻人，肩上责任重大，我们君王受上天之命来保护殷民，你要协助君王实现天命，把他们革新改造成新的人民。"

王说："唉！封，你必须慎用刑罚。一个人若有小罪，但并非由于过失，又怙恶不悛，属于明知故犯，其罪虽小，却也不可不杀。相反，如果有大罪，但并不经常犯罪，只是由于偶尔的过失罢了，只要犯罪的事实坦白交代了，那就不能杀他。”

王说：“唉！封，刑罚有次序条法，人民就会服从，就会互相告诫达到和睦。就好比身上有疾病一样，人民会自行抛弃自己的错误。要像保护孩子一样保护人民，人民就会安定了。并不是你姬封可以刑人杀人，国家自有律典；也不是你姬封可以随便对人动肉刑，千万不可非法地随便对人动肉刑！”

【评述】

这篇选文是康叔到其封地殷上任之前，作为兄长的周公对他的诫辞，体现出周公治理殷民的方针政策。当时，周公刚刚平定了“三监”和武庚发动的叛乱。他要求康叔吸取历史教训，治理好殷民，巩固已经取得的政权。《康诰》的主旨是“明德慎罚”（《尚书·周书·酒诰》）。在这段文字里，一方面，周公要求康叔“无康好逸豫”，不贪图生活享受，要勤于执政；另一方面，他希望康叔像照顾小孩儿一样保护百姓，不能擅兴刑罚，使百姓康乐安定。这反映出他的“保民”思想，与黄帝的“为民父母”一脉相承。勤政廉政和保民思想在这里得到了很好地结合。

饮惟祀，德将无醉

【原文】

王若曰：“明大命于妹邦[①]。乃穆考文王，肇国在西土。厥诰毖庶邦庶士越少正御事朝夕曰：‘祀兹酒。’惟天降命。肇我民，惟元祀。天降威，我民用大乱丧德，亦罔非酒惟行；越小大邦用丧，亦罔非酒惟辜。

“文王诰教小子有正有事，无彝酒；越庶国，饮惟祀，德将无醉。惟曰我民迪小子惟土物爱，厥心臧。聪听祖考之彝训，越小大德！

“小子惟一妹土，嗣尔股肱，纯其艺黍稷，奔走事厥考厥长。肇牵车牛，远服贾用，孝养厥父母；厥父母庆，自洗腆，致用酒。

“庶士有正越庶伯君子。其尔典听朕教！尔大克羞耇惟君，尔乃饮食醉饱。丕惟曰尔克永观省，作稽中德，尔尚克羞馈祀。尔乃自介用逸，兹乃允惟王正事之臣。兹亦惟天若元德，永不忘在王家。”[1]

【注释】

①妹邦：妹，地名，纣之都城，故称妹邦。在今河南省淇县。

【译文】

王说：“我要在妹邦宣布一项重大的命令。穆考文王在西方创建了我们的国家。他从早到晚告诫诸侯国君和各级官员：‘只有祭祀时才可以饮酒。’上天降旨，劝勉我们的臣民，只在举行重大祭祀的时候才饮酒。上天降下惩罚，是因为我们的臣民犯上作乱，丧失了道德，这都是酗酒造成的。那些大大小小的诸侯国的灭亡，也无一不是由于饮酒过度造成的。

“文王还告诫担任大小官员的子孙们，不要经常饮酒；并告诫在诸侯国任职的子孙，只有祭祀时才可以饮酒，要用道德来约束自己，不要喝醉。还告诫我们的臣民，要教导子孙珍惜粮食，使

[1] 《尚书·周书·酒诰》，第153页。

他们的心地变善良，好好听取祖先留下的训诫，发扬大大小小的各种美德。

“妹都的臣民们今后就是你的股肱了，要教导他们专心种好庄稼，勤劳地侍奉自己的父兄；努力地牵牛赶车，到外地去从事贸易，要孝敬和赡养父母。父母高兴时，定会动手准备丰盛的饭菜，这时可以饮酒。各级官员们，希望你们经常听从我的教导。只要你们能向老人和国君进献酒食，你们就可以酒足饭饱。希望你们能够经常反省自己，言行举止合乎道德。你们还可以参与国君举行的祭祀。如果你们自己能限制饮酒作乐，就可以长期成为君主的官员。这也是上天赞美的大德，上天会保佑和帮助你们，使你们永远不会失去禄位。”

【评述】

《酒诰》是周公命令康叔在卫国宣布戒酒时说的话。殷商贵族嗜好喝酒，王公大臣酗酒成风，荒于政事。周公曾说：“无若殷王受之迷乱，酗于酒德哉！”（《尚书·周书·无逸》）周公担心这种恶习会带来社会混乱，所以让康叔在卫国颁布禁酒令。周公发布的这道禁酒令并不彻底，可以说充分考虑到了人之常情。它规定了礼仪性的适当饮酒——如祭祀和孝敬父母——是允许的。酒本身只是一种饮品，但涉及因酒误事甚至误国的行为时，酒就变成了腐化堕落、贪图享受的引子。更何况，过度造酒也会耗费大量的粮食。有学者认为，周公的《酒诰》将聚众酗酒的行为划入了妨害社会秩序的犯罪之中，具有开创性的意义。[1]

---

〔1〕 胡留元、冯卓慧：《夏商西周法制史》，商务印书馆2006年7月第1版，第372页。

不敢荒宁，不遑暇食

【原文】

周公曰："呜呼！君子所，其无逸。先知稼穑之艰难，乃逸，则知小人之依。相小人，厥父母勤劳稼穑，厥子乃不知稼穑之艰难，乃逸乃谚。既诞，否则侮厥父母曰：'昔之人无闻知。'"

周公曰："呜呼！我闻曰：昔在殷王中宗，严恭寅畏，天命自度，治民祇惧，不敢荒宁。肆中宗之享国七十有五年。

"其在高宗，时旧劳于外，爰暨小人。作其即位，乃或亮阴，三年不言。其惟不言，言乃雍。不敢荒宁，嘉靖殷邦。至于小大，无时或怨。肆高宗之享国五十有九年。

"其在祖甲，不义惟王，旧为小人。作其即位，爰知小人之依，能保惠于庶民，不敢侮鳏寡。肆祖甲之享国三十有三年。

"自时厥后，立王生则逸，生则逸，不知稼穑之艰难，不闻小人之劳，惟耽乐之从。自时厥后，亦罔或克寿。或十年，或七八年，或五六年，或四三年。"

周公曰："呜呼！厥亦惟我周太王、王季，克自抑畏。文王卑服，即康功田功。徽柔懿恭，怀保小民，惠鲜鳏寡。自朝至于日中昃，不遑暇食，用咸和万民。文王不敢盘于游田，以庶邦惟正之供。文王受命惟中身，厥享国五十年。"

周公曰："呜呼！继自今嗣王，则其无淫于观、于逸、于游、于田，以万民惟正之供。无皇曰：'今日耽乐。'乃非民攸训，非天攸若，时人丕则有愆。无若殷王受之迷乱，酗于酒德哉！"

周公曰："呜呼！我闻曰：'古之人犹胥训告，胥保惠，胥教诲，民无或胥诪张为幻。’此厥不听，人乃训之，乃变乱先王之正刑，至于小大。民否则厥心违怨，否则厥口诅祝。”

周公曰：“呜呼！自殷王中宗及高宗及祖甲及我周文王，兹四人迪哲。厥或告之曰：‘小人怨汝詈汝。’则皇自敬德。厥愆，曰：‘朕之愆允若时。’不啻不敢含怒。此厥不听，人乃或诪张为幻，曰小人怨汝詈汝，则信之，则若时：不永念厥辟，不宽绰厥心，乱罚无罪，杀无辜。怨有同，是丛于厥身！”

周公曰：“呜呼！嗣王其监于兹！”[1]

【译文】

周公说：“啊！君子在位为政，切不可贪图享乐！要先懂得耕种生产的艰辛，然后置身于安逸之中，这样就会了解百姓生存的不易。看那些百姓，他们的父母辛勤地劳作，而他们的儿子却不懂得耕种的艰辛，贪图安逸，行为粗野，时间长了，竟至于轻视侮慢他们的父母，说：‘老人们没有知识。’”

周公说：“啊！我听说：从前殷王中宗庄重谦恭，敬畏上天，用天命来制约自己，治理天下谨慎小心，不敢荒废政务，贪图安逸。因此，中宗在位七十五年。

殷王高宗长期在外服役，爱护百姓。等到他即位后，又听政于冢宰，沉默不语，连续三年不轻易说话。因为他不轻易说话，所以一开口说话，就能让人和悦。他从不敢荒废政事，贪图安逸，善于安定殷国。从普通百姓到大臣，没有一个人怨恨他。因此，高宗在位五十九年。

---

〔1〕《尚书·周书·无逸》，第182—186页。

“殷王祖甲，他先前有缺点，不宜为王，逃亡到民间，做了很久的平民百姓。等到他即位后，由于了解百姓的疾苦，因此保护并施恩给众民，不敢轻慢孤寡无依的人。因此祖甲在位三十三年。

“从这以后，那些殷王生来就安逸享乐，生来就如此！他们不懂得耕种收获的艰辛，没听说过普通百姓的辛劳，只追求纵情享乐。从这以后，那些即位的殷王也没有谁能长寿。他们中有的才在位十年，有的七八年，有的五六年，有的三四年。”

周公说：“啊！我们周朝的太王和王季，都能讲究谦让。文王能安于低贱的工作，他衣着朴素，并耕种田地。他善良、仁慈、谦恭，关心和保护百姓，爱护和亲善孤苦无依的人。从早晨到中午，直到太阳落山，他忙得没有时间吃饭，目的是使百姓都生活得幸福。文王不敢耽于游戏和田猎，因为他深知众邦都只恭敬正道。文王在中年受命为君，在位五十年。”

周公说：“啊！从今以后即位的君王，都不得迷恋于观赏、享乐、游戏和田猎，不要让百姓进献赋税供他一人享乐。不要自我宽慰说：‘只今天权且纵情快乐一下。’这不是民众所顺从的，不是上天所赞许的做法，这种人是有罪的。不要像商纣王那样迷惑昏乱，成天只知酗酒丧德！”

周公说：“啊！我听说：‘古时候的人尚能互相劝导、互相保护、互相友爱、互相教诲，没有互相欺诈的现象。’如果不这样，人们就会互相效法，这就会改变和扰乱先王定下的正法，包括大法和小法。民众于是就在内心抵触、怨恨，就在嘴上诅咒了。”

周公说：“啊！从殷王中宗到高宗到祖甲到我们周朝的文王，这四位君王施政明智。有人告诉他们‘老百姓在怨恨您、咒骂您呢’，他们就更加注意检点自己的行为。即便是老百姓说错了，他们也会主动承担，说：‘我的过错的确是这样。’如果老百姓的意见真的合乎时宜，他们不但不会生气，反而还要感谢他们。如果你不这样做，人们就会来欺骗你，说：‘老百姓在怨恨你、诅咒你呢。’你就会相信。这时你就会不考虑正常的法度，不会放宽自己的心胸，以至于滥罚无罪的人，滥杀无辜的人。这么一来，百姓的怨恨就会集中到你身上。”

周公最后说：“啊！嗣王，你一定要引以为鉴哪！”

【评述】

本段节选自《无逸》篇。从篇名就可以看出，周公的这些言辞主要是训诫未来的统治者不要贪图享乐。作为王室的后人，“生而逸”的情形是很难避免的，这也是很多朝代（例如商朝等）取江山易、守江山难的原因。周公一针见血地指出，要想避免王室贵族子弟贪图享乐的作风，首先需要让他们体验和懂得民间的疾苦，尊重民众的劳动。这在当时是十分可贵的见解。

第七节　管仲

【人物简介】

管仲，名夷吾，字仲，春秋时期颍上人。先秦时期著名的政治家、军事家、经济思想家。早年曾经商和从军，后在齐国内乱后受鲍叔牙力荐，在齐国主持国政长达四十年。他辅佐齐桓公“九合诸侯”，“一匡天下”（《论语·宪问》），在政治、经济方面有很多革新，使齐国走上了富国强兵之路，最终在“尊王攘夷”

的旗号下成为春秋诸侯国之首，齐桓公因此成为春秋时期的第一位霸主。因对齐国的重大贡献，他被齐桓公尊为“仲父”。管仲的历史功绩被广为称颂，如孔子就曾说过：“微管仲，吾其被发左衽矣。”[1]

《管子》一书记载了管仲的一些思想和言行，并对他在政治、经济、军事方面的重要主张加以阐述，但我国的历史学家们通过考证，大多倾向于认为它并非出自管仲本人之手，而是后来的学者以管仲的名义编纂的。这些学者分属于不同的时代和流派，因此，《管子》的内容涉及法家、道家、兵家、纵横家、阴阳家、农家、儒家等流派的思想。

廉不蔽恶，耻不从枉

【原文】

国有四维。一维绝则倾，二维绝则危，三维绝则覆，四维绝则灭。倾可正也，危可安也，覆可起也，灭不可复错也。何谓四维？一曰礼，二曰义，三曰廉，四曰耻。礼不逾节，义不自进，廉不蔽恶，耻不从枉。故不逾节则上位安，不自进则民无巧诈，不蔽恶则行自全，不从枉则邪事不生。[2]

【译文】

国家有四个维度。缺少了其中任何一个，国家政权就会倾斜；缺少了其中两个，国家就危险了；缺少了其中三个，国家就会颠

〔1〕《论语·宪问》。
〔2〕《管子·牧民》，黎翔凤撰：《管子校注》，中华书局2004年版（下同），第11页。

覆；缺少了全部这四个，国家就会灭亡。倾斜的可以扶正，危险的可以挽救，被颠覆的可以再崛起，但灭亡了就无法收拾了。有哪四个维度呢？一是礼，二是义，三是廉，四是耻。有礼，人们就不会超越应守的规范；有义，就不会妄自前进；有廉，就不会掩饰自己的过错；有耻，就不会跟从坏人做坏事。所以，不超越应守的规范，君主的地位就会安定；不妄自前进，人们就不会用计谋进行欺诈；不掩饰过错，行为就自然端正；不跟从坏人做坏事，邪僻的事情就不会发生。

【评述】

需要注意的是这段文字中关于"廉"的定义。我们来看《管子校注》中黎翔凤的注释——徐灏《说文解字注笺》："堂廉之石，平正修洁，而又棱角峭利，故人有高行谓之廉。其引申之意为廉直，为廉能，为廉静，为廉平。"戴侗曰："《皋陶谟》曰：'简而廉。'《孟子》曰：'顽夫廉。'《管子》曰：'礼义廉耻。'耻于贪冒而不为，故俗习以不贪为廉，不贪特廉之一隅是也。"《侈靡》："廉以摽人。"《中匡》："刑廉而不赦。"廉为有骨气之人，不自隐蔽其恶。……不能廉则行不全，不能为完人矣。不知廉之含义，仅视为不贪而轻之，陋矣。[1] 从这段注释中可以看出，"廉"字的一层含义即"不贪"较为晚出，但已经演变为较为常见的用法，而它在先秦文本中较早的含义即"正直有骨气"则渐渐被遗忘了。

---

〔1〕《管子校注》，第12—13页。

赋敛厚则下怨上，民力竭则令不行

【原文】

地辟而国贫者，舟舆饰，台榭广也。赏罚信而兵弱者，轻用众，使民劳也。舟车饰，台榭广，则赋敛厚矣。轻用众，使民劳，则民力竭矣。赋敛厚则下怨上矣，民力竭则令不行矣。下怨上，令不行，而求敌之勿谋己，不可得也。[1]

【译文】

开辟土地之后国家却依然贫穷，那是因为君主的车船过度装饰，楼阁建造得太多。赏罚有信用兵力却十分薄弱，那是因为君主轻易地兴师动众，使百姓过于劳累。车船装饰过度，楼阁过多，就会使赋税繁重。轻易地兴师动众，使百姓过于劳累，就造成民力枯竭。赋税繁重会造成百姓怨恨朝廷，民力枯竭会造成政令无法推行。一旦到了百姓怨恨朝廷、政令无法推行的地步，却希望敌国不来侵略自己，那是不可能的。

【评述】

《权修》篇的内容是讨论如何提高统治者的执政能力。管子在本段选文中提出，统治者应该节制自身的生活享受，这种节制仍然是在享有丰厚供养的前提下的，只不过在享乐的程度上稍微减少一点儿而已。仅做到这一点就能够减轻对人民的剥削，这是国

〔1〕《管子·权修》，《管子校注》第49页。

家政权稳定的重要保证。

取民有度，用之有止

【原文】

地之生财有时，民之用力有倦，而人君之欲无穷。以有时与有倦，养无穷之君，而度量不生于其间，则上下相疾也。是以臣有杀其君，子有杀其父者矣。故取于民有度，用之有止，国虽小必安。取于民无度，用之不止，国虽大必危。[1]

【译文】

土地产生财富的能力是受时令限制的，民力有疲倦的时候，但君主的欲望是没有止境的。以生财受时令限制的土地和有疲倦之时的百姓，来供养欲望无穷的君主，若没有一个合理的限度，上下层之间就会互相怨恨。这就是为什么会有大臣杀害君主、儿子杀害父亲的事情发生。因此，如果对百姓征收有度、用度有节制的话，即便是小国也必定安宁。如果对百姓征敛无度、用度没有节制的话，即便是大国也一定有灭亡的危险。

【评述】

对人民的征收和剥削是应当有一定限度的，如果超过了这个限度，君主不但无法得到财富，还可能在人民的反抗中丧失自己的政权。本段选文从土地和民力的有限性的角度来论述节制君主

〔1〕《管子·权修》，《管子校注》第51页。

欲望的必要性，不诉诸过高的道德要求，因而相当有说服力。《管子》的主张现实而不夸张，在论述重要问题时常常从经济学的要求出发，以表明其必要性。

君之所慎者

【原文】

君之所慎者四：一曰大德不至仁，不可以授国柄。二曰见贤不能让，不可与尊位。三曰罚避亲贵，不可使主兵。四曰不好本事，不务地利而轻赋敛，不可与都邑。此四务者，安危之本也。故曰：卿相不得众，国之危也。大臣不和同，国之危也。兵主不足畏，国之危也。民不怀其产，国之危也。故大德至仁，则操国得众；见贤能让，则大臣和同；罚不避亲贵，则威行于邻敌；好本事，务地利，重赋敛，则民怀其产。[1]

【译文】

有四类事情，君主一定要谨慎对待：一是对于那些有道德而未达到“仁”的地步的人，不可授予国家大权。二是对于那些遇到贤才而不能让位的人，不可授予尊贵的爵位。三是对于那些执行刑罚时避开亲近和尊贵的人，不能让他们去领导军队。四是对于那些不重视农业、不注重地利、轻易征收赋税的人，不能让他们去管理都邑。这是保证国家安全的四条原则。所以说：卿相得不到众人拥护，是国家的危险。大臣不齐心协力，是国家的危险。

〔1〕《管子·立政》，《管子校注》第62页。

军中统帅不令人畏惧，是国家的危险。百姓不重视自己的田产，是国家的危险。因此，只有重视道德并能真正做到“仁”的程度，才可以胜任国事并得到众人的拥护；只有见到贤能就退让，才能使大臣们同心协力；只有掌握刑罚不避亲近和尊贵，才能够震慑邻近的强敌；只有重视农业，注重地利，不轻易征税，才能使百姓重视自己的田产。

【评述】

本段文字讲到君主所应谨慎从事的事情，但其实大都围绕官员的选拔和考核的层面展开。文中提出的原则，除最后一条关涉重农方针以外，都是君主在选择和考察官员时需要持有的尺度，也是官员自身行为应当遵守的规范。一言以蔽之：选廉吏，做清官。

金玉货财之说胜，则爵服下流

【原文】

寝兵之说胜，则险阻不守。兼爱之说胜，则士卒不战。全生之说胜，则廉耻不立。私议自贵之说胜，则上令不行。群徒比周之说胜，则贤不肖不分。金玉货财之说胜，则爵服下流。观乐玩好之说胜，则奸民在上位。请谒任举之说胜，则绳墨不正。谄谀饰过之说胜，则巧佞者用。[1]

---

〔1〕《管子·立政》，《管子校注》第79—80页。

【译文】

废除军备的言论占优势，即便有险阻也守不住了。兼爱的言论占优势，兵士们就不肯作战。全生保命的言论占优势，廉耻的意识就不能建立。私立异说、清高贵己的言论占优势，君主的政令就无法推行。结交朋党的言论占优势，贤人跟坏人就不易分清。有关钱财的言论占优势，官爵就变得卑下。崇尚享受玩赏的言论占优势，奸邪之辈就会混入统治阶层。求情推保的言论占优势，用人标准就会发生偏差。阿谀奉承、文过饰非的言论占优势，奸佞的人就会被任用。

【评述】

本段文字讨论“言论”在形成良好风气的过程中所起到的至关重要的作用。它意在表明，在统治阶层内部需要有健康的舆论导向，才能够引导更多的人从事正确的行为。可见，廉政建设不仅仅是制度层面的规范和约束，在精神层面上，官员们也应该具备统一的认识和观念。

毋犯其凶，毋迩其求

【原文】

毋犯其凶，言中正以蓄慎也。毋迩其求，言上之败常贪于金玉马女，而吝爱于粟米货财也。厚藉敛于百姓，则万民怼怨。远其忧，言上之亡其国也。常迩其乐立优美，而外淫于驰骋田猎，内纵于美色淫声，下乃解怠惰失，百吏皆失其端，则烦乱以亡其国家矣。高为其居，危颠莫之救，此言尊高满大，而好矜人以丽，主盛处贤而自予雄也。故盛必失而雄必败。夫上既主盛处贤以操士民，国家烦乱，万民心怨，此其必亡也。犹自万仞之山，播而入深渊，其死而不振也必矣。故曰：毋迩其求，而远其忧，高为其居，危颠莫之救也。[1]

【译文】

不要做凶险的事，意思是说立身应当中正，必须保持谨慎。不要离欲求太近，意思是说君主的败亡常常是因为贪恋财富骏马和女色，而不爱惜粮食和财物。对百姓征收重税，会引起他们的怨恨。远离忧虑的意思是说，君主的亡国往往是因为接近于享乐。他设置女乐，在外沉溺于打猎，在内放纵于美色和淫乐，臣下懈怠懒惰，百官不务其业，那就陷于混乱而要亡国了。高高在上、处于危境很难解救的意思是说，身居高位的君主常常自满自大，喜欢自我夸耀，认为自己盛德贤明，自认为英雄。这样的话，他的盛德必定丢失，他的雄心也必定失败。君主如果自认为盛德贤明，以此统治士民，国家就会混乱，民众会心生怨恨，亡国便不远了。这就好像是从高山上跌入深渊，必定会死掉，不可能重新振作。所以说：不可只顾眼前，而应当怀有远虑，若高高在上洋洋自得，那他处于危境时就很难得救了。

【评述】

抛开我国古代君主的“君权神授”的身份不谈，单从政治体制上说，君主居于一个国家统治体制的顶层，他理应成为下属众

---

〔1〕《管子·宙合》，《管子校注》第231页。

官员的表率。如果国君自身生活不检点，容易给众官员带来负面的影响，最终于社会大局不利。因此，封建国家统治系统内部的廉政工作，应当从君主开始抓起。

其禄甚寡而资财甚多者，圣王之禁也

【原文】

君失其道，则大臣比权重以相举于国，小臣必循利以相就也。故举国之士以为亡党，行公道以为私惠。进则相推于君，退则相誉于民，各便其身，而忘社稷，以广其居，聚徒威群，上以蔽君，下以索民，此皆弱君乱国之道也。故国之危也，擅国权以深索于民者，圣王之禁也。其身毋任于上者，圣王之禁也。进则受禄于君，退则藏禄于室，毋事治职，但力事属，私王官，私君事，去非其人而人私行者，圣王之禁也。

修行则不以亲为本，治事则不以官为主，举毋能，进毋功者，圣王之禁也。交人则以为己赐，举人则以为己劳，仕人则与分其禄者，圣王之禁也。交于利通而获于贫穷，轻取于其民而重致于其君，削上以附下，枉法以求于民者，圣王之禁也。用不称其人，家富于其列，其禄甚寡而资财甚多者，圣王之禁也。拂世以为行，非上以为名，常反上之法制，以成群于国者，圣王之禁也。饰于贫穷，而发于勤劳，权于贫贱，身无职事，家无常姓，列上下之闲，议言为民者，圣王之禁也。壹士以为亡资，修田以为亡本，则生之养私不死，然后失矫以深，与上为市者，圣王之禁也。审饰小节以示民，时言大事以动上，远交以逾群，假爵以临朝者，圣王之禁也。卑身杂处，隐行辟倚，侧入迎远，遁上而遁民者，圣王之禁也。诡俗异礼，大言法行，难其所为而高自错者，圣王之禁也。守委闲居，博分以致众，勤身遂行，说人以货财，济人以买誉，其身甚静而使人求者，圣王之禁也。行辟而坚，言诡而辩，术非而博，顺恶而泽者，圣王之禁也。以朋党为友，以蔽恶为仁，以数变为智，以重敛为忠，以遂忿为勇者，圣王之禁也。[1]

【译文】

君主如果丧失了道义，大臣们就会彼此联合互相抬举，小臣们必然会为了自身利益而趋从他们。所以，他们联合士人结为私党，利用国家的制度谋求私利。他们在君主面前互相推崇，在朝廷之外的地方互相吹捧，各自谋取自身的便利，而忘掉了国家利益。他们扩大自己的势力范围，结党营私，对上蒙蔽君主，对下搜刮百姓，这都是削弱君主、祸乱国家的行为，因此是国家的危险。垄断大权，无休止地搜刮人民，这是圣王所要禁止的。在其位不谋其政，这是圣王所要禁止的。在朝廷上领受君主的俸禄，回到家里却积聚财富，不做自己分内的公事，只努力发展私党，私用国家官吏为自己牟利，私自决定君主的大事，排除不该排除的人而私自行事，这是圣王所要禁止的。

修德不以侍奉（双亲）为根本，办事不以奉公为主旨。举用无能的人，引荐无功之辈，这是圣王所要禁止的。结交国家的人才而当做自己的恩典，推荐人才当做自己的功劳，任用人才却分取人家的俸禄，这是圣王所要禁止的。既结交权势，又搜刮穷人，

〔1〕《管子·法禁》,《管子校注》第275—279页。

轻取于民而重求于君，拿上层的钱财去俯就下层人，违反法律以收买民心，这是圣王所要禁止的。享受和用度与其本人的身份不相称，家产大大超过其爵位的等级，俸禄很少财产却很多，这是圣王所要禁止的。所做的事情违背当时的行为规范，靠非议君主来获取名声，经常反对君上颁布的法令，以此结聚国内的党徒，这是圣王所要禁止的。打扮成贫穷的样子，装作辛勤劳动，暂时安于贫贱，自身没有职业，自家没有恒产，没有固定的社会阶层，议论时政声称是为百姓说话，这是圣王所要禁止的。供养游士和积累田产作为自己的政治资本，豢养贼臣和私藏亡命之徒，然后与君主讨价争权，这是圣王所要禁止的。注意修饰小节以显于人民，经常议论大事以打动国君，广泛结交关系以凌驾于众人之上，凭借自己的地位控制朝政，这是圣王所要禁止的。屈身于人群之中，暗地里做坏事，潜入别国或接纳外奸，欺瞒君主和百姓，这是圣王所要禁止的。宣扬奇怪的风俗和礼节，语言行为夸张，把自己的行为说得非常难，借以抬高自己，这是圣王所要禁止的。有积蓄而生活安逸，广施财物以收买民心，行事殷勤，顺从人意，用财物收买人心，用救济收买名誉，貌似清静自处实为等待人相求，这是圣王所要禁止的。行为邪僻而坚持不改，把奇谈怪论讲得头头是道，方法不对点子却很多，支持邪恶而善于辩解，这是圣王所要禁止的。把结交朋党当做友爱，把包庇罪恶当成仁，把投机善变看成智慧，把横征暴敛当成忠诚，把发泄私忿当成勇敢，这些都是圣王所要禁止的。

【评述】

本段选文列举了臣子所可能犯下的种种罪行，概括起来均是以公谋私。这些行为本身的隐蔽性都很强，有些甚至就是在“廉吏”的幌子下行事的，因此尤其需要引起“圣王”的注意。如何令官员主动地拒绝贪贿行为？这是所有君主都面临的难以克服的难题。既然人性无法遏制贪欲，那就只有用制度去约束。于是有了法家的严刑峻法。但实际上，对于那些专事钻营的人来说，任何法律都有漏洞可钻。在封建社会里，君主个人的体察能力在制止贪贿行为上是至关重要的。这是《管子》此篇的重点所在。

经臣，经俗，经产

【原文】

朝有经①臣，国有经俗，民有经产。何谓朝之经臣？察身能而受官，不诬于上，谨于法令以治，不阿党，竭能尽力而不尚得，犯难离患而不辞死，受禄不过其功，服位不侈其能，不以毋实虚受者，朝之经臣也。何谓国之经俗？所好恶不违于上，所贵贱不逆于令，毋上拂之事，毋下比之说，毋侈泰之养，毋逾等之服，谨于乡里之行，而不逆于本朝之事者，国之经俗也。何谓民之经产？畜长树蓺②，务时殖谷，力农垦草，禁止末事③者，民之经产也。故曰：朝不贵经臣，则便辟④得进，毋功虚取，奸邪得行，毋能上通。国不服经俗，则臣下不顺，而上令难行。民不务经产，则仓廪空虚，财用不足。便辟得进，毋功虚取，奸邪得行，毋能上通，则大臣不和，臣下不顺，上令难行，则应难不捷。仓廪空虚，财用不足，则国毋以固守。三者见一焉，则敌国制之矣。[1]

---

〔1〕《管子·重令》，《管子校注》第286页。

【注释】

①经：常行的，历时不变的。

②蓺：同“艺”。

③末事：非关根本之事，小事。古时一般指商业和手工业，如《商君书·外内》：“末事不禁，则技巧之人利。”

④便辟（pián pì）：指奸佞之人。

【译文】

朝廷要有常臣，国家要有常俗，人民要有常产。什么叫做朝廷的常臣呢？按照个人的能力接受官职，不欺骗君主，严肃执法，不袒护私党，尽自己所能去办事，不计较自身得失，遇到国家有危难时不贪生怕死，所领受的俸禄不超过自己的功劳，所居的官位不超过自己的才能，无功不受禄，做到这些就是朝廷的常臣。什么叫做国家的常俗呢？喜好和厌恶不违背君主的标准，所重视和轻视的事情不违背法令，不做与君主意见相左的事，不说偏袒下级的话，不过奢侈的生活，没有越级的享受，在乡里行为谨慎，不违背政事，这些就是国家的常俗。什么叫做人民的常产呢？饲养牲畜，搞好种植，注意农时，增产粮食，努力务农，开垦荒地，禁止工商业，这些就是人民的常产。所以说：如果朝廷不重视常臣，则奸臣就会居高位，无功者享受官禄，奸佞得逞，无能者混入上层。如果国家不施行常俗，则臣下不顺从，而君令就难以推行。人民不注重常产，就会使仓廪空虚，财用不足。嬖臣得进，无功者空得官禄，奸佞得逞，无能者混入上层，这就会造成大臣间的不和。臣下不顺从，君令难行，在国家应付危难的时候，就无法取胜。仓廪空虚，财用不足，国家就不能固守。这三种情况只要出现一种，国家就将被敌国控制了。

【评述】

本段选文将官员作风（“经臣”）、社会风气（“经俗”）和民生经济（“经产”）联系在一起，将政治学、社会学和经济学有机地贯穿起来，作为一个国家稳定和富强的标准，应当说是颇有见地的。值得一提的是，廉政的要求贯穿在这三个方面之中，因此或许可以说，官员的廉政是国家综合国力的基本保证之一。

俭其道乎

【原文】

爵不尊，禄不重者，不与图难犯危，以其道为未可以求之也。是故先王制轩冕足以著贵贱，不求其美；设爵禄所以守其服，不求其观也。使君子食于道，小人食于力。君子食于道，则上尊而民顺；小人食于力，则财厚而养足。上尊而民顺，财厚而养足，四者备体则胥足，上尊时而王不难矣。……明君制宗庙，足以设宾祀，不求其美；为宫室台榭，足以避燥湿寒暑，不求其大；为雕文刻镂，足以辩贵贱，不求其观。故农夫不失其时，百工不失其功，商无废利，民无游日，财无砥墆。故曰：俭其道乎！[1]

---

〔1〕《管子·法法》，《管子校注》第298—299页。

【译文】

所赏赐的爵位不尊贵，分发的俸禄不多，就不会有人为他赴险，因为他的行为方式不足以调动人们这样做。因此，先王制轩冕足以区别贵贱等级，而不是求美观；设立爵禄是用来界定其官阶、收入，而不是求好看。要使君子靠道义来生活，小人靠劳动去谋生。让君子靠道义来生活，则保证了君主的尊严和人民的顺从；如果让小人靠劳动生活，则会使得财物丰厚和生活富裕。一旦君主有了尊严，人民顺从，财物丰厚，生活富裕，就不难等待时机而成就大业了。……英明的君主建造宗庙，只要能设祭礼就行了，不求美观；修筑宫室楼阁，只要能防避燥湿寒暑就行了，不求宏大；雕制花纹，刻木镂金，只要能分辨贵贱等级就行了，不求壮观。这样一来，农民不会耽误农时，工匠能够保证效率，没有失利的商人，没有游荡度日的百姓，没有积压的财货。所以说：节俭才是正道啊！

【评述】

“俭其道乎”，讲的是政治实用主义（“著贵贱，不求其美”，“守其服，不求其观”等），要求政治体制内部的每一分子各居其位，各司其职，以此保证国家政治局面的稳定。管仲的立场不同于老子、庄子、墨子等这些思想家，作为政治家，他对节俭的提倡颇为实际，不走极端，这种方式也容易被君主所接受。

齐国百姓，公之本也

【原文】

管子对曰："君若将欲霸王，举大事乎，则必从其本事矣。"桓公变躬迁席，拱手而问曰："敢问何谓其本？"管子对曰："齐国百姓，公之本也。人甚忧饥，而税敛重。人甚惧死，而刑政险。人甚伤劳，而上举事不时。公轻其税敛，则人不忧饥。缓其刑政，则人不惧死。举事以时，则人不伤劳。"桓公曰："寡人闻仲父之言，此三者闻命矣。不敢擅也，将荐之先君。"于是令百官有司削方墨笔，明日皆朝于太庙之门。朝定，令于百吏。使税者百一钟，孤幼不刑，泽梁时纵，关讥而不征，市书而不赋。近者示之以忠信，远者示之以礼义。行此数年，而民归之如流水。[1]

【译文】

管子回答说："您想要成就霸王之业、做成大事吗？必须从根本做起。"齐桓公离开席位，拱手发问道："请问什么是我的根本？"管子回答说："齐国百姓是您的根本。百姓很怕挨饿，而当前收税很重。百姓很怕死，而刑罚十分严苛。百姓很怕劳顿，而国家调遣他们却不顾农时。您若能减轻赋税，百姓就不会饥饿。若能宽缓刑罚，百姓就不会为死罪发愁。您若举事避开农时，百姓就不愁劳顿了。"桓公说："我听到仲父说的这三点，终于明白了。我不敢私听这些话，要汇报给先君才行。"于是，他命令百官

〔1〕《管子·霸形》，《管子校注》第453—454页。

削好木板并备好笔墨，第二天都在太庙的门庭朝见。朝见后，为百官确立法令，让纳税者只交收入的百分之一，孤儿和幼儿不受刑罚，水泽、桥梁按时开放，关卡只查问而不征税，市场只书契而不收税。对近处的百姓以忠信相待，对远处的百姓以礼义相待。这样施行了几年，众多百姓就像流水一样归附于他。

【评述】

这段选文记述了齐桓公听从管仲的劝谏，以民为本，从赋税、刑罚、劳役三个方面来减轻民众的负担，从而得到了人民的真心拥护，证明了民本思想的正确性。《管子》一书常将农业作为国家的“本事”，此处却较特殊，认为百姓是兴举大业的根本。实际上从人民作为农业的劳动者这个角度来看，这两者之间并不矛盾。

民之观也察矣，不可遁逃

【原文】

管子曰：“身不善之患，毋患人莫己知。丹青在山，民知而取之。美珠在渊，民知而取之。是以我有过为，而民毋过命。民之观也察矣，不可遁逃，以为不善。故我有善则立誉我，我有过则立毁我。当民之毁誉也，则莫归问于家矣。故先王畏民。操名从人，无不强也。操名去人，无不弱也。虽有天子诸侯，民皆操名而去之，则捐其地而走矣。故先王畏民。在于身者孰为利？气与目为利。圣人得利而托焉，故民重而名遂，我亦托焉。圣人托可好，我托可恶。我托可恶以来美名，又可得乎？爱且不能为我能也。毛嫱、西施，天下之美人也。盛怨气于面，不能以为可好。

我且恶面而盛怨气焉。怨气见于面，恶言出于口，去恶充以求美名，又可得乎？甚矣！百姓之恶人之有余忌也，是以长者断之，短者续之，满者洫之，虚者实之。”〔1〕

【译文】

管子说：“可怕的是自身不善，不怕别人不懂得自己。丹青在深山，人们会知道并把它取出来；美珠在深渊，人们也能知道并把它取出来。所以，我个人可以有错误的行为，百姓却不会有错误的评价。百姓看问题是很清楚的，谁也不能瞒过他们而为非作歹。所以，我做了好事，百姓马上表扬我；我有过错，百姓马上指责我。对待人们的指责与表扬，不需要再回去问自家人。所以，先王总是敬畏百姓的。持有善名而且顺从民愿，没有不强盛的；持有恶名而且违背民愿的，没有不衰败的。即使拥有天子诸侯的地位，却因恶名而被抛弃，那就只好弃其领地而出走了。所以先王总是敬畏百姓的。人身上什么最敏感？是耳目。圣人得耳目之利而依靠它，所以百姓倚重他而使他声名远扬。我也要依靠它。但圣人以它行善，我则以它行恶。我用以行恶而想求美名，怎么可能呢？即使爱我的人也不能帮我得到。毛嫱、西施是尽人皆知的美人，如果脸上满载怨气，也不能算作美。我本身丑恶而且满载怨气，表现在脸上，又口出恶言，以恶的行为而想得到好的名声，能办得到么？这太严重了！百姓是憎恶人有重大缺陷的，所以，过长的要弄短，过短的要续长，过满的要泄去，空了的要充实。”

---

〔1〕《管子·小称》，《管子校注》第598—599页。

【评述】

俗语说，“百姓心中有杆秤”，又说，“群众的眼睛是雪亮的”。贪官、恶官或许暂时会逃脱法律的制裁，但最终却无法逃脱民众的评价。

善罪身者，民不得罪

【原文】

管子曰：“善罪身者，民不得罪也。不能罪身者，民罪之。故称身之过者，强也。治身之节者，惠也。不以不善归人者，仁也。故明王有过，则反之于身；有善，则归之于民。有过而反之身，则身惧。有善而归之民，则民喜。往喜民，来惧身，此明王之所以治民也。今夫桀、纣不然，有善则反之于身，有过则归之于民。归之于民则民怒，反之于身则身骄。往怒民，来骄身，此其所以失身也。故明王惧声以感耳，惧气以感目，以此二者有天下矣，可毋慎乎！匠人有以感斤欘，故绳可得料也。羿有以感弓矢，故彀①可得中也。造父②有以感辔策，故遬③兽可及，远道可致。天下者，无常乱，无常治。不善人在则乱，善人在则治，在于既善所以感之也。”〔1〕

【注释】

①彀（gòu）：张满弓弩。

②造父（fǔ）：西周善于驾车的人。《史记》记载：“穆王使

〔1〕《管子·小称》，《管子校注》第603—604页。

造父御，西巡狩，乐之忘归。而徐偃王反，穆王日驰千里马，攻徐偃王，大破之。乃赐造父以赵城，由此而为赵氏。”（《史记·赵世家》）

③遬（sù）：同“速”。

【译文】

管子说：“善于责备自己的人不会被百姓责备。那些不肯责备自己的人就会遭到百姓的责备。所以，承认自身错误的人才是强者。修养自身节操的人才是智者。不把坏事归罪于他人的人才是仁者。所以，明君发现过错就归到自己身上，看到好事就归到百姓身上。把过错归于自身就会从此戒惧，把好事归于百姓就会让百姓喜悦。推行善事以取悦百姓，反思过失以警戒自身，这就是明君能够治理国家的原因。至于桀、纣就不是这样，他们把好事归于自己，把过错归于百姓。把过错归于百姓，百姓就会愤怒；把好事归于自己，自己就会变得骄纵。推脱过错会激怒人民，占有善事而变得骄纵，这便是他们身败名裂的原因所在。所以，明君畏惧影响听觉的不好的言论，畏惧影响视觉的不好的气息，这两者有关天下得失，怎么能不谨慎呢？工匠因为有办法影响斧头，所以绳墨能规定木材。后羿因为有办法改造弓矢，才能张弓射中目标。造父因为有办法改造辔鞭，才能追上跑得很快的野兽，并到达很远的地方。天下没有永远的乱，也没有永远的治，坏人当政就乱，善人当政则治，当政达到尽善，是因为善人有办法施加影响的缘故。”

【评述】

管子敏锐地发现，桀、纣这样的暴君之所以产生，从其自身的角度讲，是由于不善于自省。自省是修身的第一步，也是关键一步。强调自省，就是强调从自身寻求国家兴衰的原因。这在后来形成了以儒家为代表的“日三省吾身”的传统，并以此作为治国兴邦的第一步。如若这第一步能够走对走好，何忧廉政之不得？

第八节　晏婴

【人物简介】

晏子，名婴，字平仲，春秋时齐国夷维（今山东高密）人，与孔子同时代而略长。作为大臣，他经历了齐灵公、庄公、景公三朝，辅政长达五十四年，同时也见证了齐国在春秋争霸中的逐渐衰落。面对内忧外患和平庸昏聩、骄奢淫逸的国君，晏婴用尽全力挽救齐国的颓势，尽可能地保住了齐国在众强敌中的地位，也为其本人赢得了与管仲齐名的美誉，并称“管晏”。

可以说，《晏子春秋》全书就是一部“廉政宝典”。之所以下这样的断语，我们可以给出两方面的理由：第一，晏婴同孔子一样，认为国君的个人伦理修养是国家长治久安的关键所在，因此我们看到，在这部书所记载的众多事件里，晏婴对国君的劝谏几乎都是围绕着国君的个人品行对国家命运的影响来进行的。这样的行为也时常得到孔子的赞赏。第二，作为执政大臣，晏婴亦十分重视自身的道德修养，这在《晏子春秋》中有多处相关的记载。晏婴堪称中国历史上政府官员廉洁奉公的楷模与典范，难怪司马

迁也赞叹说：“假令晏子而在，余虽为之执鞭，所忻慕焉。”（《史记·管晏列传》）

上离德行，民轻赏罚

【原文】

景公饮酒酲，三日而后发。

晏子见曰：“君病酒乎?”

公曰：“然。”

晏子曰：“古之饮酒也，足以通气合好而已矣。故男不群乐以妨事，女不群乐以妨功。男女群乐者，周觞五献，过之者诛。君身服之，故外无怨治，内无乱行。今一日饮酒而三日寝之，国治怨乎外，左右乱乎内。以刑罚自防者，劝乎为非；以赏誉自劝者，惰乎为善。上离德行，民轻赏罚，失所以为国矣。愿君节之也!”[1]

【译文】

景公酒醉，三天后才酒醒起床。

晏子见到他就问：“您醉酒了吗?”

景公说：“是的。”

晏子说：“古时候的人喝酒，只要能够疏通气脉、调和精神就可以了。所以男子不聚会饮酒以致妨碍事业，女子不聚会饮酒以致妨碍了女红。男女聚会饮酒时，轮番斟酒五次，超过五次者就会遭到谴责。国君以身作则，朝堂上就没有混乱的政事，宫内就

[1]《晏子春秋·内篇谏上》，卢守助撰：《晏子春秋译注》，上海古籍出版社2006年版（下同），第5页。

不会有混乱的行为。现在您喝一天酒而睡了三天，朝堂上政事混乱，左右的人在宫里作乱。用刑罚来防止自己干坏事的人，总是尽力做坏事；用奖赏和荣誉来规劝自己做好事的人，总是懒得去做好事。国君如果做了有悖于道德的事，他的百姓就会轻视赏罚，这就丧失了治国的根基。希望您能节制饮酒。”

【评述】

晏子之廉，体现在犯颜直谏的诸多事例中，其中很多都是劝诫醉酒、穿衣等生活琐事的。晏子善于在这样的“小事”上做出大文章。“上离德行，民轻赏罚”的逻辑足以令齐景公恐惧。因为，对于执政者来说，不存在只与其个人相关的小事，他的一举一动都在塑造他的公众形象。

勿以行弃民

【原文】

景公将观于淄上，与晏子闲立。公喟然叹曰：“呜呼！使国可长保而传于子孙，岂不乐哉？”

晏子对曰：“婴闻明王不徒立，百姓不虚至。今君以政乱国，以行弃民久矣，而声欲保之，不亦难乎！婴闻之，能长保国者，能终善者也。诸侯并立，能终善者为长；列士并学，能终善者为师。昔先君桓公，其方任贤而赞德之时，亡国恃以存，危国仰以安，是以民乐其政而世高其德。行远征暴，劳者不疾；驱海内使朝天子，而诸侯不怨。当是时，盛君之行不能进焉。及其卒而衰，怠于德而并于乐，身溺于妇侍而谋因竖刁，是以民苦其政，而世非其行，故身死乎胡宫而不举，虫出而不收。当是时也，桀纣之卒不能恶焉。《诗》曰：‘靡不有初，鲜克有终。’不能终善者，不遂其君。今君临民若寇仇，见善若避热，乱政而危贤，必逆于众，肆欲于民，而诛虐于下，恐及于身。婴之年老，不能待于君使矣，行不能革，则持节以没世耳。”[1]

【译文】

景公在淄水边观赏风景，和晏子一起悠闲地站在岸边。景公感叹地说：“唉！要是国家可以长期保存下去并传给子子孙孙，难道不是一件让人高兴的事吗?”

晏子回答说：“我听说，贤明的君主不是无缘无故地确立的，百姓不是无缘无故地前去归附的。现在，您的政令扰乱国家，行为伤害百姓已经很久了，却声称想要保住国家，这不是很难做到么！我听说，能够长久地保住国家的人，是那些能够一直做得好的人。在诸侯并立的情况下，能够一直做得好的就能做他们的领袖；当很多人一起学习时，能够一直做得好的人就会成为老师。当初先君桓公在选贤任能且盛赞道德的时候，快要灭亡的国家因为他才继续存在下去，濒危的国家因为他才得以安定，这是因为百姓拥护他的政令，世上的人都推崇他的德行。他征伐远方残暴的人，劳苦的兵士们没有抱怨的；他率领天下的人，让他们去朝见周天子，诸侯们也没有抱怨的。在那个时候，他拥有无比的君主的盛德。到他最后衰微的时候，他荒怠德行，耽于享乐，沉溺于女色，在谋略上则倚仗竖刁这样的人，所以百姓深受其统治的

[1]《晏子春秋·内篇谏上》,《晏子春秋译注》第28—29页。

痛苦，世上的人都非议他的行为，于是他死在胡宫里却不能发丧，直到尸体腐烂生虫了，却无人收殓。在那个时候，他比桀、纣的下场还要悲惨。《诗经》上说：‘万事常有好的开端，但少有好的结局。’不能善始善终的人，无法保全他的君位。现在，您面对百姓就像面对仇人一样，看见善行就像躲避炎热一样，扰乱政治，危害贤良，必定会违背百姓，随意搜刮百姓，诛杀臣下，这最后恐怕会危及您自身。我年纪大了，不能再为您效劳了，如果您的行为不改变的话，我就坚持自己的操行直到死去。”

【评述】

晏婴相信，民心向背是“国可长保而传于子孙”的决定性因素，廉政的必要性首先便来自这条亘古不变的原理。这是晏婴廉政思想的第一层基调。遗憾的是，这样的见地并未完全被齐景公所领会。因此，即便在观赏风景的时候，晏婴也不忘抓住机会规劝景公廉政爱民——尽管他深知自己年事已高，无法力挽狂澜。但他这种忠心奉主、犯颜色直谏的行为令人动容。

饱而知人之饥，温而知人之寒

【原文】

景公之时，雨雪三日而不霁，公被狐白之裘，坐堂侧陛。

晏子入见，立有间，公曰：“怪哉！雨雪三日而天不寒。”晏子对曰：“天不寒乎？”公笑。

晏子曰：“婴闻古之贤君，饱而知人之饥，温而知人之寒，逸而知人之劳，今君不知也。”

公曰："善！寡人闻命矣。"乃令出裘发粟，与饥寒。令所睹于途者，无问其乡；所睹于里者，无问其家；循国计数，无言其名。士既事者兼月，疾者兼岁。

孔子闻之曰："晏子能明其所欲，景公能行其所善也。"[1]

【译文】

齐景公在位的时候，大雪连下了三天而不晴，景公披着白色的狐皮裘衣，坐在殿堂侧边的台阶上。

晏子进宫拜见他，站了一会儿，景公说："真是奇怪！大雪连续下了三天竟然不冷。"晏子回答说："果真不冷吗?"景公笑了笑。

晏子说："我听说，古代的贤明君主在饭饱时也知道有人在挨饿，在穿暖时也知道有人在受冻，在享受安逸时也知道有人在辛苦劳作，现在您却不懂得这些呀！"

景公说："说的对！我听从您的教诲。"于是下令拿出衣物和粮食，发放给那些饥寒交迫的百姓。他命令凡看见路上有忍受饥寒的人，不问他属于哪个乡；凡看见在里闾受饥寒的人，不问他是哪一家；巡行全国，统一发放物资，不必报姓名。已任职的发给两个月的救济粮，生病的发给两年的救济粮。

孔子听到这件事后说："晏子能够明白自己想做的，景公能做他所认为好的事啊。"

〔1〕《晏子春秋·内篇谏上》，《晏子春秋译注》第35页。

【评述】

孔子的评价甚是恰切。从这段文字中我们看到，齐景公并非昏庸到完全不了解民间疾苦的程度，他只是不愿意去体恤而已。因此，当晏子发问“天气果然不冷吗”的时候，他才发出尴尬的笑。晏子在齐国纵然地位尊贵，但这位国君对晏子并非言听计从，从《晏子春秋》的记载中看，“晏子谏，公不听”的情况并不在少数；所以，孔子才评论说“景公能行其所善”，也就是“择其善者而从之”。这种有选择性的纳谏方式在中国古代的君主那里是一种常见情况，而“从善如流”却是罕见的。当然，在这样一个封建体制内，君主的权力凌驾于法律之上，他有选择不纳谏的自由。因此，晏子这种典型的贤臣所能做的，只能是尽力提醒君主不要在个人享受的世界里走得太远。

寸之管无当，天下不能足之以粟

【原文】

景公藉重而狱多，拘者满圄，怨者满朝。晏子谏，公不听。公谓晏子曰：“夫狱，国之重官也，愿托之夫子。”

晏子对曰：“君将使婴敕其功乎？则婴有一妄能书足以治之矣。君将使婴敕其意乎？夫民无欲残其家室之生，以奉暴上之僻者，则君使吏比而焚之而已矣。”

景公不说，曰：“敕其功则使一妄，敕其意则比焚，如是，夫子无所谓能治国乎！”

晏子曰：“婴闻与君异。今夫胡、貉、戎、狄之蓄狗也，多者十有余，寡者五六，然不相害伤。今束鸡豚妄投之，其折骨决皮，可立得也。且夫上正其治，下审其论，则贵贱不相逾越。今君举千钟爵禄，而妄投之于左右，左右争之，甚于胡狗，而公不知也。寸之管无当，天下不能足之以粟。今齐国丈夫耕，女子织，夜以接日，不足以奉上，而君侧皆雕文刻镂之观，此无当之管也，而君终不知。五尺童子，操寸之烟，天下不能足以薪。今君之左右，皆操烟之徒，而君终不知。钟鼓成肆，干戚成舞，虽禹不能禁民之观。且夫饰民之欲，而严其听，禁其心，圣人所难也，而况夺其财而饥之，劳其力而疲之，常致其苦而严听其狱，痛诛其罪，非婴所知也。"〔1〕

【译文】

景公时期税收很重，刑事案件很多，监狱挤满被拘押的人，民怨沸腾。晏子进谏，但景公不听。景公对晏子说："刑狱是国家的重要职官，我想把它交给您来掌管。"

晏子回答说："您想让我来整顿刑狱吗？只要给我安排一个胡写乱写的人就足以做到了。您想要让我来整顿民心吗？百姓谁都不想毁掉自己的生活，用来满足暴虐的君主的邪门歪道，那么您就派官吏挨家挨户地把他们杀掉就行了。"

景公不高兴，说："让您来整顿刑狱，您说随便谁都可以做到，让您整顿民心，您却让我把他们都杀光，这样的话，您就不是那个治国之才了！"

晏子说："我所听说的跟您不一样。现在，胡、貉、戎、狄这些异族部落的人养狗，多则十几条，少则五六条，然而这些狗不

〔1〕《晏子春秋·内篇谏下》，《晏子春秋译注》第44—45页。

会相互伤害。现在把鸡和猪捆束起来，随便丢到狗群之中，它们立刻就会相互争夺起来，我们立刻会看到争得头破血流的情景。并且，如果君主的治国政策十分端正，臣下对待工作十分认真，那么，贵贱的等级就不会被逾越。现在您却把千钟爵禄随便赏赐给左右的人，他们的争夺会比胡人的狗争夺鸡、猪还要厉害，您却并不知晓这个情况。一寸粗的管子，如果没有底的话，全天下的粮食都不能把它填满。现在，齐国的男子耕田，女子纺织，夜以继日地干活儿，都不足以侍奉您，而您的身边都是些雕文刻镂的没用的东西，这就是没有底的管子，您却毫不知晓。五尺高的小孩儿，拿着很短的火把，全天下的柴草都不够烧的。现在您身边多的是拿着火把的人，您却毫不知晓。钟鼓这样的乐器被排列好，并配有举着盾牌和斧子的舞蹈，即使是大禹那样的人都不能禁止百姓观看。并且，抑制百姓的欲望，控制他们的见闻，禁锢他们的思想，连圣人都做不到，况且您还抢夺他们的财产，让他们忍饥挨饿，滥用他们的劳动，让他们疲惫不堪，常常给他们带来痛苦，却对他们治罪很严苛，这些做法我实在不懂。”

【评述】

“寸之管无当，天下不能足之以粟”是相当有见地的一句警言，表现的是欲壑难填之义。贪婪是廉政的大敌，也是清明政治的大敌。对此，历代先贤有着清醒的认识。唐太宗曾言：“为君之道，必须先存百姓，若损百姓以奉其身，犹割股以啖腹，腹饱而身毙。”作为一名君主，要想政治清明、臣属廉洁，必须从自身做起，节欲修身。否则，带来的必然是“腹饱而身毙”的结局。

穷民财力以供嗜欲谓之暴

【原文】

婴闻之，穷民财力以供嗜欲谓之暴，崇好玩，威严拟乎君谓之逆，刑杀不辜谓之贼。此三者，守国之大殃。今君穷民财力，以美馁食之具，繁钟鼓之乐，极宫室之观，行暴之大者；崇玩好，县爱槐之令，载过者驰，步过者趋，威严拟乎君，逆之明者也；犯槐者刑，伤槐者死，刑杀不称，贼民之深者。君享国，德行未见于众，而三辟著于国，婴恐其不可莅国子民也。[1]

【译文】

我听说，耗尽百姓的财力来满足自己的嗜好，这种行为叫做暴虐；喜欢玩乐，把玩物的威严提升到相当于君主的地位，这种行为叫做轻重颠倒；残害无辜之人，这种行为叫做残暴。这三种行为是维持国家生存的大祸患。现在，您耗尽百姓的财力，用来增加自己的饮食和器具，增加钟鼓这样的享乐之物，把宫室建造得十分华丽，这是十分严重的暴虐行为；您喜欢玩乐，在自己喜欢的槐树旁悬挂禁令，令驾车经过的人快行，令步行经过的人跑开，把槐树的威严提升到了与君主同等的高度，这是很明显的颠倒轻重的行为；碰到槐树的人要被判刑，伤害槐树的人要被处死，刑罚与罪行不相称，这是十分严重的残害行为。君主拥有国家，德行没有在众人面前显示出来，这

〔1〕《晏子春秋·内篇谏下》，《晏子春秋译注》第47页。

三种歪门邪道却天下皆知，我担心您无法统治这个国家、无法保护这些百姓了。

【评述】

晏婴的这段话出自一个著名的故事：齐景公有一株心爱的槐树，命令官吏小心看护它，并在树旁悬挂了一条禁令，说碰到这棵树的人要受刑，伤到它的人要被处死。偏巧有一位醉酒的人碰到了槐树，于是被关押起来。在这位醉汉的女儿的劝说下，晏子犯颜直谏，最终令齐景公不仅释放了这位囚犯，还撤销了禁令。这段说辞有理有据，铿锵有力，尤以其中的“威严拟乎君谓之逆”最为精彩。

屈民财者，不得其利

【原文】

景公筑路寝之台，三年未息；又为长庲之役，二年未息；又为邹之长途。

晏子谏曰：“百姓之力勤矣！公不息乎?”

公曰：“途将成矣，请成而息之。”

对曰：“明君不屈民财者，不得其利；不穷民力者，不得其乐[①]。昔者楚灵王作顷宫，三年未息也；又为章华之台，五年又不息也；乾溪之役，八年，百姓之力不足而自息也。灵王死于乾溪，而民不与君归。今君不遵明君之义，而循灵王之迹，婴惧君有暴民之行，而不睹长庲之乐也。不若息之。”

公曰：“善！非夫子者，寡人不知得罪于百姓深也。”于是令勿委坏，余财勿收，斩板而去之。[1]

【注释】

①此句疑有两处衍误。据卢守助《晏子春秋译注》本去掉第二和第四个“不”字。

【译文】

景公让人修筑路寝宫台，盖了三年还没有完工；又发兵长庲，花了两年也没有停战；又修筑通往邹国的很长的路。

晏子进谏说：“百姓被使用得太频繁了！您还不停止吗？”

景公说：“长路快要修好了，修好以后就停止。”

晏子说：“君主消耗百姓的财力，他最终也不会享受到其中的利益；穷尽百姓的力气，他最终也无法享乐。从前楚灵王修建顷宫，修了三年没有完工；又修建章华台，修了五年没有完工；乾溪之战打了八年之久，最后因百姓的力量不足而不得不自行结束。灵王死在了乾溪，百姓却不允许把他的尸体运回去。现在，您不遵守贤明君主的规范，却效仿楚灵王，我担心您有残害百姓的行为，活不到长庲收复的时候了，不如就停止了吧。”

景公说：“好的！如果没有您的话，我还不知道把百姓伤害到这么严重的地步了。”于是下令保护好已经修好的路，暂停征收剩下的赋税，拆掉道路的模板，让服役修路的百姓回家。

〔1〕《晏子春秋·内篇谏下》，《晏子春秋译注》第54页。

【评述】

廉政爱民不单单指爱惜民财，也指爱惜民力。劳役和兵役耽误农时，也直接伤害到民众的身体，因此，自古以来就有许多因不胜其苦而痛斥国家统治者的诗句，如《诗经·小雅·北山》等[1]，反映了阶级矛盾的极度激化。在这段故事里，景公能够虚心纳谏，除了显示出晏婴的说服力外，也表现出一位明君的胸襟。

君国者不乐民之哀

【原文】

景公为台，台成，又欲为钟。晏子谏曰："君国者不乐民之哀。君不胜欲，既筑台矣，今复为钟，是重敛于民，民必哀矣。夫敛民之哀，而以为乐，不祥，非所以君国者。"公乃止。[2]

【译文】

景公建造了一座高台，建成之后又想铸造一口大钟。晏子劝谏道："君主不能把百姓的痛苦当成自己的快乐。您的欲望没有穷尽，刚刚筑了高台，现在又要铸造一口钟，这要向百姓征收很重的赋税，百姓必然痛苦。把百姓的这种痛苦当做快乐是不吉利的，不是一国之君应有的行为。"景公于是放弃了铸钟的念头。

【评述】

"不祥"是对君主的一种相当有警示性的提醒。铸钟看起来是

---

〔1〕《毛诗序》云："《北山》，大夫刺幽王也。役使不均，己劳于从事而不得养其父母焉。"
〔2〕《晏子春秋·内篇谏下》，《晏子春秋译注》第58页。

一件小事，所耗费的财力可能是有限的，但晏婴拿这件小事做文章，认为这种不断满足自己欲望的行为是必须遏制的。无数的历史事实已经证明了这条规律：倘若君主以民众之哀为乐，久而久之，民众将以君主之哀为乐；这之后，君主将要失去的东西将不止于生活享受，还有政权乃至生命。

劝景公易服

【原文】

景公为西曲潢，其深灭轨①，高三仞，横木龙蛇，立木鸟兽。公衣黼黻之衣，素绣之裳，一衣而五彩具焉；带球玉而冠且，被发乱首，南面而立，傲然。

晏子见，公曰："昔仲父之霸何如？"晏子抑首而不对。

公又曰："昔管文仲之霸何如？"

晏子对曰："臣闻之，维翟人与龙蛇比，今君横木龙蛇，立木鸟兽，亦室一就矣，何暇在霸哉！且公伐宫室之美，矜衣服之丽，一衣而五彩具焉，带球玉而乱首被发，亦室一容矣。万乘之君，而一心于邪，君之魂魄亡矣，以谁与图霸哉？"

公下堂就晏子曰："梁丘据、裔款以室之成告寡人，是以窃袭此服，与据为笑，又使夫子及，寡人请改室易服而敬听命，其可乎？"

晏子曰："夫二子营君以邪，公安得知道哉！且伐木不自其根，则蘖又生也，公何不去二子者，毋使耳目淫焉。"[1]

---

〔1〕《晏子春秋·内篇谏下》，《晏子春秋译注》第63—64页。

【注释】

①轨：车辖（wèi），套在车轴外的筒状金属物。这里代称车。

【译文】

景公让人修建了一个积水池，池水的深度可以没过车子，深三仞，梁上雕刻着龙蛇图案，柱子上雕刻着鸟兽花纹。景公穿着黼黻花纹的衣服，下身衣服是白色绣花的，一身衣服具备了各种色彩；帽子上顶着美玉，系着丝带，披散着头发，朝南站立着，非常孤傲。

晏子来拜见他，景公说：“从前仲父的霸业是怎样的？”晏子垂着头不说话。

景公又说：“从前管仲的霸业是怎样的？”

晏子回答说：“我听说，只有狄人才把自己同龙蛇相比，现在您在宫室的梁上雕刻龙蛇的图案，在柱子上雕刻鸟兽的花纹，只不过是一个房间的成就罢了，哪有闲暇去图谋管仲那样的霸业呢！并且，您夸耀宫室的美丽，炫耀衣服的华丽，穿一身五颜六色的衣服，帽子上还佩戴着美玉，系着丝带，披头散发的，也只不过是在一个房间的装束罢了。拥有一万辆兵车的大国之君，却只关注这些歪门邪道，失魂落魄的，还能跟谁一起图谋霸业呢？”

景公走下堂靠近晏子，说：“梁丘据、裔款把宫室建成的事告诉了我，所以我才穿上这身衣服来同他们玩乐的，结果遇上了您。请您允许我把宫室和服装都作一下修改，然后恭敬地来听您的教诲，可以吗？”

晏子说：“这两个家伙用歪门邪道来迷惑您，您又怎么能懂得治国之道呢？并且，砍树的时候如果不从根上断掉，新的枝条还会长出来，您为什么不把这两个人罢免了呢？不要让他们把您的耳朵和眼睛都污染了。”

【评述】

晏子是齐景公身边一位十分执著的劝谏者，他甚至对景公的华丽衣着也会当面提出批评。本段引文是其中的一例。在《晏子春秋》一书中还有一例，讲的是景公戴着一顶又高又大的帽子上朝听政，被晏子一顿痛斥，其言辞的直接和恳切程度与本段选文不相上下；故事的结局也是类似的——“公曰：‘寡人受命。’退朝，遂去衣冠，不复服。”[1] 这样宽松的纳谏胸怀，这样坦诚的君臣关系，即便在后世的清明时期也是很罕见的。从《晏子春秋》的记载来看，齐景公是一位耽于享乐的国君，他对居所和个人衣着都有着细致的追求，甚至常常标新立异。当一位君主把心思都用在他的审美情趣上时，必将增加文饰的花费，然后劳民伤财，这在国力并不强盛的时期是十分危险的。因此，晏婴必须遏制国君舍本逐末的审美追求，将他拉回到讲求实利的政治领域中来。

藏财而不用，凶也

【原文】

景公与晏子登寝而望国，公愀然而叹曰：“使后嗣世世有此，岂不可哉？”

〔1〕《晏子春秋·内篇谏下》，《晏子春秋译注》第65页。

晏子曰："臣闻明君必务正其治，以事利民，然后子孙享之。《诗》云：'武王岂不事，贻厥孙谋，以燕翼子。'①今君处佚怠，逆政害民有日矣，而犹出若言，不亦甚乎！"

公曰："然则后世孰将把齐国？"

对曰："服牛死，夫妇哭，非骨肉之亲也，为其利之大也。欲知把齐国者，则其利之者邪？"

公曰："然，何以易？"

对曰："移之以善政。今公之牛马老于栏牢，不胜服也；车蠹于巨户，不胜乘也；衣裘襦袴，朽弊于藏，不胜衣也；醯醢腐，不胜沽也；酒醴酸，不胜饮也；府粟郁而不胜食；又厚藉敛于百姓，而不以分馁民。夫藏财而不用，凶也。财苟失守，下其报环至。其次昧财之失守，委而不以分人者，百姓必进自分也。故君人者与其请于人，不如请于己也。"[1]

【注释】

①见《诗经·大雅·文王有声》。厥，其。孙，通"逊"，顺。燕，通"晏"，安。

【译文】

景公和晏子登上寝台一同眺望齐国都城，景公忧伤地叹道："让我的子孙世代享有这个国家，难道不可以吗？"

晏子说："我听说，贤明的君主必定行为正当地治理国家，为百姓谋福利，然后他的子孙才能享有国家。《诗经》上说：'武王

[1]《晏子春秋·内篇谏下》，《晏子春秋译注》第68—69页。

并没有无所事事，他留下好的策略，来安顿他的子嗣。’现在您的日子安乐荒怠，长时间以来一直违反德政、损害人民的利益，但是却口出此言，不是很过分吗?”

景公说:“那么齐国将来将由谁来执掌呢?”

晏子说:“耕地的牛死了，夫妇会痛苦，这不是因为有血缘关系，而是因为牛对他们来说意味着重要的利益。那将来执掌齐国的人，或许就是为百姓谋福利的人吧?”

景公说:“是啊，怎么才能改变现在的境况呢?”

晏子说:“改用好的政策来治理齐国。现在，您的牛马在圈里关到衰老，无法耕田；您的车在车库里被蠹虫蛀坏，没法乘坐；您的皮袄在橱子里都放坏了，没法穿；您的醋和肉酱腐烂变质，卖不出去；您的美酒变酸了，不能喝了；您的粮仓里面都发霉了，粮食不能再食用，却又给百姓增加沉重的赋税，不把积存的东西分给饥饿的民众。储藏财富却不使用，这是不吉利的事情；如果死守财富，最好的结果是不停地出现抱怨的人，更坏的结果是，死守着这些财物，宁愿丢掉也不肯给百姓，百姓就会自己来抢。所以，国君与其求助于别人，不如求助于自己的德行。”

【评述】

在《晏子春秋》里，齐景公一而再、再而三地向晏子表示，希望齐国的政权长久而牢固地存在下去，而晏子给出的回答往往是要景公施行爱民政策，减轻民众的负担。他警告景公，霸占太多的财富以至于无法享用，这样的奢侈生活将自行切断民众的支持，导致政权的灭亡。实际上，齐国的社稷之所以得以维持，也正是在于景公部分地采纳了晏婴的这种观点。

丰乐侈游，非人君之行

【原文】

古之人君，其宫室节，不侵生民之居，台榭俭，不残死人之墓，故未尝闻诸请葬人主之宫者也。今君侈为宫室，夺人之居，广为台榭，残人之墓，是生者愁忧，不得安处，死者离易，不得合骨。丰乐侈游，兼傲生死，非人君之行也。遂欲满求，不顾细民，非存之道。且婴闻之，生者不得安，命之曰蓄忧，死者不得葬，命之曰蓄哀。蓄忧者怨，蓄哀者危，君不如许之。[1]

【译文】

古时候的君主，他们的住所很俭省，不侵占活人的住所，他们的台榭很俭朴，不破坏死人的坟墓，所以，没有听说过请求把人埋葬到君主的宫室之中的。现在，作为君主的您却把住所修建得很华丽，抢夺别人的住所，到处修建台榭，破坏他人的坟墓，这让活着的人担忧，不能安稳地生活，也让死去的人无法合葬。过度地享受和玩乐，对生者和死者都不尊重，这不是君主应有的行为。极度地满足自己的嗜欲，不顾及百姓的生存，这不是国家的生存之道。并且，我听说，让生者不能安宁的话，这叫做积蓄忧愁；让死者不得安葬的话，这叫做积蓄悲哀。积蓄忧愁的人怨恨，积蓄悲哀的人危险，您不如就答应他的请求吧。

---

〔1〕《晏子春秋·内篇谏下》，《晏子春秋译注》第70页。

【评述】

这段话的背景是这样的：晏子在路上遇到一个叫做逢于何的人，这个人的母亲死了，他想要把母亲和已逝的父亲合葬在一起，但苦于祖坟就在齐景公的路寝台的墙基下，不敢贸然行事，于是就来求晏子。晏子的劝谏之辞将百姓夫妻无法合葬的原因归咎于景公大兴土木，占用土地太多。因此，在晏子说出引文的这番话以后，齐景公纵然一万个不乐意，却也只好应许。允许一个平民百姓在国君的行宫地下埋葬家人，这在中国几千年的封建社会中是相当罕见的。晏子的劝谏能达到这样的效果，实在令人惊异；而齐景公虚心纳谏的胸襟，应该说也是令人钦佩的。

厚藉敛不以反民，国亦无望

【原文】

景公走狗死，公令外共之棺，内给之祭。晏子闻之，谏。

公曰："亦细物也，特以与左右为笑耳。"

晏子曰："君过矣！夫厚藉敛不以反民，弃货财而笑左右，傲细民之忧，而崇左右之笑，则国亦无望已。且夫孤老冻馁，而死狗有祭，鳏寡不恤，而死狗有棺，行辟若此，百姓闻之，必怨吾君；诸侯闻之，必轻吾国。怨聚于百姓，而权轻于诸侯，而乃以为细物，君其图之。"

公曰："善。"趣庖治狗，以会朝属。[1]

---

〔1〕《晏子春秋·内篇谏下》，《晏子春秋译注》第77—78页。

【译文】

景公的猎犬死了，他让外府供给棺材，宫内供应祭品。晏子听说了这件事，就来劝谏。

景公说："小事一桩，只不过给身边的人取乐罢了。"

晏子说："您错了！征收厚重的赋税，却不用在百姓身上，丢弃财物，竟是为了让身边的人取乐，轻视百姓们所操心的事，只为了博身边的人一笑，这样的国家也是没有指望的。并且，孤寡老人受冻挨饿，而死去的猎犬却有祭品，鳏夫寡妇得不到抚恤，而死去的猎犬却有棺材，行为如此荒谬不稽，百姓知道了一定会怨恨您的；诸侯听说了之后一定会轻视我们的国家。在百姓那里积聚了怨恨，在诸侯那里被轻视了权威，而却以为这是小事，请您三思而后行。"

景公说："好吧。"于是赶紧让厨师把狗宰掉烹煮了，分给大臣们去吃。

【评述】

刘备曾说："勿以恶小而为之。"作为一国之君，其行为无论大小，均显示出其价值取向，从而影响到他在民众中间的形象。晏婴深谙此理。尤其在赋税沉重的情况下，国君仍耽于个人享乐，这给民众带来的负面影响是无可估量的。这种体察可谓深切。

尽忠不豫交，不用不怀禄，可谓廉矣

【原文】

庄公问晏子曰："威当世而服天下，时耶？"

晏子对曰："行也。"

公曰："何行？"

对曰："能爱邦内之民者，能服境外之不善；重士民之死力者，能禁暴国之邪逆；听赁贤者，能威诸侯；安仁义而乐利世者，能服天下。不能爱邦内之民者，不能服境外之不善；轻士民之死力者，不能禁暴国之邪逆；愎谏傲贤者之言，不能威诸侯；倍仁义而贪名实者，不能威当世。而服天下者，此其道也已。"而公不用，晏子退而穷处。

公任勇力之士，而轻臣仆之死，用兵无休，国罢民害，期年，百姓大乱，而身及崔氏祸。

君子曰："尽忠不豫交，不用不怀禄，其晏子可谓廉矣！"〔1〕

【译文】

齐庄公问晏子："在当世扬威，让天下顺从，这要靠时机吗？"

晏子回答说："靠的是行为。"

庄公问："什么样的行为呢？"

晏子回答说："能够热爱本国百姓的人，就能够让境外的不亲善的国家折服；重视士人和百姓的辛苦的人，就能杜绝危害国家的叛逆行为；听从贤者劝谏的人，就能在诸侯中间树立威望；施行仁义并乐于为百姓办事的人，就能让天下的人顺服。不能爱护自己国家百姓的人，不能让境外的不亲善的国家折服；轻视士人和百姓的辛苦的人，不能杜绝危害国家的叛逆行为；不听从贤者劝谏的人，不能在诸侯中间树立威望；违背仁义的准则且贪占虚

〔1〕《晏子春秋·内篇问上》，《晏子春秋译注》第83页。

名实利的人，不能扬威于世。要想让天下的人都对自己折服，这是正确的方法。”但庄公不肯采纳，晏子就辞了官，搬到偏僻的地方居住。

庄公任用勇猛的人，并视生命如草芥，不断用兵。国家疲弱，百姓遭殃，这样过了整整一年，国内大乱，庄公自己也遭到崔氏的杀害。

有君子说：“尽忠但不存心阿谀，不被君主任用也不贪恋俸禄，晏子可真称得上廉洁呀!”

【评述】

这段文字将晏婴的廉政思想（“爱邦内之民”、“重士民之死力”、“听赁贤者”“安仁义而乐利世”）和廉政行为（进谏不用则“退而穷处”）结合起来，表述得很全面。并且，这里对晏子之“廉”做出了“尽忠不豫交，不用不怀禄”的总结，可以说切中肯綮。相比而言，景公对晏婴的劝谏采纳较多，因此国家尚可勉强无恙，时而还出现繁荣的景象，而庄公则一意孤行，最终遭到了悲惨的下场。晏婴对于齐国的重要性由此可见一斑。

薄身厚民，故聚敛之人不得行

【原文】

景公外傲诸侯，内轻百姓，好勇力，崇乐以从嗜欲，诸侯不说，百姓不亲。公患之，问于晏子曰：“古之圣王，其行若何?”

晏子对曰：“其行公正而无邪，故谗人不得入；不阿党，不私色，故群徒之卒不得容；薄身厚民，故聚敛之人不得行；不侵大国之地，不耗小国之民，故诸侯皆欲其尊；不劫人以甲兵，不威人以众强，故天下皆欲其强；德行教训加于诸侯，慈爱利泽加于百姓，故海内归之若流水。今衰世君人者，辟邪阿党，故谗谄群徒之卒繁；厚身养，薄视民，故聚敛之人行；侵大国之地，耗小国之民，故诸侯不欲其尊；劫人以兵甲，威人以众强，故天下不欲其强；灾害加于诸侯，劳苦施于百姓，故仇敌进伐，天下不救，贵戚离散，百姓不兴。”

公曰：“然则何若？”

对曰：“请卑辞重币，以说于诸侯，轻罪省功，以谢于百姓，其可乎？”

公曰：“诺。”于是卑辞重币，而诸侯附，轻罪省功，而百姓亲。故小国入朝，燕鲁共贡。

墨子闻之，曰：“晏子知道。道在为人，而失为己。为人者重，自为者轻。景公自为，而小国不与，为人，而诸侯为役。则道在为人，而行在反己矣，故晏子知道矣。”〔1〕

【译文】

景公对众诸侯不敬，对内轻视百姓，喜爱勇力，崇尚享乐以至于放纵嗜欲，诸侯都不高兴，百姓也不和他亲近。景公担心这一点，就问晏子说：“古时候的圣王，他们的行为是怎样的？”

晏子回答道：“他们的行为公正且没有坏念头，所以喜欢进谗言的人无法进入朝廷；他们不迎合私党，不贪恋女色，所以结党营私的人无法再活下去；他们自己生活节俭，却让百姓生活得很

〔1〕《晏子春秋·内篇问上》，《晏子春秋译注》第88页。

好，所以想要聚敛财富的人无法得逞；他们不侵占大国的土地，不耗损小国的民众，所以诸侯都想要以他们为尊；他们不用武力去抢夺别人的东西，不靠人多势众来威胁别人，所以天下的人都希望他们强大起来；他们用自己的德行和教导来示范诸侯，把自己的慈爱和恩泽施加到百姓身上，所以四海之内的人像水流入海一样归顺于他们。现在处在衰弱时期的国君，行为不端，结党营私，所以喜好进谗言结党的人增多；自己生活奢侈，对百姓却很吝啬，所以喜好聚敛财富的人大行其道；侵占大国的土地，耗损小国的民众，所以诸侯不希望他居于尊位；用武力来抢劫别人的东西，靠人多势众来威胁别人，所以天下的人都不希望他强大；他把灾害给予诸侯，把辛苦给予百姓，所以仇敌都来攻打他，天下的人都不来拯救他，贵族亲戚纷纷离他而去，百姓也不帮助他。”

景公说：“既然这样，那么如何是好呢？”

晏子回答说：“请用谦卑的言辞和厚重的财物去游说诸侯，减轻刑罚和劳役而使百姓亲附，这样就可以了吧？”

景公说：“好。”于是对诸侯言辞谦卑并奉上厚重的财物，诸侯纷纷归附；对百姓减轻刑罚和劳役，百姓纷纷投奔而来。所以小国都到齐国来结交，而燕国和鲁国这样的大国也前来进贡。

墨子听说了这件事，说：“晏子懂得治国之道。为他人着想才是治国之道，为自己着想的人就是失道的人。前者会受到别人的重视，后者会遭到别人的轻视。景公在为自己做打算的时候，连小国都不来结交，在为别人做打算的时候，连诸侯都被他役使。那么，治国之道就是为别人着想，在行为上要先端正自身，所以晏子懂得这个道理。”

【评述】

据史书记载，齐景公“好治宫室，聚狗马，奢侈，厚赋重刑”[1]，但是，由于拥有晏婴这样执著劝谏并善于治国的相国，再加上他本人有时能够虚心纳谏，因此，在他的统治期间，齐国的局面相对比较安定。本段选文即是这种政治状况的一个缩影。晏婴的治国之道，既强调德行，又重视政治策略，因此会收到实际的统治效果。从这一点来看，墨子对他的评价反而有些简单化了。

薄于身而厚于民，约于身而广于世

【原文】

景公问晏子曰：“古之盛君，其行何如?”

晏子对曰：“薄于身而厚于民，约于身而广于世；其处上也，足以明政行教，不以威天下；其取财也，权有无，均贫富，不以养嗜欲；诛不避贵，赏不遗贱；不淫于乐，不遁于哀；尽智导民而不伐焉，劳力岁事而不责焉；为政尚相利，故下不以相害，行教尚相爱，故民不以相恶为名；刑罚中于法，废罪顺于民。是以贤者处上而不华，不肖者处下而不怨，四海之内，社稷之中，粒食之民，一意同欲，若夫私家之政。生有遗教，此盛君之行也。”公不图。

晏子曰：“臣闻问道者更正，闻道者更容。今君税敛重，故民心离；市买悖，故商旅绝；玩好充，故家货殚。积邪在于上，蓄怨藏于民，嗜欲备于侧，毁非满于国，而公不图。”

公曰：“善。”于是令玩好不御，公市不豫，宫室不饰，业土

〔1〕《史记·齐太公世家》。

不成，止役轻税，上下行之，而百姓相亲。[1]

【译文】

景公问晏子："古时候有德之君，他们的行为是怎样的？"

晏子回答说："这些人自身节俭，但使百姓生活得好，严以律己，宽以待人；身处君主的位置，政治清明，推行教化，不用威势来逼迫他人；他们取得钱财时，权衡有无，均衡贫富，不用来满足自己的私欲；刑罚不避开地位尊贵的人，奖赏不遗漏身份卑下的人；不过分享乐，也不过度悲哀；竭尽自己的智慧来教导民众，却不自我夸耀，努力治理国家，不苛责百姓；在政事上讲究互惠互利，所以百姓之间不相互伤害，施行教化，崇尚相互爱护，所以人民不把相互陷害当做好事；刑罚的执行同法律相符，废弃事情都顺应人民的心愿。所以，贤德的人处在尊贵的位置上却不显得浮华，没有贤德的人处在卑下的位置上也没有怨言，四海之内，举国上下，百姓都一心一意，关心国事就像对待自己的家事一样。他们死后德行遗教垂于后世，这就是有德之君的行为呀。"景公不听从他的话。

晏子说："我听说，询问道理的人会改变不正确的想法，闻听道理的人会改变原来的样子。现在，您征收的赋税很重，所以民心离散；市场秩序混乱，所以商人都不见了；玩物充斥在身边，所以百姓家的财产几乎竭尽。君主做了许多不正当的事情，民众中间潜藏了很多怨恨的情绪，身边都是一些供君主享乐的东西，举国上下满是埋怨诋毁之声，而您却不听我的劝告。"

---

〔1〕《晏子春秋·内篇问上》，《晏子春秋译注》第100—101页。

景公说："好吧。"于是命令各地不再供奉各种玩物，市场买卖不许欺诈，宫室不再过度修饰，未完成的工程不再继续修筑，停止劳役，减轻赋税，从上到下一概执行这些规定，百姓之间更加和睦。

【评述】

这段显示出作为贤臣的晏婴执著进谏的勇气和方式。他所给出的"盛君"的标准对齐景公的影响并不大，因此转而选择列举目前景公的错误统治政策所导致的国家的混乱局面。在这样的劝诫甚至威吓下，景公终于接受了晏婴的劝告。我们从中可以看到一位贤臣的生动形象，同时也能够看出，他们之间的君臣关系在那种制度之下可以说是比较理想的。

谋度于义者必得，事因于民者必成

【原文】

景公问晏子曰："谋必得，事必成，有术乎？"

晏子对曰："有。"

公曰："其术如何？"

晏子曰："谋度于义者必得，事因于民者必成。"

公曰："奚谓也？"

对曰："其谋也，左右无所系，上下无所縻，其声不悖，其实不逆，谋于上，不违天，谋于下，不违民，以此谋者必得矣。事大则利厚，事小则利薄，称事之大小，权利之轻重，国有义劳，民有如利，以此举事者必成矣。夫逃人而谟，虽成不安；傲民举事，虽成不荣。故臣闻义谋之法以民事之本也，故及义而谋，信民而动，未闻不存者也。昔三代之兴也，谋必度其义，事必因于民。及其衰也，建谋不及义，兴事伤民。故度义因民，谋事之术也。”

公曰：“寡人不敏，闻善不行，其危如何？”

对曰：“上君全善，其次出入焉，其次结邪而羞问。全善之君能制；出入之君时问，虽日危，尚可以没身；羞问之君，不能保其身。今君虽危，尚可没身也。”[1]

【译文】

景公问晏子：“谋划一定能实现，做事一定能成功，有什么方法可以做到这样吗？”

晏子回答说：“有的。”

景公问：“那是什么方法呢？”

晏子回答说：“谋划事情考虑道义的，目标一定能实现；做事根据民众意愿的，一定能成功。”

景公问：“为什么这样说呢？”

晏子回答说：“在谋划的时候，不受亲近者的制约，不受比自己地位或高或低的人的妨碍，名正言顺，上不违背天意，下不违背民心，靠这些来谋划的话，就必然能够实现目标。谋划的事情越大，利益则越丰厚，谋划的事情越小，则利益越微薄，衡量事情的大小，权衡利益的轻重，国家会随之增加荣耀，人民会随之增加利益，凭着这些来做事的话就一定能成功。如果避开道义去

---

〔1〕《晏子春秋·内篇问上》，《晏子春秋译注》第102—103页。

谋划，即便成功也会不安；如果轻视人民去做事，即便成功了也不光彩。所以，我听说，道义是谋划的法则，人民是事情的根本，所以违反道义去谋划事情，违背人民的意愿去做事，没听说有获得成功的。从前夏、商、周鼎盛的时候，他们的谋划必然考虑道义，做事必然根据民众的意愿。到了三代衰落的时候，他们的谋划违反道义，做事伤害民众。所以，考虑道义和根据民众的意愿，这是谋划事情的方法呀。”

景公说：“寡人不聪敏，如果知道好的方法但不去做的话，会有什么危险呢？”

晏子回答说：“最上等的君主没有瑕疵，稍差一些的处于善与不善之间，更差的君主坚持邪恶的做法并羞于问善。第一等君主能控制国家；第二等君主有时问善，虽然有时危险，但尚可保全自身；最差的君主不能保全自身。现在，您虽然危险，但尚可保全自身。”

【评述】

晏子在结尾处对景公作出了相当中肯的评价，作为一位臣子，可谓不卑不亢，显示出他本人的正直不阿的优秀品质。“义”和“民”是本段选文的关键词。“义”是道义，近义词是“善”，与之相对的是“利”；“民”是民众。民众“利”之所在，正是君主“义”之所在。晏婴将“义”和“民”结合起来作为君主功业得以成功的衡量标准，可以说是相当有见地的。

进不失廉，退不失行

【原文】

景公问晏子曰："为君，身尊民安；为臣，事治身荣，难乎，易乎?"

晏子对曰："易。"

公曰："何若?"

对曰："为君节养其余以顾民，则君尊而民安，为臣忠信而无逾职业，则事治而身荣。"

公又问："为君何行则危？为臣何行则废?"

晏子对曰："为君，厚藉敛而托之为民，进谗谀而托之用贤，远公正而托之不顺，君行此三者则危；为臣，比周以求进，逾职业，防下隐利而求多，从君，不陈过而求亲，人臣行此三者则废。故明君不以邪观民，守则而不亏，立法仪而不犯。苟有所求于民，而不以身害之，是故刑政安于下，民心固于上，故察士不比周而进，不为苟而求，言无阴阳，行无内外，顺则进，否则退，不与上行邪，是以进不失廉，退不失行也。"〔1〕

【译文】

景公问晏子："君主身份尊贵，让人民生活安宁，做臣子的，治理好政事，获得荣耀的声名，这是困难还是容易呢?"

晏子回答道："容易。"

---

〔1〕《晏子春秋·内篇问上》，《晏子春秋译注》第105—106页。

景公说："应该怎么做呢？"

晏子回答："做君主的减轻赋税，将多余的钱财用来照顾百姓，则君主尊贵，百姓安宁；做臣子的，忠诚信实且不擅用职权，那么政事就会处理得好，而且自身会获得荣耀的声名。"

景公又问："做君主的，怎样的行为是危险的？做臣子的，怎样的行为会遭到罢免？"

晏婴说："做君主的，征收的赋税很重却借口是为了百姓，任用进谗言的小人却借口任用贤人，疏远公正的官员却借口这些人不顺从自己，国君如果做了这三种事就危险了；做臣子的，结党营私以求提拔，超出自己的职权范围，严防下级，隐匿私利，追求更多的好处，顺从君主，不直陈君主的过错，以求得到君主的亲近，如果做了这三种事，臣子就该被撤职了。所以，圣明的君主不做不正当的事情让百姓看到，遵守且不去损害法则，制定了法律就不去侵犯它。如果有求于百姓，也不会因为自身的需要就伤害百姓，所以制定刑律、发布政令是为了让百姓安心，民心就归附在君主身上，这样，有判断力的士人就不会拉帮结派来求得提拔，不会为了私欲而求财货，言谈心口相一，行为内外无别，顺利就为官，不顺利就退而为民，不同君主一起做不正当的事，因此能做到进而做官不失廉正，退而为民不失德行。"

【评述】

中国古代的官员兼有读书人和政府管理人员的双重身份。针对这一点，晏婴提出了"进不失廉，退不失行"的说法，意思是，在朝为官要对君主忠心耿耿，对自己负责的事务公正廉明，退而为民则应保持自己廉洁的品质。这种双重要求是中国古代政治领域的独特传统，在后世一直被延续下来，如范仲淹的“居庙堂之高则忧其民，处江湖之远则忧其君”（《岳阳楼记》）。

论忠臣之行

【原文】

景公问晏子曰：“忠臣之行何如？”

对曰：“不掩君过，谏乎前，不华乎外；选贤进能，不私乎内。称身就位，计能定禄。睹贤不居其上，受禄不过其量。不①权居以为行，不②称位以为忠。不揜贤以隐长，不刻下以谀上。君在不事太子，国危不交诸侯。顺则进，否则退，不与君行邪也。”[1]

【注释】

①②不：当为衍字。

【译文】

景公问晏子：“忠臣的行为是怎样的？”

晏婴回答说：“忠臣不掩饰君主的过错，当面劝谏，但不对外宣扬；选择贤能的人向朝廷推荐时，不偏向自己亲近的人。品德与职位相称，能力与俸禄相称。看到贤德的人，不居于比他更高的职位，接受的俸禄不超过他的标准。根据自己所处的地位来做事，根据自己的职位来尽忠职守。不压制有贤德的人以隐瞒他们的优点，不对下属苛刻而对君主奉迎。君主在位的时候不侍奉太

[1] 《晏子春秋·内篇问上》，《晏子春秋译注》第112页。

子，国家危难的时候不结交诸侯。为官顺利则进取，为官不顺则退身，不同君主一起做不正当的事情。”

【评述】

晏婴列出的忠臣标准很多，如果概括成一条，那就是正直无私。无论对上的忠诚还是对下的公正，无论对自身品德的约束还是对自身经济生活的限制，都在廉洁从政的范围之内。晏婴的这段话对后世的君主考察官员有很好的提示性作用。

论佞人之行

【原文】

景公问：“佞人之事君如何？”

晏子对曰：“意难，难不至也。明言行之以饰身，伪言无欲以说人。严其交以见其爱，观上之所欲，而微为之偶，求君逼迩，而阴为之与。内重爵禄，而外轻之以诬行；下事左右，而面示正公以伪廉。求上采听，而幸以求进；傲禄以求多，辞任以求重。工乎取，鄙乎予；欢乎新，慢乎故；吝乎财，薄乎施。睹贫穷若不识，趋利若不及。外交以自扬，背亲以自厚。积丰义之养，而声矜恤之义。非誉乎情，而言不行身。涉时所议，而好论贤不肖。有之己，不难非之人；无之己，不难求之人。其言强梁而信，其进敏逊而顺。此佞人之行也。明君之所诛，愚君之所信也。”[1]

---

〔1〕《晏子春秋·内篇问上》，《晏子春秋译注》第113页。

【译文】

景公问："奸佞的人是怎样侍奉君主的呢？"

晏婴回答道："奸佞的人整天忧虑恐惧，考虑自己的得失，生怕失去名利。表面的言行只是为了修饰自身，巧言令色，以无欲的姿态来取悦他人。严格拣选交往的人，以体现其倾向，观察君主的欲求，并暗中投合他，专门求君主亲近的人，私下和这些人结成朋党。内心重视自己的地位和俸禄，但表现得对这些东西轻视；他们亲近君主身边的人，却表现出一副公正廉洁的样子。谋求君主采纳自己的意见，目的是通过这个来获得晋升；轻视俸禄，目的是获取更多的钱财，辞去职务，目的是获取更高的官职。孜孜谋求索取，却不肯给予；对新交喜爱有加，但对旧友却十分轻慢；对财物十分吝啬，更是不肯施舍给别人。看到穷人就好像不认识一样，看到利益却趋之若鹜，唯恐追逐不到。在外结交诸侯的权臣来抬高自己，对待自己的亲友却有时为了得到利益而背叛。积累丰饶的财物来供养自己，但在外却表现出怜恤穷人的样子。他们对别人的诽谤和赞扬都是虚假的，但说出的话却又做不到。自己受到时人的议论，也爱议论别人的贤德或不贤。自己所具备的，就责难别人不具备；自己所不具备的，却轻易地要求别人具备。他们的言论看起来刚强有信，其进取敏捷谦逊且顺利。这就是佞人的行为。贤明的君主会诛除他们，愚笨的君主才会信任他们。"

【评述】

忠臣的反面是佞人。晏婴对佞臣的描述可谓细致入微。奸佞之徒不会自己把"坏"字刺在脸上，相反地，他们会极力用忠臣的表象来掩饰自己的行为和企图。君主必须具备明察秋毫的本领，透过他们伪装的样子去辨别其真相。这对于历朝历代的君主们来说都是一种必备的素质。

卑而不失义，瘁而不失廉

【原文】

景公问晏子曰："圣人之不得意何如?"

晏子对曰："上作事反天时，从政逆鬼神，藉敛殚百姓；四时易序，神祇并怨；道忠者不听，荐善者不行，谀过者有赉，救失者有罪。故圣人伏匿隐处，不干长上，洁身守道，不与世陷乎邪，是以卑而不失义，瘁而不失廉。此圣人之不得意也。"

"圣人之得意何如?"

对曰："世治政平，举事调乎天，藉敛和乎百姓；乐及其政，远者怀其德；四时不失序，风雨不降虐；天明象而赞，地长育而具物；神降福而不靡，民服教而不伪；治无怨业，居无废民。此圣人之得意也。"[1]

【译文】

景公问晏婴："圣人不得志的时候是怎样的?"

晏婴回答说："君主做事违反天时，施行政令忤逆鬼神，征收赋税让百姓财力竭尽；四时改变了顺序，众神都怨恨他；向他进谏的忠言不被听取，向他进谏的善言也不被采纳，奉承他的过失

---

〔1〕《晏子春秋·内篇问上》，《晏子春秋译注》第114—115页。

的人受到奖赏，弥补其过失的人却遭到罪责。所以圣人隐姓埋名，不向君主求取官职，约束自身，遵守道义，不与世俗的人一起陷入凶邪的境地，这样一来，圣人即使卑微也不失掉道义，即使劳累也不失去廉洁的情操。这是圣人不得志的时候。”

“圣人得志的时候是怎样的呢？”

晏婴回答说：“国家得到治理，政平人和，行为与天时相协调，征收赋税同百姓的意愿相符合；这样的政治得到百姓的拥护，远方的百姓也感念他的恩德；四时不失去顺序，没有自然灾害；上天显示出吉祥的征兆，大地生育万物；神不断地降福于人间，百姓服从于教化，真诚而不伪饰；治理国家没有积压下来的政事，平时也没有无所事事的臣民。这是圣人得志的时候。”

【评述】

在《晏子春秋》一书中，齐景公对晏婴的提问内容可谓无所不包，一方面显示出他本人的虚心好学，另一方面也显示出晏婴在他心目中的地位相当高。晏婴对圣人品格的这两段描述，符合儒家提倡的“穷则独善其身，达则兼善天下”（《孟子·尽心上》）的原则；他本人也终生致力于修炼这样的品格。有趣的是，齐景公虽然对圣人的所作所为十分好奇，却并没有去践行之，可以说是历史的一种讽刺。

廉政而长久

【原文】

景公问晏子曰：“廉政而长久，其行何也？”

晏子对曰："其行水也。美哉水乎清清，其浊无不雩途，其清无不洒除，是以长久也。"

公曰："廉政而速亡，其行何也？"

对曰："其行石也。坚哉石乎落落，视之则坚，循之则坚，内外皆坚，无以为久，是以速亡也。"[1]

【译文】

景公问晏子说："廉洁正直而能长久，这种品行是怎样的？"

晏子回答道："这种品行就像水一样。清澈的流水是多么美好哇，但当它浑浊的时候，没有什么东西不能被它污染，当它清澈的时候，没有什么东西不能被它洗净，所以能够长久。"

景公说："廉洁正直却迅速灭亡，这样的品行是怎样的？"

晏子回答说："这种品行就像石头一样。石头非常坚硬，看起来是坚硬的，抚摸起来也是坚硬的，内在和外在都坚硬，无法保持长久，所以会迅速灭亡。"

【评述】

这里所说的"廉政"与我们今天的常用义略有不同。在现代汉语里，"廉政"一词是偏正结构，"廉"字修饰中心词"政"，描述一种政治状况；而在这段选文里，"政"通"正"，"廉政"并用，形容个人品质的廉洁正直。今天的常用义主要倾向于官员品质上的清廉不贪贿。这段最早的关于"廉政"的文字包含较高的变通智慧：像水那样的随时变化的形态才能长久地保持廉洁正

〔1〕《晏子春秋·内篇问下》，《晏子春秋译注》第126—127页。

直的品质，而像坚石那样的一成不变、不知变通，则容易受到创伤，无法保全自身。这同屈原笔下所描绘的渔父的见解有类似之处："圣人不凝滞于物，而能与世推移。世人皆浊，何不淈其泥而扬其波？众人皆醉，何不餔其糟而歠其醨？"以及"沧浪之水清兮，可以濯吾缨。沧浪之水浊兮，可以濯吾足"。可见，中华民族历来就有一种智慧变通的传统，用以补足一味讲求正直所带来的缺陷。

节欲则民富

【原文】

景公问晏子曰："富民安众难乎？"

晏子对曰："易。节欲则民富，中听则民安，行此两者而已矣。"[1]

【译文】

景公问晏子："让百姓富裕安宁，这很难做到吗？"

晏子回答说："这容易。只要君主节制嗜欲，百姓就会富裕，只要君主听取中正之言，民众就会安宁，做到这两点就可以了。"

【评述】

齐景公是一位典型的有王霸之心而无王霸之才的君主。他向

〔1〕《晏子春秋·内篇问下》，《晏子春秋译注》第128—129页。

晏子请教治国之道、王霸之道的事迹在《晏子春秋》中记载得很多，不可谓不勤奋，也不可谓不虚心，而晏婴的回答也往往详尽而切实。比如在这段对话里，“节欲则民富，中听则民安”切中肯綮。但实际情况是，齐景公并未因此而改变贪图享乐的生活方式。这说明，要想强国，仅仅有廉臣是不够的，在这样的体制内，必须首先有一位明君。

不持利以伤廉

【原文】

叔向问晏子曰：“齐国之德衰矣，今子何若？”

晏子对曰：“婴闻事明君者，竭心力以没其身，行不逮则退，不以诬持禄；事惰君者，优游其身以没其世，力不能则去，不以谀持危。且婴闻君子之事君也，进不失忠，退不失行。不苟合以隐忠，可谓不失忠；不持利以伤廉，可谓不失行。”

叔向曰：“善哉！《诗》有之曰：‘进退维谷。’其此之谓欤！”[1]

【译文】

叔向问晏子：“齐国的道德很衰败，现在您怎么办呢？”

晏子回答说：“我听说侍奉贤明的君主的人，竭尽全力一直到生命最后一刻，做不到时就隐退，不欺骗俸禄；侍奉懒惰的君主的人，就独善其身一直到最后，做不到时就辞职，不靠阿谀奉承

[1] 《晏子春秋·内篇问下》，《晏子春秋译注》第141—142页。

来保持危险的地位。况且，我听说，君子侍奉君主的时候，做官不失掉忠诚，退隐不丧失品行。不苟且附和以致隐没自己的忠诚，这叫做不失掉忠诚；不因为追求私利而丧失廉洁的品格，这叫做不丧失品行。”

叔向说：“好！《诗经》上说：‘进退维谷。’说的就是这个意思吧！”

【评述】

叔向向晏子讨教时局的问题，晏子的回答十分积极正面。叔向的反应则或多或少地带有一点儿讽刺意味：您晏子怀有这样的热忱，而齐国的政治又是如此的颓败，果真是明珠暗投哇！殊不知，越暗的夜，越能衬出明亮的光辉。晏子的德行纵然不容于当世，却是彪炳千秋的。

以民为本

【原文】

叔向问晏子曰：“世乱不遵道，上辟①不用义。正行则民遗②，曲行则道废。正行而遗民乎？与持民而遗道乎？此二者之于行如何？”

晏子对曰：“婴闻之，卑而不失尊，曲而不失正者，以民为本也。苟持民矣，安有遗道！苟遗民矣，安有正行焉！”[1]

〔1〕《晏子春秋·内篇问下》，《晏子春秋译注》第147页。

【注释】

①辟：通“僻”，邪僻。

②民遗：失去人民。

【译文】

叔向问晏子：“世道混乱就不遵循道义，君主邪僻就不使用道义。行为正直就会失去人民，行为邪曲就会废弃道义。是应该行为正直而后失去人民呢，还是应该保有人民而抛弃道义呢？这两者应该如何去做呢？”

晏子回答说：“我听说，地位低下但不失尊严，行为邪曲但不失正直，是做到了以民为本的缘故。如果保有人民，哪会抛弃道义呢！如果失去了人民，哪会有正直的行为呢！”

【评述】

对于这段文字的理解，可参考卢守助的这段话：“……虽然看起来孔丘和晏婴都讲‘礼乐’，而实际上一个是出自内心的对‘礼乐’的向往和信仰，一个则是出于应付时艰的手段；一旦事走极端时，晏婴就会转向‘卑而不失尊，曲而不失正’的迂曲方式，不过其底线是‘以民为本’。……这种思想，恐怕可以称作战国时代才开始流行的民本思想的滥觞……”〔1〕这是一段相当中肯的评价。这是作为政治家的晏婴和作为思想家的孔子的显著区别。

〔1〕《晏子春秋译注》，第2页。

意莫高于爱民，行莫厚于乐民

【原文】

叔向问晏子曰："意孰为高？行孰为厚？"

对曰："意莫高于爱民，行莫厚于乐民。"

又问曰："意孰为下？行孰为贱？"

对曰："意莫下于刻民，行莫贱于害身也。"[1]

【译文】

叔向问晏子："哪一种德行最崇高？哪一种行为最深厚？"

晏子回答说："没有比爱民更崇高的德行，没有比让百姓快乐更深厚的行为。"

叔向又问："哪一种德行最低下？哪一种行为最卑鄙？"

晏子回答说："没有比对百姓刻薄更低下的德行，没有比伤害自身更卑鄙的行为。"

【评述】

叔向所提问的是道德和行为的衡量标准，而晏婴的回答则全部围绕对待人民的态度来展开，显示出其对人民的重视，也是从这一点上，后世常有学者从儒学的角度来理解晏婴的思想。其中，"意莫高于爱民，行莫厚于乐民"一句在我们当代也常被引用，它进一步深化了先秦时期的爱民思想。

---

〔1〕《晏子春秋·内篇问下》，《晏子春秋译注》第147—148页。

啬者，君子之道

【原文】

叔向问晏子曰："啬、吝、爱之于行何如？"

晏子对曰："啬者，君子之道；吝、爱者，小人之行也。"

叔向曰："何谓也？"

晏子曰："称财多寡而节用之，富无金藏，贫不假贷，谓之啬；积多不能分人，而厚自养，谓之吝；不能分人，又不能自养，谓之爱。故夫啬者，君子之道；吝、爱者，小人之行也。"[1]

【译文】

叔向问晏子："啬、吝、爱这三者分别是什么样的品行？"

晏子回答说："啬是君子做事的准则，吝和爱都是小人行事的品行。"

叔向问："这是什么意思呢？"

晏子说："衡量财物的多少而有节制地使用，即使富有也不窖藏财物，能够把财物分给别人，即使贫穷了也不向人借贷，这叫做啬；财物积累多了却不能分给别人，自己的供养却十分丰厚，这叫做吝；不能分给别人，也无法养活自己，这叫做爱。所以，啬是君子行事的准则，吝和爱是小人做事的行为。"

〔1〕《晏子春秋·内篇问下》，《晏子春秋译注》第148页。

【评述】

我们后世往往将“吝”“啬”并称，偏向贬义较多，在阅读先秦文本的时候需要留意“啬”的正面含义。老子曾经用“治人事天莫若啬”（《老子·第五十九章》）点出节用之“啬”在品行修养、齐家治国、人与自然和谐共存等方面的意义；此处晏子所说的“啬”与老子之“啬”在节用方面是类似的，但内涵更加具体明确，即不浪费财物，并兼利他人。

廉者，政之本也

【原文】

栾氏、高氏欲逐田氏、鲍氏，田氏、鲍氏先知而遂攻之。高彊曰：“先得君，田、鲍安往？”遂攻虎门。二家召晏子，晏子无所从也。从者曰：“何为不助田、鲍？”晏子曰：“何善焉，其助之也？”“何为不助栾、高？”曰：“庸愈于彼乎？”

门开，公召而入。栾、高不胜而出，田桓子欲分其家，以告晏子，晏子曰：“不可！君不能饬法，而群臣专制，乱之本也。今又欲分其家，利其货，是非制也。子必致之公。且婴闻之，廉者，政之本也；让者，德之主也。栾、高不让，以至此祸，可毋慎乎！廉之谓公正，让之谓保德，凡有血气者，皆有争心，怨利生孽，维义可以为长存。且分争者不胜其祸，辞让者不失其福，子必勿取。”

桓子曰：“善。”尽致之公，而请老于剧。[1]

---

〔1〕《晏子春秋·内篇杂下》，《晏子春秋译注》第212—213页。

【译文】

栾施、高彊想要驱逐田桓子、鲍国，后者事先得知了消息，于是先攻打了栾施和高彊。高彊说："把国君先擒住，田、鲍二人还能跑到哪里去呢？"于是攻打虎门。交战双方都邀请晏子，晏子哪一方都不去。晏子的随从说："为什么不帮田、鲍二人呢？"晏子说："他们做了什么好事，值得我去帮助他们？""那为什么不帮助栾、高二人呢？"晏子说："难道他们做得要更好一些吗？"

宫门打开后，景公召晏子入宫。栾、高二人战败，离开了齐国，田桓子想分掉他们的家产，便把这个想法告诉了晏子。晏子说："不行。君主不能整饬法纪，以致群臣专权，这是国家混乱的本源哪。现在您又想瓜分他们的家产，贪图他们的财物，这是不合法的。请您务必把两家的财产归公。并且我听说，廉洁是政治的根本；辞让是道德的主体。栾、高二人不讲辞让，所以导致了这样的灾祸，难道可以不慎重吗？廉洁就是公正，辞让就是保持美德，凡有血气的人都有争斗之心，积聚财货会产生灾祸，只有施行仁义方可长久保存自己。并且，纷争的祸患无穷无尽，辞让的人不会丧失自己的福气，您一定不要取走他们的家产。"

田桓子说："好吧。"于是把两家的财产全部归公，并告老回到剧这个地方。

【评述】

田桓子在当时的齐国权倾一方，深得齐景公的信任，他的家族亲信遍布朝野，拥有雄厚的家族势力。本段选文讲述了齐国的一次内乱，奇怪的是，在这次内乱中，作为君王的齐景公没有起到任何积极的遏制作用，在权臣之间的争斗以一方胜利而告终后，反倒是晏子挺身而出，不仅阻止了田桓子瓜分失败者的私产，而且成功地劝说田桓子告老还乡。

足欲，亡无日矣

【原文】

庆氏亡，分其邑，与晏子邶殿，其鄙六十，晏子勿受。

子尾曰："富者，人之所欲也，何独弗欲?"

晏子对曰："庆氏之邑足欲，故亡。吾邑不足欲也，益之以邶殿，乃足欲，足欲，亡无日矣。在外不得宰吾一邑，不受邶殿，非恶富也，恐失富也。且夫富，如布帛之有幅焉，为之制度，使无迁也。夫生厚而用利，于是乎正德以幅之，使无黜慢，谓之幅利，利过则为败，吾不敢贪多，所谓幅也。"〔1〕

【译文】

庆封逃亡后，他的食邑被景公分给了众臣。景公把邶殿边鄙的六十个边邑分给了晏子，晏子不肯接受。

子尾问："富有是人人都想得到的，为什么唯独您却不想得到呢?"

晏子回答说："庆封的食邑能够满足他的欲望，导致他逃亡。我的食邑不能满足我的欲望，如果加上邶殿的话，就能满足我的欲望了，那我离逃亡的日子也就不远了。我若逃亡在外，连原来已经拥有的一个食邑也将失去了。不接受邶殿，不是因为厌恶富

〔1〕《晏子春秋·内篇杂下》，《晏子春秋译注》第214页。

有，而是因为害怕失去富有的地位。并且，富有就像布帛有一定的边幅一样，边幅规定了富有的边界，使它不会发生变化。百姓都想物质生活丰厚，物用丰饶，于是端正道德来限定他们，让他们不至于废除和轻慢道德，这就是限制利益，而利益太多就会导致失败，我不敢贪求太多的财富，这就是限制自己。”

【评述】

除非是处在生活消费资料对于社会群体中的每一个人都极大丰富的社会之中，否则，在社会财富总量一定的情况下，如果统治阶级占有的财富过多，必然会引起某种程度的社会矛盾。矛盾激化到一定程度，有可能引起下层民众进行反抗的暴力行为，因而有“足欲，亡无日矣”这样充满政治洞见的断语。

为人臣者，先君后身

【原文】

景公禄晏子以平阴与槀邑，反市者十一社。晏子辞曰：“吾君好治宫室，民之力弊矣；又好盘游玩好，以饬女子，民之财竭矣；又好兴师，民之死近矣。弊其力，竭其财，近其死，下之疾其上甚矣！此婴之所为不敢受也。”

公曰：“是则可矣。虽然，君子独不欲富与贵乎？”

晏子曰：“婴闻为人臣者，先君后身，安国而度家，宗君而处身，曷为独不欲富与贵也！”

公曰：“然则曷以禄夫子？”

晏子对曰：“君商渔盐，关市讥而不征；耕者十取一焉。弛刑罚：若死者刑，若刑者罚，若罚者免。若此三言者，婴之禄，君之利也。”

公曰：“此三言者，寡人无事焉，请以从夫子。”公既行若三言，使人问大国，大国之君曰：“齐安矣。”使人问小国，小国之君曰：“齐不加我矣。”〔1〕

【译文】

景公把平阴和槁邑封给晏子做食邑，贩卖货物的集市有十一社。晏子推辞道：“您喜欢修建宫室，百姓的力量都耗尽了；又喜欢游览玩要，打扮宫里的嫔妃，把百姓的财力枯竭了；又喜欢起兵作战，百姓无以聊生了。以上这三种情况，使得他们对君主痛恨到了极点！这就是我不敢接受您的赏赐的原因。”

景公说：“您的话固然是对的。虽然如此，但作为君子单单不喜欢富有和尊贵吗?”

晏子说：“我听说，做人臣子的应该先考虑君主，再考虑自己，先让国家安定，然后再考虑自身的处境，怎么会单单不想富有和尊贵呢?”

景公问：“那么，我用什么来作为您的俸禄呢?”

晏子回答说：“您请放宽渔、盐的买卖，关市只稽查但不征税；对耕田的人只收取一成的税收。减轻刑罚：对于该判处死罪的人，就判处徒刑；对于该判处徒刑的人，就判处处罚；对于该处罚的人，就免去他的罪。如果您施行了这三项建议，那就是我的俸禄，也是您的利益。”

---

〔1〕《晏子春秋·内篇杂下》，《晏子春秋译注》第215页。

景公说："这三项建议，我没有意见，就依您的意见去做。"景公允诺了这三点之后，派人去询问大国，大国的国君说："齐国安定了。"派人去询问小国，小国的国君说："齐国不会侵犯我们了。"

【评述】

"君子独不欲富与贵乎?"当齐景公这样发问时，他若非是好奇晏婴具有如此之高的道德标准，而是对晏婴屡屡批评自己奢华的生活方式和横征暴敛的统治方式表示不满。他抛出这样尖锐的问题，言下之意恐怕是：如果您自己都无法不喜好财富和地位，那为什么要劝说我呢？这个问题很难回答。如果晏婴回答是，那么景公就不必继续给他俸禄；如果晏婴回答不是，那么景公就更加有理由不改正目前的行为了。晏婴的回答"为人臣者，先君后身"不由令人击节赞赏——并不是我晏婴不希望自己富贵，而是为人臣的职责需要我先为国家社稷和君主着想，一言以蔽之，国家的利益是我最好的利益。晏子曾说过："为禄仕者，不能正其君。"（《晏子春秋·内篇杂上》）这位贤臣、忠臣、廉臣的胸襟值得我们今人钦佩和学习。

贫而不恨

【原文】

晏子相齐，三年，政平民说。梁丘据见晏子中食，而肉不足，以告景公。

旦日，割地将封晏子，晏子辞不受，曰："富而不骄者，未尝闻之；贫而不恨者，婴是也。所以贫而不恨者，以善为师也。今封，易婴之师，师已轻，封已重矣，请辞。”[1]

【译文】

晏子在齐国做国相，三年以后，政治清平，百姓安乐。梁丘据见晏子吃的是中等的食物，没有足够的肉，就告诉了景公。

第二天，景公把一些土地划出来要封给晏子，晏子推辞，不肯接受，说道：“富有却不骄纵的人，我没有听说过；贫穷却不怨恨的人，那就是我了。之所以贫穷但不怨恨，是因为我把善行当做我的老师。现在您要封我土地，换掉我的老师，这是看轻老师，而太过看重封地呀，请收回封赏。”

【评述】

一位国相享受中等人家的伙食也可称得上贫穷，这在今天听来的确有些夸张。晏婴之所以如此“困窘”，齐景公认为是他的封地太少的缘故，于是想多给他一些封地，但被晏婴拒绝了。在《晏子春秋》里，类似的事件不止一次发生过。在另一处类似的故事里，晏婴是这样拒绝的：“婴闻之，节受于上者，宠长于君；俭居处者，名广于外。夫长宠广名，君子之事也。婴独庸能已乎？”（《晏子春秋·内篇杂下》）之所以保持较一般的生活标准，是为了获得君主长期的信任和重用，也是为了确保自己在道德伦理生活的层次上保持较高的水准。晏婴的确称得上是一位努力追求理想政治人格品性的政治家。

---

〔1〕《晏子春秋·内篇杂下》，《晏子春秋译注》第216—217页。

婴之家不贫

【原文】

晏子方食，景公使使者至。分食食之，使者不饱，晏子亦不饱。

侍者反，言之公，公曰：“嘻！晏子之家，若是其贫也。寡人不知，是寡人之过也。”使吏致千金与市租，请以奉宾客。晏子辞，三致之，终再拜而辞曰：“婴之家不贫。以君之赐，泽覆三族，延及交游，以振百姓，君之赐也厚矣！婴之家不贫也。婴闻之，夫厚取之君，而施之民，是臣代君君民也，忠臣不为也。厚取之君，而不施与民，是为筐箧之藏也，仁人不为也。进取与君，退得罪于士，身死而财迁于它人，是为宰藏也，智者不为也。夫十总之布，一豆之食，足于中免矣。”

景公谓晏子曰：“昔吾先君桓公，以书社五百封管仲，不辞而受，子辞之何也？”

晏子曰：“婴闻之，圣人千虑，必有一失；愚人千虑，必有一得。意者管仲之失，而婴之得者耶？故再拜而不敢受命。”[1]

【译文】

晏子正在吃饭，齐景公派来的使臣到了。晏子把食物分出来，和使臣一起吃，使臣没有吃饱，晏子也没有吃饱。

使臣回去以后，将这件事告诉了齐景公。齐景公说：“啊！晏

〔1〕《晏子春秋·内篇杂下》，《晏子春秋译注》第217—218页。

子的家竟然穷到了这等地步哇。我不了解，这是我的过错。”于是派公差送去千金和从市场上收来的税款，让他用这些来宴请宾客。晏子推辞了。后来多次送给他，最后，他拜了又拜，推辞道：“我的家不贫穷。由于您的赏赐，父族、母族、妻族都受到了恩惠，这些恩惠延及朋友，并以此救济百姓，您的赏赐够丰厚了！我的家不穷啊。我听人说，从君主那里拿来厚赏然后散发给百姓，这就等于是臣子代替君主统治人民，忠臣是不会这样做的；从君主那里拿来厚赏却不散发给百姓，这是用筐箧收藏财物归为己有，仁义之人是不会这样做的；在朝中得到君主的俸禄，在朝外得罪士人，死后财物转为别人所有，这是为家臣蓄积财物，聪明的人是不会这样做的。有衣穿，有饭吃，只要心里满足就可以免于一切忧患。”

齐景公对晏子说：“从前桓公把五百里的土地人口授予管仲，他接受了并没有推辞，你推辞不受是为什么呢？”

晏子回答说：“我听人这样说，圣明的人考虑多了，也难免会有失误；愚蠢的人经过多次考虑，也有可取之处。想来这是管仲的错儿，是我的正确之处吧？因此拜了又拜而不敢接受。”

【评述】

“婴之家不贫”这样的回答还在《晏子春秋·内篇杂下》的另外一篇中出现过。[1] 自私有制产生以来，上层统治者的财富占

---

〔1〕 晏子相景公，食脱粟之食，炙三弋、五卵、苔菜耳矣。公闻之，往燕焉，睹晏子之食也，公曰：“嘻！夫子之家如此其贫乎！而寡人不知，寡人之罪也。”晏子对曰：“以世之不足也，免粟之食饱，士之一乞也；炙三弋，士之二乞也；五卵，士之三乞也。婴无倍人之行，而有参士之食，君之赐厚矣！婴之家不贫。”再拜而谢。（《晏子春秋·内篇杂下》，《晏子春秋译注》第226页。）

有量同普通百姓之间的差距越来越悬殊。在这种状况逐渐成为常态之后，统治者往往容易忘记人的基本需求的标准，也容易忽略节俭的必要性。这就是为什么齐景公数次对晏婴仅够温饱而不富裕的生活状况而感到十分诧异。晏婴的可贵之处就在于不曾忘记这个道理，也不曾忘记臣下的职责所在。

德厚而受禄，德薄则辞禄

【原文】

晏子相景公，老，辞邑。公曰："自吾先君定公至今，用世多矣，齐大夫未有老辞邑者矣。今夫子独辞之，是毁国之故，弃寡人也。不可！"

晏子对曰："婴闻古之事君者，称身而食，德厚而受禄，德薄则辞禄。德厚受禄，所以明上也；德薄辞禄，可以洁下也。婴老薄无能，而厚受禄，是掩上之明，污下之行，不可。"

公不许，曰："昔吾先君桓公，有管仲恤劳齐国，身老，赏之以三归，泽及子孙。今夫子亦相寡人，欲为夫子三归，泽至子孙，岂不可哉？"

对曰："昔者管子事桓公，桓公义高诸侯，德备百姓。今婴事君也，国仅齐于诸侯，怨积乎百姓，婴之罪多矣，而君欲赏之，岂以其不肖父为不肖子厚受赏以伤国民义哉？且夫德薄而禄厚，智惛而家富，是彰污而逆教也，不可。"

公不许。晏子出。异日朝，得间而入邑，致车一乘而后止。[1]

【译文】

晏子在景公朝上为相，退休的时候想要把自己的食邑归还给国家。景公说："从我的先君定公到现在，见用于世的人太多了，齐国的大夫中还没有在告老还乡时要归还食邑的。现在唯独您要这么做，这是破坏国家原有的规矩，抛弃我呀。不行！"

晏子回答说："我听说，古时候侍奉君主的大臣，根据自己的才能来衡量接受俸禄的多少，德行淳厚的就接受俸禄，德行差的就推辞俸禄。德行淳厚就接受俸禄，是为了彰显君上的英明；德行差就推辞俸禄，这样就可以为下属的廉洁做出表率。我年纪大了，德行差并且能力欠缺，却领受着丰厚的俸禄，这是掩盖了君上的英明，而玷污了属下的德行，这样是不行的。"

景公不同意，说："过去我的先君桓公有管仲为齐国操劳，等到他年老以后，桓公把按例收取的市租赏赐给他，恩泽延及子孙。现在您也是我的相，我想要以同样的礼遇来对待您，让恩泽也延及您的子孙，难道不可以吗？"

晏子说："过去管子侍奉桓公的时候，桓公在诸侯中德高望重，在百姓中间也享有盛誉。现在我来侍奉您，国力仅和一般的诸侯国一样，在百姓中间积累了很多的怨恨，我的罪过太多了，而您却想要赏赐我，岂不是我这个不贤德的父亲为自己不贤德的儿子领受丰厚的赏赐，而伤害国家和人民的道义吗？并且，德行微薄而俸禄丰厚，才智昏庸而家产丰富，这是彰显污浊的行为，

---

〔1〕《晏子春秋·内篇杂下》，《晏子春秋译注》第227—228页。

有违圣人的教诲。这样是不行的。”

景公不同意。晏子退出。后来上朝，景公又找了个机会赠送给他食邑，一直到晏子接受了一乘车马之后才结束。

【评述】

“德厚而受禄，德薄则辞禄”，这样的标准在今天看来是奇特的。今人不禁会问，俸禄的标准为什么要用美德而非能力和政绩来衡量呢？这正是晏婴以及和他的政治思想接近的儒家学派的独特之处，即政以德为先。

第九节　老子

【人物简介】

老子，春秋时思想家，道家的创始人。一说即老聃，姓李名耳，字伯阳。楚国苦县（今河南鹿邑东）厉乡曲仁里人。做过周朝管理藏书的史官。史载孔子曾向老子问礼。著有《道德经》（又名《老子》）一书，是道家第一部经典著作。

老子的思想体现了一种独特的宇宙观、价值观、政治观和知识论。尤其是他的政治观，为后世封建王朝的统治提供了不同于儒家治世法则的一套系统，其要义为“无为而治”。

无知无欲

【原文】

不上贤①，使民不争；不贵难得之货，使民不盗；不见②可欲，使心不乱。圣人治：虚其心，实其腹，弱其志，强其骨。常使民无知无欲，使知者不敢为，则无不治。[1]

【注释】

①上贤：标榜贤才异能。上，同“尚”，崇尚。上贤，在老子看来是引起争功夺名的祸端。

②见：通“现”，呈现。

【译文】

不标榜贤才，使民众不争（功名、权力、地位、利益）；不把难得的货品作为珍贵之物，使民众不偷盗；不去展露那些引起人们欲望的东西，使民众的心灵不被搅乱。圣人的治理方法就是：让他们头脑虚空，心灵宁静，填饱他们的肚皮，减损他们的争抢、投机之心，强健他们的筋骨。让民众长久保持心灵的淳真朴实，无诈伪之心，无争抢的欲望，让那些聪明的人不敢有所作为，那么就没有什么不能治理的事情。

---

〔1〕《老子·第三章》，朱谦之撰：《老子校释》，中华书局1984年版（下同），第14—16页。

【评述】

从对物欲文明的彻底反对出发，老子的这段话设想了一个从上层统治者到下层民众都没有贪欲的理想社会。“无为”而治的思想在中国传统政治理念中影响深远。它的施政诉求是向民众倾斜的：一方面，民众的基本生活节奏（尤其是农业生产节奏）得以被尊重和保留；另一方面，它也会使民众安于小富即安的“小国寡民”的生活状态，这对上层统治者来说是安全的。因此，所谓的“无为”，不是无所作为，而是不妄为，不胡作非为，即按事物的客观规律（“道”）而为。

无私故能成其私

【原文】

天长地久。天地所以能长久者，以其不自生，故能长久。是以圣人后其身而身先，外其身而身存①。以其无私，故能成其私②。〔1〕

【注释】

①“后”和“外”，在此做动词用。

②成其私：成就其自身。

【译文】

天长地久。天地所以能长久地存在，是因为它们不专营自己

〔1〕《老子·第七章》，《老子校释》第29—30页。

的生存，所以能长久地存在。所以圣人把自己放在最后考虑，才被别人尊重和爱戴；把自身置之度外，才保存了自身。因为他们无私，所以才能成就自己。

【评述】

人中的杰出者为“圣人”，圣人无法在人中间找到楷模，所效法者唯有天地。老子在此用天地孕育万物、不贪求一己之利从而长久存在作比喻，指出统治者要想受到别人的拥护和爱戴，就必须将私利放到一边，首先为民众着想。不自私其生，不自营其利，也就是今天所说的不自私自利、损人利己，因为那样的话，自身反而得不到保存。民众的个体同样也是“私”，个体合理的、必要的生活条件不能被剥夺。尽管这种“了不起的谦退精神”〔1〕以对民众的长期役使为目的，但仍不失为一种客观效果良好的政治品质。

金玉满堂，莫之能守

【原文】

持而盈之，不若其以①。揣而锐之，不可长保。金玉满堂，莫之能守。富贵而骄，自遗其咎。功成、名遂②、身退，天之道。〔2〕

【注释】

①以：通“已”，休止。

②遂：完成。

〔1〕 陈鼓应：《老子注译及评介》，中华书局1984年版（下同），第88页。

〔2〕《老子·第九章》，《老子校释》第33—35页。

【译文】

持守和盈满，不如停止。显露锋芒，不能长期保存。金玉满屋，无法守护。富贵骄纵，为自身留下祸患。功成名就而身退才是天的常道。

【评述】

这段文字讲述面对功名和财富所应有的态度。在已经取得成就时，不自骄，不持守，不贪慕成果，也不咄咄逼人、自恃其功，否则就会于自身不利。我国历朝历代有不少功成名就之后因被胜利冲昏头脑转而失败的事例，也有不少在老子这种思想的影响下真正做到功成身退的人物。可见老子的思想对后世的影响极大。

为腹不为目

【原文】

五色①令人目盲②；五音③令人耳聋；五味④令人口爽⑤；驰骋田猎，令人心发狂；难得之货，令人行妨⑥。是以圣人为腹不为目。故去彼取此。[1]

【注释】

①五色：青、赤、黄、白、黑。

②目盲：眼花缭乱。

---

〔1〕《老子·第十二章》，《老子校释》第45—46页。

③五音：宫、商、角、徵、羽。

④五味：酸、苦、甘、辛、咸。

⑤口爽：口舌失去辨味能力。

⑥行妨：即“妨行”，伤害操行。

【译文】

五色让人眼花缭乱；五音伤害人的听力；五味让人味觉受损；纵横奔走猎捕野兽，让人的心灵狂放荡漾；珍稀罕见的货品让人做出不道德的行为。所以圣人只求口腹温饱而不贪图感官享受，因此作出了这样的选择。

【评述】

此章重点批评那些只追求口腹感官之欲而自我癫狂的人。在老子看来，感官享受尽管会带来一时之快，但最终会伤害人的身心。作为“圣人”的统治者，应自修其身，满足于基本的生活需求即可。而不要去极力求取令人目盲的五色、令人耳聋的五音、令人口爽的五味、令人心发狂的驰骋畋猎、令人行妨的难得之货。

绝巧弃利

【原文】

绝圣①弃智②，民利百倍。绝仁弃义，民复孝慈；绝巧弃利，盗贼无有。此三者，为文不足，故令有所属：见素抱朴③，少私寡欲。[1]

---

〔1〕《老子·第十九章》，《老子校释》第74—76页。

【注释】

①圣：指被儒家所鼓吹或神化的“圣人”。

②智：巧智、小聪明，或被吹捧的所谓智慧等。

③素：没有染色的丝。朴：没有雕琢的木。“素”和“朴”在此比喻智慧、仁义、巧利污染社会和人心之前的状态。

【译文】

抛弃所谓的圣和智，民众的利益就会成百倍地增加；弃绝所谓的仁和义，民众就会恢复孝顺和慈爱的天性；丢弃欺诈和货利，盗贼就会不复存在。上面说的这三个方面都是巧饰，不足以统治天下。所以要让人有所归属：保持朴素的状态，减少一己的私欲。

【评述】

老子认为，人的天性是朴质无华的，而社会的发展是在天性上做加法，将有害于统治的智慧、道德和权术加了上去。这是他面对春秋时期战乱纷争的局面悟出的体会。他的解决之道是在现有的人性上做减法。

圣人去奢

【原文】

将欲取天下而为之，吾见其不得已①。天下神器，不可为。为者败之，执者失之。夫物或行或随，或嘘或吹，或强或羸，或接

或隳②。是以圣人去甚，去奢，去泰③。〔1〕

【注释】

①不得已：不可得。

②隳：危。

③泰：与“甚”、“奢”含义相近。

【译文】

想要获得天下而对它为所欲为，我认为这样是得不到天下的。天下是神圣的东西，不能对它为所欲为。对它为所欲为的人会失败，把持它的人会失去天下。天下的东西（和人）有前行的，有跟随的；有的轻嘘，有的急吹；有刚强的，有羸弱的；有安全的，有危险的。所以圣人会去除过度和奢华的行为。

【评述】

老子认为，要想长久地统治天下，必须遵从天下事物的本性，行“无为”之政。过度的奢华是有违本性的。“天下神器，不可为。为者败之，执者失之。”从这句话中，我们可以窥见老子思想中一种十分宝贵的东西：非对象化。对于天下（乃至一切事物），老子认为不应做主客区别的对待，而应将自身作为事物运动发展的一部分，顺应自然的需要。

〔1〕《老子·第二十九章》，《老子校释》第115—118页。

知足者富

【原文】

知人者智，自知者明。胜人有力，自胜者强。知足者富，强行有志。不失其所者久，死而不亡①者寿。[1]

【注释】

①死而不亡：身殁而道犹存。

【译文】

了解别人算是智慧，了解自己算是明白。战胜他人说明有力量，战胜自己的人是强者。懂得满足就是富有，努力不懈是有志气的。不失去其根基就能长久，身体消亡但思想流传的人才是长寿。

【评述】

这段话讲的是老子的修身标准。在他看来，虽然了解他人和战胜他人是重要的，但自知、自足更加重要。其中“知足者富”更是从保身利命的立场出发，提出了富有道家色彩的财富观。古希腊苏格拉底被神庙里的祭司说成是最有智慧的人，而苏格拉底本人将这解释为自己知道自己的无知，因而是有智慧的。这种逻辑同这里老子的言论是相似的。头脑清醒的人是懂得事物之止境的人，而非无休止地去追求的人。

---

〔1〕《老子·第三十三章》，《老子校释》第 133—134 页。

甚爱必大费

【原文】

名与身熟①亲？身与货熟多②？得与亡熟病？是故甚爱③必大费，多藏必厚亡。故知足不辱，知止不殆，可以长久。〔1〕

【注释】

①熟：通“孰”。谁，哪一个。

②多：贵重。

③爱：吝惜。

【译文】

名誉和身体哪个与我们更亲近？身体和财货哪个更贵重？得到（名利）和失去（身体）哪个更有害？所以过分地吝惜财货，就会招致更多的破费，过度地贮藏（财货）就会招致更加惨重的损失。所以知足者不会遭受侮辱，懂得适可而止的人不会失败，可以长久地生存下去。

【评述】

“知足”和“知止”是老子反复提及的要求。“知足不辱，知止不殆”，对于那些不知满足地追求名利的贪贿者，这是一条有益的格言。“甚爱必大费，多藏必厚亡”告诉我们，欲望会一直滋

〔1〕《老子·第四十四章》，《老子校释》第179—180页。

长，永远都无法满足，最后将导致更加惨烈的后果，不但希望得到的东西无法得到，甚至已经拥有的也会丧失。

咎莫大于欲得

【原文】

天下有道，却走马以粪①；天下无道，戎马生于郊。罪莫大于可欲，祸莫大于不知足，咎莫大于欲得。故知足之足，常足。[1]

【注释】

①粪：耕种。

【译文】

当天下的统治者有道时，用战马来耕种；当天下的统治者无道时，被征用的母马在战地郊野生下马驹。最大的罪过是妄生私欲，最大的灾祸就是不知足，最大的过错就是贪得无厌。所以，知道止于满足的人才能长久地获得满足。

【评述】

这段文字通过呈现不知足所导致的祸端之一种，即征战，强调知足会带来人生的长久安宁。老子揭示出战争的本质在于抢夺土地和财富，它源于人的贪婪和欲望，给包括人民在内的所有生灵带来了莫大的痛苦。老子还深刻地指出，欲望是永远没有止境

〔1〕《老子·第四十六章》，《老子校释》第185—188页。

的，只有懂得满足，才能够维持国家的长治久安，给人民带来安定的生活。

盗夸

【原文】

使我介①然有知，行于大道，唯施②是畏。大道甚夷，而人好径③。朝④甚除，田甚芜，仓甚虚，服文采，带利剑，厌饮食，财货有余，是谓盗夸⑤。非道也哉！[1]

【注释】

①介：微小。

②施（yí）：邪，邪曲。

③径：邪路；小路，捷径。

④朝（cháo）：朝廷，可引申为政治腐败。

⑤盗夸：大盗。

【译文】

如果我稍微有些智慧，走在大道上，唯恐走上邪路。大道很平坦，但人们却喜欢走邪路。朝廷非常腐败，田野极度荒芜，仓库十分空虚，而（统治者）却穿着华美的衣服，带着锋利的宝剑，享受精致的饮食，自己的财物绰绰有余，这就是大盗。这是多么昏庸无道哇！

---

〔1〕《老子·第五十三章》，《老子校释》第210—212页。

【评述】

老子在此章中用“盗夸”表达出对贪婪的统治者强烈的愤恨和指责，并指出这是一条邪路，最终会自取灭亡。这个观点具有浓厚的现实意义。在老子的那个年代，阶级矛盾已经以各种形式表现出来，尤其在社会财富的分配上更是显得十分突出。老子在这里的指责，深刻地揭示出阶级矛盾的实质，即一小部分统治者无偿占有了大部分劳动者的果实，而这同盗贼的区分只在一小一大而已。

廉而不害

【原文】

其政闷闷①，其人醇醇；其政察察，其人缺缺②。祸，福之所倚；福，祸之所伏。熟知其极？其无正③。政④复为奇⑤，善复为妖⑥。人之迷，其日固久。是以圣人方而不割⑦，廉⑧而不害，直而不肆，光而不曜。[1]

【注释】

①闷闷：含有宽厚的意思。

②缺（quē）缺：狡黠机诈的样子。缺，通“缺”。

③正：定律，一定之规。

④政：同“正”，这里指正常。

⑤奇：与“正”相对，指反常。

[1] 《老子·第五十八章》，《老子校释》第234—238页。

⑥妖：恶，与“善”相对。

⑦割：生硬。

⑧廉：锋利。

【译文】

如果君王的统治宽厚，他的民众就会淳朴；如果其统治严苛，他的民众就会狡诈。灾祸中有幸福，幸福里掩藏着灾祸。谁知道他们最终是怎样的？没有一定之规，正常的会转化为反常的，善良的会转化为凶恶的。人们已经迷惑了很长时间了。所以圣人方正但不生硬，锐利却不伤人，直率但不放肆，光亮却不耀眼。

【评述】

此章的含义比较丰富。就统治政策而言，老子在此强调的仍然是无为而治，这就决定了统治者虽然个人品质和才能出众（“方”、“廉”、“直”、“光”），但不能因此而强制别人和伤害别人。“其政闷闷，其人醇醇；其政察察，其人缺缺”，这样的因果关系在不同的学者那里有各种各样的解释。较为容易理解的一种是，认为这里包含着“与民休息”的政治主张。

俭故能广

【原文】

天下皆谓我大，不肖[①]。夫唯大，故不肖。若肖，久矣其细[②]！我有三宝，持而宝之：一曰慈，二曰俭[③]，三曰不敢为天下先。夫慈，故能勇；俭，故能广；不敢为天下先，故能成器④长。今舍慈且勇，舍俭且广，舍后且先，死矣。夫慈，以战则胜，以守则固。天将救之，以慈卫之。[1]

【注释】

①肖：类似。

②细：小。

③俭：俭啬，俭约。

④成器：大器。这里指神器、“天下”。刘师培认为：古本《老子》“成器长”上有“为”字。成器长，大官也；为者，居也。

【译文】

天下人都对我说（道）是广大的，却不与任何具体的东西相似。正是因为它广大，所以不像具体的东西。如果它像具体的东西，时间一久就变小了！我有三样宝贝，一直持守且珍藏着：一是慈爱，二是俭啬，三是不敢先于天下人而作为。慈爱的人才能勇敢；俭啬的人才能宽广；不敢走在天下人的前面，所以能做天下人的首长。如今舍弃慈爱而追求勇敢，舍弃俭约而追求宽广，不居于人后而居于人先，必死无疑！慈爱，用来作战则战无不胜，用来守成则牢固持久。天将救助谁，就会用慈爱来护卫他。

---

〔1〕《老子·第六十七章》，《老子校释》第269—273页。

【评述】

老子在此处谈“俭”，在第五十九章还曾谈到“啬”。这种见地在世界范围内的思想家那里并不多见。胡寄窗曾经说过：“老子去奢宝俭的主张与其他先秦各学派思想比较虽无任何特殊之处，但这一主张的提出，至少也反映了老子对当时贵族阶级穷奢极欲、残酷剥削人民所持的反对态度。”[1] 这种解释仅达到老子思想的表层。其实，“俭”和“啬”是从保全自身的角度出发的一种策略。这种策略强调持守、修养已有的东西，为以后的前进做好准备。

自爱不自贵

【原文】

民不畏威，大威至。无狭①其所居，无厌②其所生。夫唯不厌，是以不厌。是以圣人自知不自见③，自爱不自贵。故去彼取此。[2]

【注释】

①狭：逼迫，压迫。

②厌：阻塞。

③见（xiàn）：表现。

【译文】

当人民不害怕威严的压制时，真正的威严便降临了。不要逼

〔1〕 转引自陈鼓应《老子注译及评介》，第348页。

〔2〕《老子·第七十二章》，《老子校释》第284—286页。

迫人民无立锥之地，不要阻塞他们的求生之路。只有不压迫人民，才不会遭到人民的厌恶。所以圣人了解自己但不表现自己，爱护自己但不自诩显贵。所以选择前者而放弃后者。

【评述】

在任何制度形态下，“廉政”和“爱民”都是一而二、二而一的。老子学说的独特之处，在于将统治者降低自身的经济需求同放宽对人民统治的严苛程度放在一起，令它们相辅相成，共同促进统治者自身长保的“圣人”之路，阐述了一个“自爱”并非“自贵”的道理。他虽然是站在统治者的角度来说明道理的，但客观上对人民生活的保障还是有利的。

无为贤于贵生

【原文】

民之饥，以其上食税之多，是以饥。民之难治，以其上有为，是以难治。人之轻死，以其生生之厚，是以轻死。夫唯无以生为者，是贤①于贵生②。〔1〕

【注释】

①贤：胜。

②贵生：重视养生。

〔1〕《老子·第七十五章》，《老子校释》第292—293页。

【译文】

人民饥饿，是因为上层统治者侵吞的赋税太多，所以才饥饿。人民难以统治，是因为上层统治者强作妄为，所以难以统治。人民轻视死亡，是因为上层统治者奉养奢靡，所以轻视死亡。只有不以奢靡为务者，才真正懂得贵重生命的道理。

【评述】

无为而治的思想在此主要体现在放宽对人民的经济剥削。在社会财富为恒量的情况下，统治者和人民是享有生产成果的矛盾双方。当统治者抛弃奢侈的生活方式、还部分财富于人民时，自身统治的长久才能够得以保证。这种思想在汉代得到了某种程度的贯彻，在战乱之后让百姓休养生息，实行“十五税一”甚至“三十税一”，并通过减少统治者的政治建树来减轻对人民的剥削，因此出现了“文景之治”的繁荣局面。可见，老子的思想不只有玄谈的一面，在某些时候也是会取得良好的实际效果的。

第十节　孔子

【人物简介】

孔子（前551—前479），名丘，春秋末期鲁国人，是我国历史上伟大的思想家、教育家和政治家。一生周游列国，宣讲其政治思想。其主要言行思想体现在《论语》中。《论语》是儒家第一部经典著作。

蔡元培先生说过："孔子之言政治，亦以道德为根本。"[1] 从某种角度讲，儒家哲学思想可以被看做一套系统的政治道德论，它以修身、齐家、治国、平天下为己任，在先秦思想中独树一帜。孔子便是这套政治道德论的创始者。这决定了他的廉政思想以崇高的道德标准为特征。他的思想对中华民族的民族品性的形成影响极大。总的说来，孔子的廉政思想有三个层次：一是"俭"，二是"正"，三是"德"。孔子的廉政思想不仅为儒家后学（自孟子、荀子以至后世儒家）确立了规范，也为中国两千年封建王朝的意识形态正统定下了基调。

节用爱人

【原文】

子曰："道①千乘之国②，敬事而信，节用而爱人，使民以时。"[2]

【注释】

①道：通"导"，引导，领导，治理。

②千乘之国：拥有一千辆兵车的国家。在当时算得上中等水平的诸侯国。

【译文】

孔子说："治理拥有一千辆兵车的国家，应严肃认真，诚信无

〔1〕 蔡元培：《中国伦理学史》，人民出版社2008年版，第16页。
〔2〕《论语·学而》，金良年撰：《论语译注》，上海古籍出版社2004年版（下同），第3页。

欺，厉行节约，爱护人民，役使民众不要耽误农时。”

【评述】

“小国寡民”是一种政治松散而官民却相安无事的统治状态。大国的治理相对于小国的难度就在于，政府同人民的距离相对较远，政令的实施往往不能立竿见影。孔子论及大国治理时，强调诚意、信用、节俭和爱民的结合，尤其是将“节用”和“爱人（民）”这两个方面联系在一起，将节俭作为基本的统治手段，这对当时的封建统治者有着实际的指导意义。

温良恭俭让

【原文】

子禽问于子贡曰：“夫子至于是邦也，必闻其政，求之与，抑与之与？”子贡曰：“夫子温、良、恭、俭、让以得之。夫子之求之也，其诸异乎人之求之与？”[1]

【译文】

子禽问子贡：“孔子到了一个国家，一定能够得知它的政事，这是特意访求而得来的呢，还是别人告诉他的呢？”子贡回答说：“孔子是靠为人温顺、和善、庄敬、节制、谦逊的态度而得知的。即使孔子去访求，他的方法恐怕也和别人不一样吧？”

---

〔1〕《论语·学而》，《论语译注》第5页。

【评述】

"温良恭俭让"自孔子之后成为儒家所推崇的待人接物的五种基本美德。这段引文是这五种美德的原始出处。其中，"俭"不仅是说在经济意义上的节省，更指为人谦逊有节，孔子把它看做政教得失的体现之一种。比较而言，老子和孔子都讲究和提倡"俭"，但前者侧重于修养自己的身心，后者则侧重于社会风气的和谐融洽。

君子食无求饱，居无求安

【原文】

子曰："君子食无求饱，居无求安，敏于事而慎于言，就有道而正焉，可谓好学也已。"〔1〕

【译文】

孔子说："君子吃饭不求饱足，居住不求安逸舒适，做事讲究迅捷，言辞讲究谨慎，向道德修养高的人看齐，纠正自身的过失，这就是好学。"

【评述】

孔子认为，物质条件不应该是君子追求的目标，修身养性才是君子成就自身的第一步。我们看到，"学"在孔子那里具有极其宽泛的含义，它贯穿"君子"的一生。

---

〔1〕《论语·学而》，《论语译注》第7页。

贫而乐，富而好礼

【原文】

子贡曰："贫而无谄，富而无骄，何如？"子曰："可也，未若贫而乐，富而好礼者也。"[1]

【译文】

子贡问："贫穷却不谄媚，富有却不骄纵，这样做怎么样？"孔子回答说："这样做也就可以了，但是不如贫穷却安乐，富有却谦虚好礼的人。"

【评述】

孔子曾数次讨论君子在贫和富两种境地中应当如何应对。这同他所处的时代有密切关联。当时封建私有制逐渐形成，原有的资产格局悄悄发生着变化，有的没落贵族要面临自己新的经济地位。在这种情况下，孔子强调了两重境界：第一重"贫而无谄，富而无骄"，是说对经济现状保持宠辱不惊的平常心；第二重"贫而乐，富而好礼"，这是更高的层面，是说面对经济现实时要有更高的道德境界。

[1] 《论语·学而》，《论语译注》第 8 页。

为政以德

【原文】

子曰："为政以德，譬如北辰①居其所而众星共②之。"[1]

【注释】

①北辰：北极星。

②共（gǒng）：通"拱"，环抱，环绕。

【译文】

孔子说："以道德来执政，就像北极星那样，在自己的位置上被众多星辰围绕。"

【评述】

"德治"思想源远流长。《尚书》记载了"非予自荒兹德"（《尚书·盘庚上》）、"予亦不敢动用非德"（《尚书·盘庚下》）等。"为政以德"是孔子所开创的儒家政治观的最典型体现，是"他的基本政治期望"[2]。从此，儒家的"德治"同道家的"无为而治"和法家的"法治"成为中国传统的三种政治理念。而其中的"德治"要求官员对自身的行为有所约束，与官员的清廉政治有直接关系，因而为历朝历代的贤君所推崇。不过，德治作为

---

〔1〕《论语·为政》，《论语译注》第9页。

〔2〕姜广辉主编：《中国经学思想史》（第一卷），中国社会科学出版社2003年版（下同），第718页。

一种人治，也潜藏着“其人存则其政举，其人亡则其政息”[1] 的危险，这种危险需要相应的政治制度来规避。

道之以德

【原文】

子曰：“道①之以政，齐之以刑，民免而无耻；道之以德，齐之以礼，有耻且格②。”[2]

【注释】

①道（dǎo）：通“导”，引导，治理。

②格：亲近，归服，向往。

【译文】

孔子说：“以政令来引导，用刑罚来整治，只能使民众免于犯罪而不知犯罪是可耻的；以道德来引导，用礼教来规范他们的言行，民众则有廉耻之心并且人心归服。”

【评述】

孔子认为，“德治”不仅起到了“法治”的整治社会的功效，而且还有教化之功，因此更值得推行。在当时“德治”同“法治”相互较量的大环境中，这是一条十分关键和有力的论据。

---

〔1〕《礼记·中庸》。

〔2〕《论语·为政》，《论语译注》第10页。

与其奢也，宁俭

【原文】

林放问礼之本，子曰："大哉问！礼，与其奢也，宁俭；丧，与其易①也，宁戚。"〔1〕

【注释】

①易：治理，置办。这里指把事情办大办好。

【译文】

林放问礼的本质是什么，孔子说："你的问题意义重大呀！礼，与其奢侈，不如俭省；丧事，与其大操大办，不如内心真正悲痛。"

【评述】

我们需要注意，孔子在遇到关于"礼之本"的提问时，首先情不自禁地感叹道："大哉问！"可见澄清"礼"的本质在他看来是多么重要。当时的社会流行着一种观点，即认为"礼"从制度到具体操作层面都是烦琐的，因而处于俭省的对立面；这就是为什么孔子听到林放问起"礼"的本质来时就表现得相当激动——在他看来，纠正流俗的观点是一件极其紧迫的事情。孔子认为，奢侈和俭省都是礼的表象；礼的本质是心诚意诚。但相比而言，

〔1〕《论语·八佾》，《论语译注》第20页。

奢侈比俭省更远离诚心诚意，因而自然是远离“礼”的要求的。

管仲不俭

【原文】

或曰：“管仲俭乎?”曰：“管氏有三归①，官事不摄②，焉得俭?”〔1〕

【注释】

①三归：自古以来解释众多，主要有以下几种：三个姓氏的女子；三处家庭；三处藏钱财的地方。此处取第三种。

②摄：兼职。

【译文】

有人问：“管仲节俭吗?”孔子说：“管仲家财万贯，（他手下的人）从不兼差，他哪里节俭呢?”

【评述】

我国自古有“管侈晏俭”之说。管仲作为齐桓公时期的名相，为齐国霸业立下了汗马功劳，但同时也有中饱私囊的行为。因此，尽管孔子对管仲的治世之才大加赞赏，甚至说“微管仲，吾其被发左衽矣”〔2〕，但仍由于管仲不廉洁而严厉指责他。孔子对管仲的评价将知人论世和知世论人很好地结合在一起，显示出高度的

〔1〕《论语·八佾》，《论语译注》第28页。
〔2〕《论语·宪问》，《论语译注》第168页。

灵活性。

仁者安仁，知者利仁

【原文】

子曰：“不仁者不可以久处约①，不可以长处乐。仁者安仁，知者利仁。”[1]

【注释】

①约：穷困。

【译文】

孔子说：“不仁的人不能长久地处于穷困的境地，也不能长久地处于安乐的环境。有仁德的人安于仁，有智慧的人利用仁。”

【评述】

《论语》中的“约”字大致有两种含义：“穷困”和“节制”。后者如“以约失之者鲜矣”[2]；前一种含义指贫困或走投无路的状态。孔子认为，只有仁者才能在这种状态下保持节操。后一种含义指一种美德，与“温良恭俭让”之“俭”同义。对于孔子来说，“仁”是君子在任何境遇下都能够保持节操的保证，它令君子以一种坦荡的胸怀面对随时可能变化的处境。

---

〔1〕《论语·里仁》，《论语译注》第31页。

〔2〕同上书，第37页。

君子无终食之间违仁

【原文】

子曰："富与贵，是人之所欲也，不以其道得之，不处也；贫与贱，是人之所恶也，不以其道得之，不去也。君子去仁，恶乎成名？君子无终食之间违仁，造次必于是，颠沛必于是。"〔1〕

【译文】

孔子说："发财与做官，这是人人所希求的，如果不用正当的方法得到它们，君子是不会接受的；贫穷和低贱，这是人人所厌弃的，如果不用正当的方法改变它们，君子也不会急于摆脱这种窘境。君子离开了仁德，还拿什么去成就他的名声呢？君子无时无刻不恪守仁，即便在仓促紧迫时，即便在颠沛流离中。"

【评述】

这是从统治者和官员的经济生活角度讲的，要求他们安贫乐道，舍利取义。但是，孔子并不是一味要求执政者放弃对优厚俸禄和舒适生活的追求，而是将道义作为绝对前提。他还说过："君子喻于义，小人喻于利。"〔2〕孔子廉政思想的这一层面开启了中国封建社会士人阶层"义利之辨"的传统，这个思想在孟子那里更为明确。

〔1〕《论语·里仁》，《论语译注》第32页。
〔2〕同上书，第36页。

欲则不刚

【原文】

子曰："吾未见刚者。"或对曰："申枨①。"子曰："枨也欲，焉得刚？"[1]

【注释】

①申枨（chéng）：姓申，名枨，字周。即孔子的学生申党。

【译文】

孔子说："我没有遇到过刚正的人。"有人说："申枨（是这样的人）。"孔子说："他欲望太盛，怎么称得上刚正呢？"

【评述】

"欲则不刚"同后世的"无欲则刚"同义，可见孔子在那个年代已经明白了这个道理。"刚"在孔子的那个年代也被通俗地理解为"刚毅"、"刚直"、"刚正"等。孔子却提醒道：当一个人欲望太盛的时候，其行为的道德性则往往大打折扣，从而变得畏首畏尾，而无法贯彻纯粹道德的初衷了。孔子这样的见地的确是相当有智慧和远见的。

---

〔1〕《论语·公冶长》，《论语译注》第44页。

富贵如浮云

【原文】

子曰："饭疏食①饮水②，曲肱③而枕之，乐亦在其中矣。不义而富且贵，于我如浮云。"[1]

【注释】

①疏食：粗食。

②水：指冷水。古文常以"汤"指热水。

③肱：胳膊上从肩到肘的部分。这里指胳膊。

【译文】

孔子说："吃粗陋的食物，喝冷水，枕着自己的胳膊，这里也有乐趣。如果不义却有钱有势，这对我来说如同浮云一般虚无。"

【评述】

孔子说过："士志于道而耻恶衣恶食者，未足与议也。"[2] 求道与对衣食等生活资料的追求是相悖的。有志于道者，应当以高尚的道德情操来要求自身，而将物质生活放到一边不加重视。孔子的得意弟子颜回是这方面的楷模。孔子曾说："贤哉，回也！一箪食，一瓢饮，在陋巷，人不堪其忧，回也不改其乐。贤哉，回

---

〔1〕《论语·述而》，《论语译注》第 73 页。

〔2〕《论语·里仁》，《论语译注》第 33 页。

也!”[1] 其赞叹之情溢于言表。当然，在我们今天看来，这是一种十分理想和高远的道德境界。

奢则不孙

【原文】

子曰：“奢则不孙①，俭则固②。与其不孙也，宁固。”[2]

【注释】

①孙：同“逊”。

②固：固陋，寒碜，小气。

【译文】

孔子说：“奢侈则显得不谦虚，节俭则显得寒酸。与其不谦虚，还不如寒酸。”

【评述】

儒家讲究“中庸”之道。具体到节俭方面，孔子也并不是一味地强调俭省。在奢侈和节俭两个极端项之间，能够取其中间项自然最好；如果不能，那就宁可选择节俭一方。因为，相对于寒酸来说，不谦逊的行为是更加严重的，是伤害道德修养的行为。在这里我们看到，孔子善于在道德要求上设立等级，而不强求对所有的人采取同一标准进行考察。

---

〔1〕《论语·雍也》,《论语译注》第58页。

〔2〕《论语·述而》,《论语译注》第81页。

笃信好学，守死善道

【原文】

子曰："笃信好学，守死善道。危邦不入，乱邦不居。天下有道则见①，无道则隐。邦有道，贫且贱焉，耻也；邦无道，富且贵焉，耻也。"[1]

【注释】

①见（xiàn）：同"现"。显现，出现。

【译文】

孔子说："坚信并努力学习道，坚守并保全它。不进入危险的邦国，不住在混乱的邦国。如果邦国有道，而自己却贫穷低贱，是耻辱；如果邦国无道，而自己却有钱有势，那也是耻辱。"

【评述】

这又是一段围绕"道"展开的言论，它显示出孔子对士阶层的境界要求。孔子的"道"同老子的作为世界本原的"道"不同，它强调道义节操；落实到士阶层的行为规范上，是将自己的个人命运同国家城邦的兴亡及统治策略密切联系在一起，力图尽一己之力来振兴国家。这样一来，在一个无道的邦国之中，即便保全自身都是士的耻辱，更不要说"富且贵"了。

---

〔1〕《论语·泰伯》，《论语译注》第87页。

政者，正也

【原文】

季康子问政于孔子，孔子对曰：“政者，正①也。子帅②以正，孰敢不正？”〔1〕

【注释】

①正：正直，端正。

②帅：同“率”。

【译文】

季康子问孔子什么是政治，孔子回答说：“政，就是正。如果您带头走正道，谁还敢不走正道呢？”

【评述】

这是从统治者和官员的政治生活的角度讲的，要求为官正直，不徇私枉法，做好表率。当政府工作人员带头以较高的道德水准来要求自己的时候，全社会才较容易形成一股正直的风气。

苟子之不欲，虽赏之不窃

【原文】

季康子患盗，问于孔子。孔子对曰：“苟子之不欲，虽赏之

〔1〕《论语·颜渊》，《论语译注》第139页。

不窃。”[1]

【译文】

季康子苦于盗贼太多，于是向孔子请教。孔子回答道：“如果你不那么贪心，就算是奖励盗贼，他们也不会去做的。”

【评述】

在孔子看来，统治者的贪欲及敛财同民众的违法行为之间有着直接的关系；由于民众的行为是统治者教化的结果，因此，前者是在后者的影响下形成的。统治者比一般民众负有更多的道德义务。因此，廉政建设不仅仅是对社会上层的要求，还是对社会风气的整体要求。季康子的提问或许是希望得到孔子一个直接的解决办法，但孔子的回答却相当的犀利，将季康子本人归为盗窃频发现象的根源。这种智慧和从容的回答所显示出的圣人气概，在今天仍能够令人感受得到。

君子之德风

【原文】

季康子问政于孔子曰：“如杀无道以就有道，何如？”

孔子对曰：“子为政，焉用杀？子欲善而民善矣。君子之德风，小人之德草，草上之风必偃。”[2]

---

〔1〕〔2〕《论语·颜渊》，《论语译注》第140页。

【译文】

季康子向孔子讨教有关治理国家的问题："如果杀掉那些无道之人，以此亲近有道者，怎么样?"

孔子回答道："您治理国家哪里用得到杀戮? 如果您向善，那么民众就会变得善良。君子的德行像风，小人的德行像草，草必定顺风而倒。"

【评述】

孔子在此仍强调统治者个人的道德力量对国家的影响力。这段话侧重表现此影响力的作用方式，那就是"风"。它虽然并不像强制性的命令那样有着立竿见影的效果，但更容易深入人心，有可能形成民众自身的行为规范。"德治"的教化作用便在于此。因此，尽管儒家在政治制度方面比起法家来有着明显的弱势，但在教化方面的见解则是相当高明的。社会的"风"气乃是由个人的作"风"组成的：如果贪腐之风盛行，社会风气必将混乱。

身正则不令而从

【原文】

子曰："其身正，不令而行；其身不正，虽令不从。"〔1〕

【译文】

孔子说："如果统治者自身是正直的，即使不命令属下，其政

〔1〕《论语·子路》，《论语译注》第148页。

令也行得通；如果他自身不正直，即便发布命令，属下也不会听从。”

【评述】

“正”的概念在孔子这里带有时代的烙印，因而在解释时不单纯局限在“正直”之“正”，而首先是“正名”之“正”。春秋时期，东周列国的政治局面相当复杂，具体表现在：周天子大权旁落，各国诸侯、卿大夫、陪臣等统治阶层都在为一己之利相互倾轧和斗争。面对这样的政治局面，孔子意识到需要重建政治秩序，将国家的政治生活引入健康有序的轨道，于是，他选择“正名”作为其政治理想付诸实施的第一步。所谓“正名”，就是按照“礼崩乐坏”之前的“周礼”来重新强调和限定上层统治集团内部各种势力的身份、权利和义务。以现代管理学的角度看，“正名”一举使得管理层内部权责明确，纪律严明，从而有利于最大限度地减少行政事务中人力和财力资源的消耗，并提高行政效率。

见利思义

【原文】

子路问成人①。子曰：“若臧武仲之知、公绰之不欲、卞庄子之勇、冉求之艺，文之以礼乐，亦可以为成人矣。”曰：“今之成人者何必然？见利思义，见危授命，久要②不忘平生之言，亦可以为成人矣。”〔1〕

〔1〕《论语·宪问》，《论语译注》第165页。

【注释】

①成人：完人，人格完备的人。

②要（yāo）：同“约”，穷困。

【译文】

子路问什么是完人，孔子说：“像臧武仲那样有智慧，像孟公绰那样不贪婪，像卞庄子那样勇敢，像冉有那样多才多艺，再用礼乐来丰富他们的人格修养，就可以算是完人了。”又说：“如今的完人何必如此？看见利益就想到道义，遇到危险肯付出生命，长期穷困却不忘平时的诺言，那也可以算得上是完人了。”

【评述】

儒家在修身的要求上讲究以德为先，多智多勇，礼乐齐修。但如果达不到这样完美的境界，那么，最低的标准应当是恪守“义”，尤其在“利”的面前不能忘“义”。值得一提的是，儒家的“义”与墨家等其他学派的“义”不同，它不是一种江湖游侠的“义气”，而首先是为民为国的“道义”、“大义”。这种思想后来在孟子那里得到了发扬光大，并为后世有担当的士大夫阶层所继承。

修己以敬

【原文】

子路问君子，子曰：“修己以敬。”

曰："如斯而已乎？"曰："修己以安人①。"

曰："如斯而已乎？"曰："修己以安百姓。修己以安百姓，尧舜其犹病诸！"〔1〕

【注释】

①人：此处与"百姓"相对，指臣属。

【译文】

子路问什么是君子，孔子说："修养自身来严肃认真地对待工作。"

子路问："这样就够了吗？"孔子说："修养自身来让臣下安心。"

子路问："这样就够了吗？"孔子说："修养自身来让百姓安心。修养自身来让百姓安心，连尧、舜都没有完全做到吧！"

【评述】

孔子再次提出了修身的三重境界：从"修己以敬"、"修己以安人"到"修己以安百姓"，并认为最后一重境界连尧、舜都没有做到。这一方面说明修身对统治者的重要性，另一方面也有将统治者的自身修养的影响力绝对化的嫌疑，而较少考虑通过制度来规范社会。这是儒家思想同法家思想的重要区别。

---

〔1〕《论语·宪问》，《论语译注》第179页。

君子固穷

【原文】

在陈绝粮，从者病，莫能兴。子路愠见曰："君子亦有穷乎？"子曰："君子固穷，小人穷斯滥矣。"[1]

【译文】

孔子在陈国断了粮，随从弟子纷纷病倒无法起身。子路很不高兴地来见孔子说："君子也有穷途末路的时候吗？"

孔子说："君子安于穷困，小人一旦穷困则无所不作。"

【评述】

这段小故事为我们展现出孔子为其修身理论现身说法的场景。孔子在别的地方曾说过："贫而无怨难，富而无骄易。"[2]故事中的子路便是"贫而有怨"的例子。对孔子来说，君子和小人的一个重要区别便是在逆境中的表现。后者在逆境中容易失节，这就叫做"小人穷斯滥"。可见，逆境是考验君子道德品行的试金石。

---

〔1〕《论语·卫灵公》，《论语译注》第183页。
〔2〕《论语·宪问》，《论语译注》第164页。

正直如矢

【原文】

子曰："直哉，史鱼①！邦有道如矢，邦无道如矢。君子哉，蘧伯玉②！邦有道则仕，邦无道则可卷③而怀④之。"[1]

【注释】

①史鱼：春秋时期卫国大夫史鳍（qiū），字子鱼。他生前多次向卫灵公举荐蘧（qú）伯玉，但未被采纳。临终前，他嘱咐儿子不按常规在正堂停灵，用这种"尸谏"的方式终于使灵公重用了蘧伯玉。

②蘧伯玉：春秋时期卫国的大夫，著名贤人。《淮南子》有记载说"蘧伯玉以德化"（《淮南子·说山训》）。

③卷：收。

④怀：藏。

【译文】

孔子说："史鱼真是刚正不阿呀！国家政治清明时正直如箭；国家昏庸无道时也正直如箭。蘧伯玉真是君子啊！国家正直清明时出仕做官，国家昏庸无道时就把自己的本领藏起来。"

【评述】

正直是官吏廉洁的一个主要方面，它首先要求不畏惧权势，

〔1〕《论语·卫灵公》，《论语译注》第185页。

做到刚正不阿。在这段话里需要我们仔细品味的是史鱼和蘧伯玉两种情况：他们面临同样的情况作出了截然不同的反应，而孔子却都给予了溢美之词。我们可以从两个方面来解释这一点：首先，孔子对“直”和“君子”的定位是不同的，而两者又都是正面的评价，因此在不同的标准下可以对不同的行为做出相应的赞赏；其次，虽然定位不同，但“君子”是相对宽泛的道德要求，可以将“直”包含在“君子”的概念中。从这个方面来看，孔子对不同的行为做出同样的赞赏，则显示出他对事物进行评价时灵活的情境性。

君子谋道不谋食

【原文】

子曰：“君子谋道不谋食。耕也，馁在其中矣；学也，禄在其中矣。君子忧道不忧贫。”〔1〕

【译文】

孔子说：“君子努力学道而不用心挣取口粮。耕种的人也时常挨饿，学习的人却常常得到俸禄。君子所操心的是如何得道，而不是自己的贫困。”

【评述】

在孔子看来，衣食是不需要君子来谋求的，生存的温饱是君

〔1〕《论语·卫灵公》，《论语译注》第192页。

子在一心求道的过程中自然会有的收获。即使生活贫穷，如果基本温饱能够满足的话，就应把心思全部放到求道上来。他的弟子颜回便是这方面的典范。这种话说起来很简单，似乎是一个很容易明白的道理，但实践起来却是相当困难的。

欲而不贪

【原文】

子曰："君子惠而不费，劳而不怨，欲而不贪，泰而不骄，威而不猛。"〔1〕

【译文】

孔子说："君子施惠于人却不耗费自身，使百姓辛勤劳作却不被怨恨，能够随心所欲却不贪婪，泰然自若却不骄矜，威严有度却不凶猛伤人。"

【评述】

欲望需要被节制，但也可以通过修身养性达到"从心所欲不逾矩"的境界，也就是说，自然而然地将自己的欲望限制在合理的范围内，那便是"欲而不贪"。所谓的"君子"，便是在这五对概念的权衡中实现的；在任何一对概念中，施行太过便容易走向相反的性质。这是一种相当理想化的人格境界，可称之为在权衡过程中精确拿捏的"中庸"之道，需要长久的修养才能达到。

〔1〕《论语·尧曰》，《论语译注》第241页。

第十一节 墨子

【人物简介】

墨子（约前468—前376），姓墨，名翟（dí），传说原为宋国人，后长期住在鲁国。我国春秋战国时期著名的思想家、政治家，墨家学派的创始人。据传他早年受儒家教育，后来开创墨学，与儒学相对立，以推行自己的政治主张。

《墨子》是先秦时期墨家学派的著作总汇，一般认为是墨子的弟子及其后学整理编纂而成。其基本政治主张是倡导“兼爱”、“非攻”，反对战争；提倡“尚贤”、“尚同”，主张突破当时的贵族世袭制，为下层小生产者要求平等的政治权利；并在早期宗教思想的影响下宣扬“天志”、“明鬼”。总体而言，墨子的思想具有自我牺牲的崇高精神，反映出当时小生产者阶层的政治要求。他的廉政思想也由此而来，在先秦诸子中显得十分特别。他的“非乐”、“节用”、“节葬”等主张，是对当权贵族“繁饰礼乐”和奢侈享乐生活的抗议，其影响力是巨大的，在中国政治思想史上开辟了立足底层劳动人民发言的一支。

士虽有学，而行为本

【原文】

君子战虽有陈，而勇为本焉；丧虽有礼，而哀为本焉；士虽有学，而行为本焉。是故置本不安者，无务丰末；近者不亲，无务来远；亲戚不附，无务外交；事无终始，无务多业；举物而暗，无务博闻。是故先王之治天下也，必察迩来远。君子察迩，修身也；修身，见毁而反之身者也，此以怨省而行修矣。

谮慝①之言无入之耳，批扞之声无出之口，杀伤人之孩无存之心，虽有诋讦之民，无所依矣。故君子力事日强，愿欲日逾，设壮日盛。

君子之道也，贫则见廉，富则见义，生则见爱，死则见哀。四行者，不可虚假，反之身者也。藏于心者无以竭爱，动于身者无以竭恭，出于口者无以竭驯。畅之四支，接之肌肤，华发隳颠而犹弗舍者，其唯圣人乎！

志不强者智不达，言不信者行不果。据财不能以分人者，不足与友；守道不笃，遍物不博，辨是非不察者，不足与游。本不固者末必幾②。雄而不修者其后必惰，原浊者流不清，行不信者名必耗③。名不徒生，而誉不自长，功成名遂，名誉不可虚假，反之身者也。务言而缓行，虽辩必不听；多力而伐功，虽劳必不图。慧者心辩而不繁说，多力而不伐功，此以名誉扬天下。言无务为多而务为智，无务为文而务为察。故彼智与察在身，而情反其路者也。善无主于心者不留，行莫辨于身者不立。名不可简而成也，誉不可巧而立也，君子以身戴行者也。思利寻焉，忘名忽焉，可以为士于天下者，未尝有也。[1]

【注释】

①谮慝（zèn tè）：诬蔑毁谤。谮，诬陷，中伤。慝，邪恶。

---

〔1〕《墨子·修身》，吴毓江撰：《墨子校注》，中华书局2006年版（下同），第10—11页。

②幾（jī）：危险。

③秏（mào）：昏乱不明。这里指受损害。

【译文】

君子在作战时虽然要布阵，但立足于勇敢；办丧事虽然讲究礼仪，但必须出于哀伤；士人虽然讲究才学，但必须首先拥有德行。所以，根基不牢的，不要一味追求枝繁叶茂；不能亲近身边的人，就不必招徕远方的百姓；不能使亲戚归附，就不要结交外人；做事有始无终，就不要从事很多事业；一件事物尚且弄不明白，就不必追求见闻的广博。所以，先王治理天下，必定要明察身边的人并招徕远方的人。君子明察身边的人和事，这就是所谓修身。君子修养自己的品行，如果受人诋毁，就应当自我反省，这就是因他人之怨而反省自身，从而使得品德日修。

谗害诽谤的言论不听，不说攻击他人的话，伤害他人的念头不存于心，这样，即便是那些喜好诋毁攻击别人的人，也无所依托。所以，君子的力量日渐增强，志向日渐远大，庄敬的品行日趋强盛。

君子之道是：贫穷时表现出廉洁，富足时表现出道义，对生者表示慈爱，对死者表示哀痛。这四种品行是虚假不得的，而是自身必须具备的。凡是存在于内心的，是竭力的慈爱；凡是在行为举止上表现出来的，是无比的谦恭；嘴上谈论出来的，是竭力的雅驯。让上述四种品行畅达于四肢和肌肤，直到白发渐稀且秃顶的年纪仍不肯放弃，大概只有圣人才能做到这样吧！

意志不坚强的人，智慧一定不多；说话不讲信用的人，行动难有结果。拥有财富却不肯分给别人的人，不值得和他交友；守道不坚定、阅历事物不广博、是非辨别不清楚的人，不值得和他往来。根基不牢的，枝节必然危险。只注重勇敢而不注重道德修养的人，日后必然懒惰。源头混浊的，水流肯定不清澈。行为不守信用的人，名声必受损害。声誉不会自发产生和自己增长，成功了必然成名，名誉不会凭虚假取得，而是必须通过自身的努力。言辞滔滔却行动迟缓，即便善辩，也不会取得别人的信任；出力多而自夸功劳，即便劳苦也得不到所想要的东西。聪明人心里明白但不多说，努力做事却不夸说自己的功劳，因此世人尽知。说话不图多，但求有智慧，不图文采，但求有洞察力。所以有了智慧和洞察力，论情而言，也有可能会离开正道。善不从内心生出就不能保留，行为不经过自己的辨别就不能成立。名誉不会简单地形成，声誉不会因诈伪而立，君子的行为是与其自身相统一的。重视私利，贱视名誉，却可以成为天下贤士的人，还不曾有过。

【评述】

士是中国古代一个十分特殊的阶层，知识分子和政府官员这两种身份从一开始就不加区分地结合在士阶层身上，因而对于统治阶层，我们常有“士大夫”的称谓。在墨子的时代，士阶层已经成形，他们既是政治生活的主角，又必须成为国家道德生活的楷模，因而强有力地影响着社会风气和国家的走向。因此，墨子在这一篇中着重讨论君子的人格修养，强调德行的重要性，其中“贫则见廉，富则见义”等具有实际的指导意义，为这一阶层界定了明确的政治道德规范。

俭节则昌，淫佚则亡

【原文】

子墨子曰：古之民未知为宫室时，就陵阜而居，穴而处。下润湿伤民，故圣王作为宫室。为宫室之法，曰：高足以辟润湿，边足以圉[①]风寒，上足以待雪霜雨露，宫墙之高足以别男女之礼。谨此则止，凡费财劳力不加利者，不为也。是故圣王作为宫室，便于生，不以为观乐也；作为衣服带履，便于身，不以为辟怪也。故节于身，诲于民，是以天下之民可得而治，财用可得而足。当今之主，其为宫室则与此异矣。必厚作敛于百姓，暴夺民衣食之财，以为宫室台榭曲直之望，青黄刻镂之饰。为宫室若此，故左右皆法象之，是以其财不足以待凶饥、振孤寡，故国贫而民难治也。君实欲天下之治而恶其乱也，当为宫室不可不节。

古之民未知为衣服时，衣皮带茭[②]，冬则不轻而温，夏则不轻而清[③]。圣王以为不中人之情，故作诲妇人治丝麻、捆[④]布绢，以为民衣。为衣服之法：冬则练帛之中，足以为轻且暖；夏则絺绤[⑤]之中，足以为轻且清。谨此则止。故圣人为衣服，适身体、和肌肤而足矣，非荣耳目而观愚民也。当是之时，坚车良马不知贵也，刻镂文采不知喜也。何则？其所道之然。故民衣食之财，家足以待旱水凶饥者，何也？得其所以自养之情，而不感于外也。是以其民俭而易治，其君用财节而易赡也。府库实满，足以待不然；兵革不顿，士民不劳，足以征不服，故霸王之业可行于天下矣。当今之主，其为衣服则与此异矣，冬则轻暖，夏则轻清，皆已具矣。必厚作敛于百姓，暴夺民衣食之财，以为锦绣文采靡曼之衣。

铸金以为钩，珠玉以为珮，女工作文采，男工作刻镂，以为身服。此非云益暖之情也，单[⑥]财劳力，毕归之于无用也。以此观之，其为衣服，非为身体，皆为观好。是以其民淫僻而难治，其君奢侈而难谏也。夫以奢侈之君御好淫僻之民，欲用无乱，不可得也。君实欲天下之治而恶其乱，当为衣服不可不节。

古之民未知为饮食时，素食而分处。故圣人作诲男耕稼树艺，以为民食。其为食也，足以增气充虚、强体适腹而已矣。故其用财节，其自养俭，民富国治。今则不然，厚作敛于百姓，以为美食刍豢，蒸炙鱼鳖，大国累百器，小国累十器，前方丈，目不能遍视，手不能遍操，口不能遍味，冬则冻冰，夏则餲饐[⑦]。人君为饮食如此，故左右象之，是以富贵者奢侈，孤寡者冻馁[⑧]，虽欲无乱，不可得也。君实欲天下之治而恶其乱，当为食饮不可不节。

古之民未知为舟车时，重任不移，远道不至。故圣王作为舟车，以便民之事。其为舟车也，完固轻利，可以任重致远。其为用财少，而为利多，是以民乐而利之。故法令不急而行，民不劳而上足用，故民归之。当今之主，其为舟车与此异矣。完固轻利皆已具，必厚作敛于百姓，以饰舟车，饰车以文采，饰舟以刻镂。女子废其纺织而修文采，故民寒；男子离其耕稼而修刻镂，故民饥。人君为舟车若此，故左右象之，是以其民饥寒并至，故为奸邪。奸邪多则刑罚深，刑罚深则国乱。君实欲天下之治而恶其乱，当为舟车不可不节。

凡回于天地之间，包于四海之内，天壤之情，阴阳之和，莫不有也，虽至圣不能更也。何以知其然？圣人有传：天地也，则曰上下；四时也，则曰阴阳；人情也，则曰男女；禽兽也，则曰牡牝雄雌也。真天壤之情，虽有先王，不能更也。虽上世至圣，必蓄私不以伤行，故民无怨。宫无拘女，故天下无寡夫。内无拘女，外无寡夫，故天下之民众。当今之君，其蓄私也，大国拘女累千，小国累百，是以天下之男多寡无妻，女多拘无夫。男女失时，故民少。君实欲民之众而恶其寡，当蓄私不可不节。

凡此五者，圣人之所俭节也，小人之所淫佚也。俭节则昌，淫佚则亡。此五者不可不节，夫妇节而天地和，风雨节而五谷孰，衣服节而肌肤和。[1]

【注释】

①圉：通“御”，阻止，抵御。

②茭（jiāo）：喂牲口的干草。

③凊（qìng）：凉。

④捆（hú）：用手推。这里是织的意思。

⑤绨绤（chī xì）：细葛布叫绨，粗葛布叫绤。

⑥单：通“殚（dān）”，尽。

⑦餲饐（ài yì）：食物经久而发臭。

⑧餧（něi）：同“馁”，饥饿。

【译文】

墨子说：上古的百姓不懂得修盖宫室的时候，要靠近山陵居住，住在洞穴里。地下潮湿伤害人民的健康，所以圣王开始建造宫室。建造宫室的法则是：高度足以避潮湿，四面足以御风寒，屋顶足以承受霜雪雨露，宫墙的高度足以分隔男女。仅此而已，凡属劳民伤财而不增加利益的事，是不会做的。所以，圣王建造

〔1〕《墨子·辞过》，《墨子校注》第44—47页。

宫室是为了方便生活，而不是为了观赏的乐趣；制作衣服和鞋帽，是为了身体方便，而不是为了追求奇特。所以，如果君主自身节俭，来教导百姓，天下的百姓就得以治理，财产用度就得以充足。现在的君主，修建宫室却和上古的圣王不同。他们必定要向百姓横征暴敛，疯狂地抢夺百姓吃饭穿衣的钱财来营造宫室，修造曲折的台榭，以及青色和黄色的雕刻装饰。如此来营造宫室，他身边的人都会效法这种做法，因此财用就不足以应付凶年饥荒，无法抚恤孤寡的人，所以会导致国家穷困而且百姓难以治理。君主若希望天下井然有序，厌恶其混乱，那么，营造宫室就不可不节俭。

在上古的百姓不会做衣服的时候，他们穿着兽皮，系着草绳，在冬天既不轻便又不温暖，到了夏天既不轻便也不凉爽。圣王认为这不符合人的需要，于是开始教女子养蚕植麻、纺织布匹，来做百姓的衣服。做衣服的法则是：冬天穿生丝麻制的衣服，因为它足够轻便温暖；夏天穿葛制的衣服，因为它足够轻便凉爽。这就够了。所以，圣人做衣服只图合身和舒适，并不是为了感官享受和向愚民炫耀。在这时候，坚固的车和良马不被当做贵重的东西，雕刻花纹也没有人懂得欣赏。为什么呢？这是被教化的结果。所以，百姓用来穿衣吃饭的财物，家家都足以防患水旱灾害凶年饥荒，为什么呢？因为他们懂得自给自足，不被外界所诱惑，所以，百姓都生活俭朴而容易治理，君主使用财物有节制而容易富足。国库充实，足以应付非常的变故；战争物资充足，士民不劳顿，足以征伐不顺从的臣民，所以可实现称霸天下的事业。现在的君主做衣服的状况却和上古君主不相同了。冬天的衣服轻便暖和，夏天的衣服轻便凉爽，这些都已经具备了，他们却一定要向百姓征收重税，疯狂抢夺百姓的衣食之资，用来做锦绣华彩靡丽的衣服。把黄金做成衣带钩，用珠玉做成佩饰，差遣女工做各种纹饰，让男工做雕刻，把这些穿在身上。这不是为了温暖，耗尽了钱财也费尽了民力，都是为了这些无用之物。由此看来，他们做衣服，不是为了身体的舒适，而是为了好看。因此，百姓都品行乖张而难以治理，君主奢侈而很难劝谏。靠奢侈的君主去统治那些行为不端的民众，却希望不混乱，这是不可能的。君主如果真的希望天下大治而憎恶混乱，那么在做衣服时就不可不节俭。

在上古的百姓不懂得制作食物时，他们只吃素食并且分散居住，所以，圣人教男子耕种栽植，带领百姓们生产粮食。生产粮食的准则是：只求补气益虚、饱腹健体罢了。所以，他们在钱财使用上很节省，生活俭朴，民众富足，国家安定。现在却不是这样，君主向百姓们征收重税，用来享受美味的家禽，蒸烤鱼鳖，大国的君主桌上有上百种菜，小国的君主也有十几种的菜，摆在前面足足有一丈见方，眼不能全看到，手不能全够到，嘴也不能全尝到，以致冬天结冰，夏天腐臭，君主这样过度地讲究饮食，以致左右的大臣都效法他的做法。因此，富贵的人奢侈，孤寡的人受冻挨饿，这样一来，就算不希望国家混乱，也是不可能的。君主如果希望天下大治而厌恶其混乱，在饮食上就不可不节制。

在上古的百姓不懂得制造车船时，重的东西搬不动，远的地方去不成。所以，圣王开始制造车船，用以方便百姓的生活。他们做车船只求坚固轻便，可以运重物、行远路。费用花得少，但得利很大，所以百姓们乐于使用。因此，法令不用催促就可执行，百姓不用劳苦而圣王的财用充足，所以百姓都前来归顺他。现在的君主制造车船的状况则大相径庭。车船已经坚固轻便了，他们却还要向百姓征收重税，用以装饰车船，在车船上画上文彩，进行雕刻。女子们废弃纺织而去描绘文彩，所以百姓忍受寒冷；男子们放弃耕稼而去从事雕刻，所以百姓们忍饥挨饿。君主这样制造车船，大臣都会纷纷仿效，所以，百姓饥寒交迫，不得已而做出品行不端的事。这类事多了，刑罚必然繁重；刑罚繁重时，国家就会陷入混乱。君主如果真的希望天下大治而厌恶混乱，那么在制造车船方面就不可不节俭。

凡是周游充斥于天地之间、四海之内的，符合天地阴阳的变化规律，一切都具备了，就算是至圣也不能更改。何以得知这一点呢？据传，圣人说过：天地是上下，四时是阴阳，人类分为男女，禽兽分为公母雌雄。这是真正的自然法则，即使先贤圣王也不能改变。即便上代的至圣，都一定养有侍妾，但不伤害品行，所以百姓没有怨言。在他的宫中没有被强行拘禁的女子，所以天下没有独身的成年男子。宫内没有被强行拘禁的女子，宫外无独身的成年男子，因而天下百姓众多。现在的国君养侍妾，大国拘禁女子达到数千人，小国也有数百，所以天下男子很多没有妻子，女子很多遭拘禁而没有丈夫。男女婚姻失去了平衡，所以人口数量减少。国君如果真的想要让人口增多而厌恶人口减少的话，在养侍妾方面就不可不节制。

以上所说的五个方面，都是圣人节俭而小人奢侈淫佚的地方。节俭导致昌盛，淫佚导致灭亡。不可不节制这五个方面，男女之事有节制，天地就和顺；风调雨顺，庄稼就丰收；衣服有节制，身体就舒适。

【评述】

篇名“辞过”之“过”，指的是宫室、衣服、饮食、车船、蓄私五者之过。[1] 本篇旨在揭示在当时的统治者中间已经出现的某些奢侈现象，力图让这些君主改掉这五个方面的过失。这种廉政思想具有具体的警世意义。同时我们也应当看到，墨子的论述虽然详备，但失之平实，而对统治者为何必须遵循节俭的原因这一点上缺乏足够的说服力。或许这也是为什么墨家的思想在当时和后世并不广为接受的原因所在吧。

大人之务，在于众贤

【原文】

子墨子言曰：古者王公大人为政于国家者，皆欲国家之富，人民之众，刑政之治。然而不得富而得贫，不得众而得寡，不得治而得乱，则是本失其所欲，得其所恶，是其故何也？

子墨子言曰：是在王公大人为政于国家者，不能以尚贤事能为政也。是故国有贤良之士众，则国家之治厚；贤良之士寡，则国家之治薄。故大人之务，将在于众贤而已。

曰：然则众贤之术将奈①何哉？子墨子言曰：譬若欲众其国之善射御之士者，必将富之贵之，敬之誉之，然后国之善射御之士将可得而众也。况又有贤良之士厚乎德行、辨乎言谈、博乎道术者乎？此固国家之珍，而社稷之佐也。亦必且富之贵之，敬之誉之，然后国之良士亦将可得而众也。

是故古者圣王之为政也，言曰："不义不富，不义不贵，不义不亲，不义不近。"是以国之富贵人闻之，皆退而谋曰："始我所

---

〔1〕 吴毓江：《墨子校注》，第47页。

恃者，富贵也。今上举义不辟贫贱，然则我不可不为义。”亲者闻之，亦退而谋曰：“始我所恃者，亲也。今上举义不辟亲疏，然则我不可不为义。”近者闻之，亦退而谋曰：“始我所恃者，近也。今上举义不辟远近，然则我不可不为义。”远者闻之，亦退而谋曰：“我始以远为无恃。今上举义不辟远，然则我不可不为义。”逮至远鄙郊外之臣、阙庭庶子、国中之众、四鄙之萌人，闻之皆竞为义。是其故何也？曰：上之所以使下者，一物也；下之所以事上者，一术也。譬之富者，有高墙深宫，墙立既谨，上为凿一门。有盗人入，阖其自入而求之，盗其无自出。是其故何也，则上得要也。

故古者圣王之为政，列德而尚贤，虽在农与工肆之人，有能则举之，高予之爵，重予之禄，任之以事，断予之令，曰：“爵位不高则民弗敬，蓄禄不厚则民不信，政令不断则民不畏。”举三者授之贤者，非为贤赐也，欲其事之成。故当是时，以德就列，以官服事，以劳殿赏，量功而分禄。故官无常贵，而民无终贱，有能则举之，无能则下之。举公义，辟私怨，此若言之谓也。

故古者尧举舜于服泽之阳，授之政，天下平；禹举益于阴方之中，授之政，九州成；汤举伊尹于庖厨之中，授之政，其谋得；文王举闳夭、泰颠于罝[②]罔之中，授之政，西土服。故当是时，虽在于厚禄尊位之臣，莫不敬惧而施，虽在农与工肆之人，莫不竞劝而尚意。故士者，所以为辅相承嗣也。故得士则谋不困，体不劳，名立而功成，美章而恶不生，则由得士也。

是故子墨子言曰：得意，贤士不可不举；不得意，贤士不可不举。尚欲祖述尧舜禹汤之道，将不可不以尚贤。夫尚贤者，政之本也。[1]

【注释】

①柰（nài）：通“奈”。

②罝（jū）：捉兔子的网。泛指捕野兽的网。

【译文】

墨子说：古代执掌国政的王公大人们都希望国家富足，人口众多，刑罚和政治清明。然而国家却不富足反而贫穷，人口却不增加反而减少，刑罚和政治却不清明反而混乱，这是从根本上失去他们想要的东西，而得到不想要的，这是为什么呢？

墨子说：这是由于执掌国政的王公大人们不能尊敬贤者、任用能人来治理国家的缘故。国家拥有贤能之士多了，国家的安定就会有保障；贤能之士减少了，国家的安定程度就会降低。因此，施政者最迫切的事务，就在于使贤能的人增多。

有人问：如何能够使贤人增多呢？墨子说：假如想增加这个国家擅长射箭、驾车的人，一定要使他们富有而高贵，尊敬他们，给他们荣誉，这样，国家的射箭、驾车能手就会增多。（善射御之士尚且如此，）何况德行敦厚、擅长言辞、精通学术的贤能之士呢！他们原本就是国家的珍宝、社稷的栋梁啊！也一定要使他们富有和高贵，尊敬他们，给他们荣誉，这样以后，国家的贤才就会增多了。

所以，古代的圣王治理国家，说道：“对不义的人就不让他富

〔1〕《墨子·尚贤上》，《墨子校注》第65—67页。

有和尊贵，不与他亲密，不与他亲近。”因此富有和高贵的人听到后，都回去商议道：“从前我所依靠的是富贵；如今君主提拔行为合乎道义的人不避贫贱的人，那么我不可做不道德的事。”君主的亲属听到后，也回去商议道：“起初我们所倚仗的是亲戚关系；如今君主提拔行为有道义的人不避非亲属关系，那么我不可做不道德的事。”与君主亲近的人听到后，也回去商议道：“起初我们所依赖的是亲近；如今君主提拔行为有道义的人不避疏远，那么我不可做不道德的事。”离君主和国都远的人听到后，也回去商议道：“我先前以为离君主远就没有依靠，如今君主提拔行为有道义的人不避疏远，那么我不可做不道德的事。”一直到边邑郊外偏僻地方的臣僚，在宫廷中担任值宿、守卫等事务的贵族子弟，国都中的民众，边远地区的郊野之民，听到后都争先做有道义的事。这是为什么呢？这是因为，君主用来差遣臣下的只有一种东西，臣下借以侍奉君上的只有一种途径。这就像是富人的住所有高墙深屋，墙已经立在那里了，只在墙上开凿一道门。如果有盗贼进入，关闭这一道门再去抓他，他就没有逃出的通道了。这是为什么呢？就是因为君王抓住了事情的要领。

所以古代圣王施政，任用有德的人，尊重贤能的人，即使从事农业、手工业的人或商人，如果有才能就选用他，给他们高官厚禄，让他们担负一定的工作，让他们有决断权，并说：“如果爵位不高，百姓就不尊敬他；如果积蓄和俸禄不丰厚，百姓就不信任他；如果行使政令没有决断权，百姓就不怕他。”把这三样东西给予贤者，并不是对贤者的恩赐，而是想要他把事情办成。所以在当时，靠德行来安排职位，按官职授予权力，按出力多少给予奖赏，衡量功劳大小而分配俸禄。所以，官吏没有一成不变的富贵，而百姓也不会永远贫贱下去，对有才能的人就选用，对没才能的人就罢黜。提拔公认有“义”的人，远离个人好恶，说的就是这个道理。

所以古代尧把舜从服泽的北边选出来，交给他政权，结果天下安定；禹在阴方把益选出来，交给他政权，结果天下统一；汤把伊尹从厨房之中选出来，交给他政权，结果谋划的事情成功；文王把从事渔猎的闳夭、泰颠选出来，交给他们政权，结果西方的部落纷纷臣服。所以在这个时候，即使是俸禄多、地位高的大臣，没有谁不敬畏并且戒惕的；即使是从事农业、手工业和商业的人，都努力去成为有道德的人。所以士人能作为政权的好助手。所以得到士人，谋略就不会匮乏，身体就不必劳苦；名声确立且功业成就，好事得以显扬，丑事不会发生，这都是由于得到了士人的缘故。

因此墨子说：得意之时，不可不选用贤士；失意时，也不可不选用贤士。如果想奉行尧、舜、禹、汤这类贤君之道，就不可不崇尚贤能。尚贤是为政的根本所在。

【评述】

“尚贤”是墨子著名的政治学思想。今天流传下来的《墨子》中含《尚贤》上、中、下三篇。从总体上看，它们的内容较为接近，只是在结构和表述方式上有所不同（其中中篇最为详尽），于是学者们倾向于认为，它们可能是墨家后学的不同版本。我们这里仅选择上篇加以说明，以彰显墨家的“尚贤”思想。尚贤，顾名思义，乃是选官用人之道。诸子百家都推崇贤能，墨子的特别之处在于强调“贤”是选官的唯一标准，其他如身份、地位、职业等都可忽略不计。这自然同墨子本人小生产者的出身相关，同时，也顺应了当时社会征战局面对人才的渴求这一大趋势。

去无用之费，圣王之道

【原文】

圣人为政一国，一国可倍也；大之为政天下，天下可倍也。其倍之，非外取地也，因其国家，去其无用，足以倍之。圣王为政，其发令兴事、使民用财也，无不加用而为者。是故用财不费，民德不劳，其兴利多矣。

其为衣裘何以为？冬以圉寒，夏以圉暑。凡为衣裳之道，冬加温、夏加清者，芊䱉[①]；不加者，去之。其为宫室何以为？冬以圉风寒，夏以圉暑雨。凡为宫室，加固者，芊䱉；不加者，去之。其为甲盾五兵何以为？以圉寇乱盗贼，若有寇乱盗贼，有甲盾五兵者胜，无者不胜，是故圣人作为甲盾五兵。凡为甲盾五兵，加轻以利坚而难折者，芊䱉；不加者，去之。其为舟车何以为？车以行陵陆，舟以行川谷，以通四方之利。凡为舟车之道，加轻以利者，芊䱉；不加者，去之。凡其为此物也，无不加用而为者，是故用财不费，民德不劳，其兴利多矣。有去大人之好聚珠玉鸟兽犬马，以益衣裳宫室甲盾五兵舟车之数，于数倍乎？若则不难倍。故孰为难倍？唯人为难倍。

然人有可倍也。昔者圣王为法曰："丈夫年二十，毋敢不处家，女子年十五，毋敢不事人。"此圣王之法也。圣王既没，于民次也。其欲蚤处家者，有所二十年处家；其欲晚处家者，有所四十年处家。以其蚤与其晚相践，后圣王之法十年。若纯三年而字，子生可以二三年矣。此不惟使民蚤处家而可以倍与？且不然已。

今天下为政者，其所以寡人之道多。其使民劳，其籍敛厚，民财不足，冻饿死者不可胜数也。且大人惟毋兴师以攻伐邻国，久者终年，速者数月，男女久不相见，此所以寡人之道也。与居处不安、饮食不时、作疾病死者，有与侵就傒②橐、攻城野战死者，不可胜数。此不令为政者所以寡人之道数术而起与？圣人为政特无此，此不圣人为政其所以众人之道亦数术而起与？故子墨子曰："去无用之务，行圣王之道，天下之大利也。"[1]

【注释】

①芊䱉：尚之。芊，即"羊"字，借为"尚"。䱉，借为"诸"，之。

②傒：同"援"。

【译文】

圣人在一国执政，一国的财力就会加倍地增长；扩大到施政于整个天下，天下的财力也会加倍增长。这种财力的加倍，不是由于向外掠夺土地，而是根据国家情况而省去不必要的消耗，足以让财力能够加倍。圣王施政，他发布命令、举办大事、使用民力和财物，无一不是因为实用才去做的。所以，使用财物不浪费，百姓能不劳累，它带来的利益就多了。

他们制造衣服是为了什么呢？是为了冬天用来御寒，夏天用来防暑。制造衣服的原则是，凡是冬天能增加温暖、夏天能减少

---

〔1〕《墨子·节用上》，《墨子校注》第242—243页。

暑热的就采用；不能做到的就去掉。他们建造房子是为了什么呢？是为了冬天抵御风寒，夏天防御炎热和雨水。凡是有助于增加坚固性的，就增益它；不能做到的就去掉。他们制造铠甲、盾牌等各种兵器是为了什么呢？是为了抵御外敌进犯和盗贼造反。如果有外敌和盗贼，拥有铠甲、盾牌等装备的就会胜利，没有的就会失败，所以圣人制造铠甲、盾牌和各种兵器。凡是制造铠甲、盾牌和各种兵器，能更轻便锋利和坚固的，就增益它；不能做到的就去掉。他们制造车船是为了什么呢？车用来在陆地上和丘陵地带行驶，船用来走水路，以此沟通各地的利益。制造车船的原则是：凡是能增加轻快便利的，就增益它；不能做到的就去掉。他们所制造的这些东西，无一不是为了实用才去做的，所以财物不浪费，民众不劳累，它们带来的利益就多了。去掉上层统治者所爱好搜集的珠玉、鸟兽、狗马，用来增加衣服、房屋、兵器、车船的数量，能增加几倍吗？如果增加一倍是不难做到的。什么是难以倍增的呢？只有人口是难以倍增的。

但是，人口也有倍增的办法。古代圣王制定的法则上说："男子年满二十岁，不许不成家，女子年满十五岁，不能不出嫁。"这是圣王的法度。圣王既已去世，百姓放纵了自己。那些想早点儿成家的，有的二十岁成家；那些想迟点儿成家的，有的到四十岁才成家。早晚之间相减，与圣王的法度差了十年。如果婚后都三年生一个孩子，就可多生两三个孩子了。让百姓早成家难道不会使人口倍增吗？然而现在却不这样做。

现在执政的人，他们使人口减少的原因很多。他们让百姓劳乏，向他们征收重税。因财用不足而冻死饿死的百姓不计其数。而且，统治者兴师动众去攻打邻国，慢的要一年，快的要数月，男女很久不相见，这就是人口减少的原因。再加上居住不安定、饮食无规律、生病而死的，以及被掳掠为俘虏、或因攻城作战而死的，也不可胜数。这难道不是如今当政的人使人口减少的多种原因吗？圣人施政绝对没有这种情况，他使人口增多的方法，也是通过多种方式造成的吧？所以墨子说："去除不必要的事务，施行圣王之道，则是天下大利之所在。"

【评述】

与《辞过》篇类似，本篇也是通过衣服、宫室、车船、人口等方面来讨论"节用"的必要性。"节用"是墨家学说的一个重要内容。墨子认为，一个国家的发展必须先从实际效用方面着手，杜绝铺张浪费；在这方面，统治者的节俭不仅具有表率的作用，更重要的是，从经济学的角度讲，统治者的财物消耗直接影响着一个国家的经济走势。当时的统治者所表现出的穷奢极欲的行为，已经在显著地破坏着国力，使得处于下层的人民群众的生活也受到了深重的影响。墨子主张做一道立竿见影的加减计算题：凡不利于实用、不能给百姓带来实际利益的东西，应一概取消；剩下来的财物就用在国家生活最核心和最实用的方面。这种思想在当时民生凋敝、生产资料和生活资料严重缺乏的情况下是十分明智的。

诸加费不加民利者，圣王弗为

【原文】

子墨子言曰：古者明王圣人所以王天下、正诸侯者，彼其爱民谨忠，利民谨厚，忠信相连，又示之以利，是以终身不餍，殁世而不卷[①]。古者明王圣人其所以王天下、正诸侯者，此也。

是故古者圣王制为节用之法曰："凡天下群百工，轮车鞼[②]匏，陶冶梓匠，使各从事其所能。"曰："凡足以奉给民用，诸加费不加民利则止。"

古者圣王制为饮食之法曰："足以充虚继气，强股肱，使耳目聪明，则止。"不极五味之调、芬香之和，不致远国珍怪异物。何以知其然？古者尧治天下，南抚交阯，北降幽都，东西至日所出入，莫不宾服，逮至其厚爱，黍稷不二，羹胾[③]不重，饭于土熘[④]，啜于土形，斗以酌。俯仰周旋威仪之礼，圣王弗为。

古者圣王制为衣服之法曰："冬服绀緅[⑤]之衣轻且暖，夏服絺绤之衣轻且清，则止。"诸加费不加于民利者，圣王弗为。

古者圣王为猛禽狡兽暴人害民，于是教民以兵行。日带剑，为刺则入，击则断，旁击而不折，此剑之利也。甲为衣则轻且利，动则兵且从，此甲之利也。车为服重致远，乘之则安，引之则利，安以不伤人，利以速至，此车之利也。古者圣王为大川广谷之不可济，于是制为舟楫，足以将之则止。虽上者三公诸侯至，舟楫不易，津人不饰，此舟之利也。

古者圣王制为节葬之法曰："衣三领，足以朽肉；棺三寸，足以朽骸；堀[⑥]穴深不通于泉，流不发泄，则止。死者既葬，生者毋久丧用哀。"

古者人之始生未有宫室之时，因陵丘堀穴而处焉。圣王虑之，以为堀穴曰，冬可以辟风寒，逮夏，下润湿，上熏烝[⑦]，恐伤民之气，于是作为宫室而利。然则为宫室之法将柰何哉？子墨子言曰：其旁可以圉风寒，上可以圉雪霜雨露，其中蠲洁，可以祭祀，宫墙足以为男女之别，则止。诸加费不加民利者，圣王弗为。[1]

【注释】

①卷：同“倦”。

②鞼（guì）：有文采的皮革。这里指皮匠。

③胾（zì）：大块的肉。

④熘（liù）：盛饭的瓦器。

⑤绀緅（gàn zōu）：黑中带红的颜色。

⑥堀（kū）：同“窟”，穴。

⑦烝（zhēng）：火气或热气上升。后作“蒸”。

【译文】

墨子说：古时候圣明的君主所以能统一天下、匡正诸侯，是因为他们确实尽心爱护百姓，给予百姓的利益确实很多，既忠诚又讲信用，又把利益给予百姓，他们用尽一生都不满足，至死也不厌倦。古时候圣明的君主所以能统一天下、匡正诸侯的原因就在这里。

所以，古代圣王制定的节约用度的法则是：“凡是天下各种工匠，如造轮车的、制皮革的、烧陶器的、铸金属的、当木匠的等，让他们都从事自己所擅长的技艺。”还说：“只要足以供给百姓生活用度就行，那些只增加费用而不加利于百姓生活用度的事情都要停止。”

古代圣王制定的饮食法则是：“只要能够充饥补充体力、强壮

〔1〕《墨子·节用中》，《墨子校注》第249—251页。

手脚、使得耳聪目明就行了。”不一味追求各种口味与气味的芳香，不引进远方国家珍贵奇特的食物。怎么知道是这样呢？古时尧帝治理天下，南面安抚到交阯，北面降服到幽都，东面和西面直到太阳升起和落下的地方，没有谁敢不归顺，都享受到尧帝的厚爱。但他最喜爱的，饭食不足两种，肉食不会重复，用粗碗吃饭，用瓦器喝汤，用木勺饮酒。那些浮于表面的繁文缛节，圣王不会去做。

古代圣王制定的做衣服的法则是：“冬天穿天青色的衣服，轻便暖和；夏天穿细葛或粗葛布的衣服，轻便凉爽，这就足够了。”那些只增加费用而不加利于百姓生活用度的事，圣王不会去做。

古代圣王因为看到凶猛狡猾的禽兽残害人民，于是教百姓佩带着兵器走路。每天带着剑，用剑刺能刺入，用剑砍能砍断，剑被别的器械击中了也不会折断，这就是剑的好处。铠甲穿在身上，轻巧便利，行动时方便舒适，这是铠甲的好处。用车子可装载沉重的货物并走很远的路，乘坐很安全，拉动它也很便利，安稳又安全，便利且迅速，这就是车子的好处。古代圣王因为不能渡过大河宽谷，于是制造船和桨，足以行驶就可以了。即使三公、诸侯到了，船和桨也不加更换，摆渡人也不进行装饰。这是船的好处。

古代圣王制定的节葬的法则是：“衣服穿三件，足够使死者的肉体朽烂在里面；棺木三寸厚，足够使死者的骸骨朽烂在里面。挖掘墓穴，深到泉水以上，又不至使腐气散发到地面上，就足够了。死者被埋葬以后，生者就不要长时间地服丧哀悼。”

古代人类产生之初，还没有房屋的时候，依着山丘挖洞穴居住在里面。圣人十分担忧，认为挖的洞穴虽然冬天可以避风寒，但一到夏天，下面潮湿，上面热气蒸发，恐怕会伤害百姓的身体，于是就建造房屋为他们的生活带来方便。既然如此，建造房屋的法则应该是怎样的呢？墨子说：房屋四面可以抵御风寒，屋顶可以防御雪霜雨露这类天气，屋里清洁，可供祭祀，墙壁足以使男女隔开生活，就可以了。那些只增加费用而不加利于百姓生活用度的事情，圣王不会去做。

【评述】

此篇接上篇，继续申明“节用”思想，把“诸加费不加民利者，圣王弗为”的初衷表达得更加明确。比起前面诸篇，更增加了“节葬”的内容。这是墨家与儒家思想正面冲突的地方：孔子虽然不支持厚葬，但他所倡导的孝道观念，客观上引发了后世的厚葬久丧之风；而墨子却恰恰相反。二者都认为自己才是真正遵循了“圣王之道”。这一点在后面的《节葬》篇中有更加详细的论证。

厚葬久丧，非圣王之道

【原文】

今执厚葬久丧者之言曰：厚葬久丧虽使不可以富贫、众寡、定危、治乱，然此圣王之道也。子墨子曰：不然。昔者尧北教乎八狄，道死，葬蛩山之阴。衣衾三领，榖[①]木之棺，葛以缄之，既泚[②]而后哭，满坎无封。已葬，而牛马乘之。舜西教乎七戎，道死，葬南己之市。衣衾三领，榖木之棺，葛以缄之。已葬，而市人乘之。禹东教乎九夷，道死，葬会稽之山。衣衾三领，桐棺三寸，葛以缄之，绞之不合，道之不坎。土地之深，下毋及泉，上毋通臭。既葬，收余壤其上，垄若参[3]耕之亩，则止矣。若以此若三圣王者观之，则厚葬久丧果非圣王之道。故三王者，皆贵为天子，富有天下，岂忧财用之不足哉？以为如此葬埋之法。

今王公大人之为葬埋，则异于此。必大棺、中棺，革阓[4]三操，璧玉即具，戈剑鼎鼓壶滥、文绣素练、大鞅万领、舆马女乐皆具，曰必捶垛[5]差通，垄虽[6]凡[7]山陵。此为辍民之事，靡民之财，不可胜计也。其为毋用若此矣。是故子墨子曰：乡者吾本言曰，意亦使法其言，用其谋，计厚葬久丧，请[8]可以富贫、众寡、定危、治乱乎？则仁也，义也，孝子之事也。为人谋者，不可不劝也。意亦使法其言，用其谋，若人厚葬久丧，实不可以富贫、众寡、定危、治乱乎？则非仁也，非义也，非孝子之事也。为人谋者，不可不沮也。是故求以富国家，甚得贫焉；欲以众人民，甚得寡焉；欲以治刑政，甚得乱焉。求以禁止大国之攻小国也，而既已不可矣；欲以干上帝鬼神之福，又得祸焉。上稽之尧舜禹汤文武之道，而政逆之；下稽之桀纣幽厉之事，犹合节也。若以此观，则厚葬久丧，其非圣王之道也。

今执厚葬久丧者言曰：厚葬久丧果非圣王之道，夫胡说中国之君子为而不已、操而不择哉？子墨子曰：此所谓便其习而义其俗者也。昔者越之东有輆沐之国者，其长子生，则解而食之，谓之宜弟。其大父死，负其大母而弃之，曰：鬼妻不可与居处。此上以为政，下以为俗，为而不已，操而不择。则此岂实仁义之道哉？此所谓便其习而义其俗者也。楚之南有炎人国者，其亲戚死，朽其肉而弃之，然后埋其骨，乃成为孝子。秦之西有仪渠之国者，其亲戚死，聚柴薪而焚之，熏上，谓之登遐，然后成为孝子。此上以为政，下以为俗，为而不已，操而不择。则此岂实仁义之道哉？此所谓便其习而义其俗者也。若以此若三国者观之，则亦犹薄矣；若以中国之君子观之，则亦犹厚矣。如彼则大厚，如此则大薄，然则葬埋之有节矣。故衣食者，人之生利也，然且犹尚有节；葬埋者，人之死利也，夫何独无节于此乎？子墨子制为葬埋之法曰：棺三寸，足以朽骨；衣三领，足以朽肉。掘地之深，下无菹⑨漏，气无发泄于上，垄足以期其所，则止矣。哭往哭来，反从事乎衣食之财，佴⑩乎祭祀，以致孝于亲。故曰：子墨子之法，不失死生之利者，此也。故子墨子言曰：今天下之士君子，中请将欲为仁义，求为上士，上欲中圣王之道，下欲中国家百姓之利，故当若节丧之为政，而不可不察者此也。[1]

【注释】

①榖（gǔ）：构树。也叫“楮（chǔ）”。

②洍（fàn）：落葬。

③参：同“叁”。

④阓（huì）：绣革。

⑤埰（tú）：同“涂”。

⑥虽：当为“碓”，古“堆”字。

⑦兄（kuàng）：比况。兄，同“况”。

⑧请（qíng）：通“情”。实情。这里是按照实情的意思。

⑨菹（jù）：同“沮（jù）”，湿，潮湿。

⑩佴（èr）：相次，犹言随后。

〔1〕《墨子·节葬下》，《墨子校注》第261—263页。

【译文】

现在坚持实行厚葬久丧的人说：厚葬久丧虽然不能使贫者变富、寡者变众、危险和混乱的局面变得安定，然而这是圣王之道。墨子说：不是这样的。从前，尧去北方教化八狄，死在半路上，葬在蛩山的北侧。只穿了三件衣服，用普通的楮木做棺材，用葛藤束棺，棺材入土后才哭丧，圹穴填平而不在地面上起坟。埋葬之后，可以在上面放牧牛马。舜到西方教化七戎，死在半路上，葬在南己的市场上。只穿了三件衣服，用普通的楮木做棺材，用葛藤束棺。埋葬之后，市场上的人可以照常在此往来。大禹去东方教化九夷，死在半路上，葬在会稽山。只穿了三件衣服，用桐木做三寸厚的棺材，用葛藤束住，虽然封了口但并不密合，凿了不深的墓道，掘地的深度下不及泉，上不透臭气。埋葬之后，将剩余的泥土堆在上面，坟地大约宽三尺，这就足够了。如果从这三位圣王看来，厚葬久丧的确不是圣王的准则。他们都贵为天子，富有天下，难道怕财富不够用吗？而他们认为这样做才是丧葬的法度。

现在王公大人们的埋葬方式就与此不同。一定要用外棺和内棺，并以饰有文彩的皮带捆扎好几圈，玉器一类随葬品要齐备，戈、剑、鼎、鼓、壶、镜、纹绣、白练、衣服上万件、车马、女乐等这些都得具备；还必须把墓道捶实、涂饰，坟墓同山陵一样雄伟高大。这样舍弃百姓财物的事情所耗费的资财，多得无法计算。厚葬久丧竟然这样一无是处。所以墨子说：我曾经说过，假使效法这种言论，采用这种论调，计算厚葬久丧，按实情确实能让贫者变富、寡者变众、危险和混乱的局面变得安定吗？如果可以的话，那就是仁义的，就是孝子应做的事。那些替人谋划的人，不能不勉励他这样做。假使效法这种言论，采用这种论调，如果人们厚葬久丧，确实不能使贫者变富、寡者变众、危险和混乱的局面变得安定，那就是不仁义的，就不是孝子应做的事。那些替人谋划的人，不能不阻止他这样做。所以，寻求通过这种说法使国家富足，只能让国家更加贫困；想靠它来增加人口数量，而只能使人口更加减少；想用它使刑政治理，到头来只能使社会更加混乱。想用它禁止大国攻打小国，也已经做不到；想用它求得上帝鬼神赐福，反而引来祸患。往前追溯到尧、舜、禹、汤、文王、武王这些明君，用他们的道义来考察它，正好与之相反；往后考察到桀、纣、幽王、厉王这些昏君，用他们的恶劣事迹来进行对照，倒是符合。照此看来，厚葬久丧不应是圣王之道。

现在坚持厚葬久丧的人说：厚葬久丧如果的确不是圣王之道，那怎么解释中原的君子对它一直践行而从来不选择其他准则呢？墨子说：这是由于习惯和风俗造成的。从前，越国的东面有个輆沐国，头胎出生后就会被肢解吃掉，这种做法被称为“宜弟”。一个人的祖父死后，他得背着祖母去扔掉，说：“我们不能与鬼的妻子同住。”这种行为作为上层统治者行政的规范，下层民众作为习俗来遵守，因此一直实行它，不选择其他准则。那么这难道确实是仁义之道吗？这是由于习惯和风俗所造成的。楚国的南面有个炎人国，那里人的双亲死后，会先把肉剐下来扔掉，然后再埋葬骨头，这才能称得上是孝子。秦国的西面有个仪渠国，此国人的双亲死后，会架起柴火把他烧掉，把烟气上升说成是死者升仙，这样做才能称得上是孝子。上层统治者把这种做法作为国家政策，下层民众作为风俗，因此一直实行它，不选择其他准则。那么这难道真的是仁义之道吗？这就是由于习惯和风俗所造成的。如果从这三国的情况来看，那么人们对丧葬的投入也还是很少的；而从中原君子的情况来看，人们对于丧葬的投入还是很多的。像那样就太厚，像这样就太薄，既然如此，那么丧葬就应当有节制。所以，衣食是人活着时利益之所在，却也尚且有节制；埋葬是人死后的利益之所在，那为什么单单不进行节制呢？墨子制定埋葬的法则是：棺材厚三寸，衣服穿三件，足以使死者的骨肉在里面腐朽。掘地的深浅，以下面没有湿漏、尸体气味不要泄出地面之上为限。坟堆足以让人得以辨识就够了。哭着送去，哭着回来。回来以后就谋求生计，随后供给祭祀的用度，向双亲尽孝道。所以说墨子的办法不损害生者和死者双方的利益，就是这个原因。所以墨子说：现在天下的士人如果内心确实想做到仁义，如果追求做上士，对上想要符合圣王的准则，对下想要符合国家百姓的利益，就应当以有节制的丧葬作为行政的准则，而不能不考察这个道理。

【评述】

本文节选自《墨子》的《节葬》篇。春秋时期，上古遗留下来的鬼神观念仍然相当浓厚，当时统治者为了追求死后延续生前的奢侈生活，将大量钱财用在铺张丧葬上，在陪葬品和丧葬仪式上大做文章。墨子认为，厚葬久丧的成本最终来源于人民的劳动；厚葬久丧不仅浪费了社会财富，而且还使百姓无法从事生产劳动，给人民增加了沉重的负担，并影响到社会人口的增长，因而必须加以废止。

第十二节　商鞅

【人物简介】

商鞅（约前 390—前 338），战国时期卫国人。原名公孙鞅，因为是卫国国君的后裔，故又称卫鞅，由于秦孝公曾封他在於商之地，号为商君，所以后人称他商鞅。他是先秦时期著名的政治家。曾为魏相公叔痤中庶子，后入秦，说服秦孝公变法图强，使秦国走上了大国之路，为它后来统一六国奠定了基础。但与此同时，商鞅变法的铁血政策也触动了保守贵族的直接利益，因此在秦孝公死后，他就被陷害，遭车裂而死。

司马迁说商鞅"少好刑名之学"（《史记·商君列传》）；班固说商鞅曾拜尸佼为师，学习杂家之言（《汉书·艺文志·杂家·尸子》）；据传，商鞅也有兵家著作〔1〕。但一般说来，商鞅被看做法家的代表人物。商鞅变法是先秦历史乃至中国改革史上的大事件。以商鞅命名的《商君书》是商鞅及其生徒、党属作品的合集，其中有一部分是商鞅本人的作品。学者们一般认为，总体而言，这部书体现的是以商鞅为代表的商学派的政治思想尤其是法治思想。

〔1〕《汉书·艺文志·权谋》著录《公孙鞅》二十七篇，现已亡佚；但于《商君书》中仍可见《战法》、《立本》、《兵守》三篇，可归入兵家著作。

禄厚而税多，败农者也

【原文】

禄厚而税多，食口众者，败农者也。则以其食口之数贱①而重使之，则辟淫游惰之民无所于食。民无所于食则必农。农则草必垦矣。[1]

【注释】

①贱：当为“赋”。

【译文】

当官的俸禄丰厚，享受的税收很多，所养活的懒惰不务农的人就会很多，这对农业不利。要根据吃饭的人口数量来征收赋税，要下力地役使这些人，让那些游手好闲之徒没有饭吃。他们没有饭吃了必然会去务农，这样荒地就会被开垦出来了。

【评述】

商鞅的法治思想可以概括为“农战”二字。同管仲一样，商鞅也认为农业是立国的根基；在战国争雄的背景下，农业的兴旺尤其是使秦国走上强国之路的必备前提。由商鞅起草的“垦草令”是典型的农业政策，但由于它将大量非农业人口驱赶到垦荒的行列之中，客观上削弱了“禄厚而税多，食口众者”这样的大家贵

---

〔1〕《商君书·垦令》，蒋礼鸿撰：《商君书锥指》，中华书局1986年版（下同），第8页。

族的经济实力，因而遏制了贪污腐败现象的发生。

任法去私，而国无隙蠹

【原文】

凡人臣之事君也，多以主所好事君。君好法则臣以法事君，君好言则臣以言事君；君好法则端正之士在前，君好言则毁誉之臣在侧。公私之分明，则小人不疾贤而不肖者不妒功。故尧、舜之位天下也，非私天下之利也，为天下位天下也。论贤举能而传焉，非疏父子亲越人也，明于治乱之道也。故三王以义亲，五伯以法正诸侯，皆非私天下之利也，为天下治天下。是故擅其名而有其功，天下乐其政而莫之能伤也。今乱世之君臣，区区然皆擅一国之利，而管一官之重，以便其私，此国之所以危也。故公私之交，存亡之本也。夫废法度而好私议，而奸臣鬻权以约禄，秩官之吏隐下而渔民。谚曰："蠹众而木折，隙大而墙坏。"故大臣争于私而不顾其民，则下离上。下离上者，国之隙也；秩官之吏隐下而渔百姓，此民之蠹也。故有隙蠹而不亡者，天下鲜矣。是故明主任法去私，而国无隙蠹矣。[1]

【译文】

凡是做人臣子的侍奉君主，大多是用君主所喜好的东西去侍奉他。如果君主爱好法度，臣子就会用法度来侍奉他；如果君主爱好言谈，臣子就会用言谈来侍奉他。如果君主爱好法度，正直

〔1〕《商君书·修权》，《商君书锥指》第84—85页。

的人必定会出现在他的面前；如果君主爱好言谈，善于搬弄是非的人必定会出现在他的左右。只有公私的界限分明，小人才会不忌妒贤人，无能的人才不会忌妒有功的人。因此尧舜治理天下并不是独占天下的利益，而是为了天下人而治理天下。所以他们选拔德才兼备的人，并把天下传给他，这并不是要疏远自己的儿子，亲近外人，而是因为他们明晓治乱的道理。尧、舜、禹三王用道义来爱护天下人，春秋五霸用法度来匡正诸侯，都不是独占天下的利益，而是为了天下人而治理天下。因而凭借才能取得名誉，建立功业，天下人都喜欢他们的统治，没有人能够伤害他们。现在，乱世的君臣很贪婪地独占一国的利益，或掌握一官的职权，从而追求个人的私利，这就是国家危险的原因。可见公私的分界就是国家存亡的根本。如果废弃法度而喜好于私自议论，那么奸臣就会以权谋私，令自己的俸禄稳固，下属小官就会欺瞒和盘剥百姓。有句谚语说道："蛀虫多了，木头就会折断；缝隙大了，墙壁就会倒塌。"所以，如果大臣争着只顾私利而不顾他们的人民，那么下层人民就会离开上层统治者。下层人民离开上层统治者之时，国家的缝隙就产生了；下属小官欺瞒和盘剥百姓，这就是人民的蠹虫。所以，有缝隙和蠹虫却不亡国的情况，是很少见的。所以，明智的君主依循法度而舍去私利，这样，国家就不会有缝隙和蠹虫了。

【评述】

商鞅的法治思想在此侧重于用法律来节制臣属的权力，以杜绝贪污腐败，从而使国家大权牢牢地掌握在君主一个人的手里。但是，这种法治思想的漏洞也是显而易见的：法令既然无从限制君主的行为，那么，君主个人的腐败行为很有可能成为统治集团集体腐败的根源所在。这样一来，国家的缝隙和蠹虫恰恰就是君主了。在当时的政治状况下，特权阶层很容易逃脱法律的制裁，这也直接导致了商鞅的悲惨下场——被自己所推行的法令所制裁。

明主不滥富贵其臣

【原文】

明主不滥富贵其臣。所谓富者，非粟米珠玉也；所谓贵者，非爵位官职也；废法作私爵禄之富贵。凡人主德行非出人也，知非出人也，勇力非过人也；然民虽有圣知，弗敢我谋；勇力，弗敢我杀；虽众，不敢胜其主；虽民至亿万之数，县[①]重赏而民不敢争，行罚而民不敢怨者，法也。国乱者，民多私义；兵弱者，民多私勇。则削国之所以取爵禄者多涂；亡国之欲[②]，贱爵轻禄，不作而食，不战而荣，无爵而尊，无禄而富，无官而长。此之谓奸民。所谓治主无忠臣，慈父无孝子，欲无善言，皆以法相司[③]也，命相正也，不能独为非，而莫与人为非。所谓富者，入多而出寡。衣服有制，饮食有节，则出寡矣；女事尽于内，男事尽于外，则入多矣。所谓明者，无所不见，则群臣不敢为奸，百姓不敢为非。是以人主处匡床之上，听丝竹之声，而天下治。所谓明者，使众不得不为；所谓强者，天下胜。天下胜，是故合力。是以勇强不敢为暴，圣知不敢为诈而虑用，兼天下之众，莫敢不为其所好而避其所恶。所谓强者，使勇力不得不为己用。其志足天下，益之；不足天下，说之。恃天下者，天下去之；自恃者，得天下。得天下者，先自得者也；能胜强敌者，先自胜者也。[1]

【注释】

①县：同“悬”。悬赏。

②欲：同“俗”。

③司：同“伺”。侦候，探察。

【译文】

明智的君主不能无节制地使他的臣子们富贵。所谓富，不是指粮食珠玉；所谓贵，不是指爵位官职；废弃法律变成个人做主，赐给臣子爵位和俸禄，那么臣子们便既富有又高贵了。一般说来，君主的品德行为并非高于所有的人，他的智慧并非超过所有的人，勇气和力量也并非超过所有的人。可是，民众即使有不寻常的智慧，也不敢谋求君主的地位；即使有勇气和力量，也不敢杀害君主；即使民众人数众多，也不敢凌驾在他的君主之上；即使民众的人数达到亿万之多，可是，即使君主悬出重赏民众也不敢争抢，即使实施刑罚民众也不敢怨恨，这是因为有法度的约束。国家混乱，是由于民众大多考虑个人之间的情义；军队的力量弱，是因为民众大多追求个人间的争斗。那么在衰败的国家获取爵位、俸禄的方法就有许多；使国家灭亡的风气，是民众看不起爵位，轻视俸禄。不劳动而有饭吃，不打仗却有荣誉，没有爵位照样尊贵，没有俸禄仍然富有，没有官职依然有威风，这样的人叫做奸民。善于治国的君主身边没有忠臣，慈爱的父亲身边没有孝顺的儿子，

---

〔1〕《商君书·画策》，《商君书锥指》第110—112页。

那是因为英明的君主不想听恭维的话，而是使用法律让大臣们互相监督，用命令让大臣们互相纠正，使臣民们不能单独做坏事，也无法同别人一块儿做坏事。所谓富有，是进的多出的少。穿衣有限制，饮食有节制，那么支出的就会少；妇女在家中尽力做该做的事，男人在外面尽力做该做的事，那么收入就会多。所谓明智的君主，是指君主没有什么地方观察不到，那么大臣就不敢做不恰当的事，民众就不敢做坏事。所以，君主只要坐在安适的床上，听着弦管乐器奏出的乐曲，天下就可以治理好了。明智的君主能使民众不得不按法令行事，强大的君主使天下人都被他制服，因此才能聚合天下人的力量。所以，勇猛强悍的人不敢发动暴乱，聪明的人不敢做欺诈的事并凭借空洞的辩才被君主选用；拥有全天下的人，没人敢不做君主所喜欢的事而不回避君主所讨厌的事。所谓强大的君主，是指他能使有勇力的人不能不为自己所用。他统一天下的理想如能实现，是因为天下的人都愿意帮助他；他的理想如不能实现，天下的人也愿意归顺他。倚仗拥有天下便无所不为的人，天下的人就会抛弃他；依靠自己的人，才能得到天下。得到天下的君主，首先是要把握住自己；能战胜强大之敌人的人，首先要能战胜自己。

【评述】

“明主不滥富贵其臣”，这正是法家所讲究的君王制臣术之一。如何防止财富和地位分配的混乱呢？商鞅认为，这就需要君主订立超越人情的明确的法制，用以激励臣下的进取之心，并尽可能杜绝不公平的现象发生。这在当时贵族特权根深蒂固的政治背景下，其实是不容易实现的。这也是商鞅最终遭到惨烈下场的重要原因之一。

第十三节　孟子

【人物简介】

孟子（约前372—前289），名轲，字子舆，邹（今山东邹城东南）人。战国时期思想家、政治家、教育家，儒家思想的代表人物之一。孟子效仿孔子，一生周游列国，向各国统治者宣扬自己的治世之道，但同样没有被接纳。他同孔子一样，最后的结局是带领弟子著书立说。代表作为《孟子》。此书在体例上与孔子的《论语》相似，也是一部语录体散文集。它记录了孟子的言论、观念和政治行为，是儒家的经典著作之一。

自唐、宋之后，孟子逐渐受到重视，被视为儒家的一代宗师，尊称为“亚圣”，位置仅列孔子之后，与孔子并称“孔孟”。与《论语》相比，孟子的文章气势宏伟，擅长辞辩，具有较强的逻辑性和可读性。其主要学说建立在“性善论”的基础上，由此阐发出“仁政”、“王道”、“爱民”等主张，将孔子的“德治”思想发扬光大，其中以爱民思想最为突出。孟子的廉政思想主要体现在“义利之辨”上。[1]

---

〔1〕“利”字在《孟子》全书中共出现三十九处之多。

上下交征利而国危

【原文】

孟子见梁惠王，王曰：“叟不远千里而来，亦将有以利吾国乎?”

孟子对曰：“王何必曰利，亦有仁义而已矣。王曰‘何以利吾国’，大夫曰‘何以利吾家’，士庶人曰‘何以利吾身’，上下交征利，而国危矣！万乘之国，弑其君者，必千乘之家。千乘之国，弑其君者，必百乘之家。万取千焉，千取百焉，不为不多矣。苟为后义而先利，不夺不餍。未有仁而遗其亲者也，未有义而后其君者也。”〔1〕

【译文】

孟子去见梁惠王，梁惠王说：“您从那么远的地方赶过来，将会对我国有利吗?”

孟子回答道：“大王何必说利呢？说仁义就够啦！大王说‘我用什么来让我的国家获利’，大夫说‘我用什么来让我的家族获利’，士人和老百姓说‘我用什么来让我自身获利’，这样上下争夺利益，那国家就危险了。在拥有上万辆兵车的国家里，杀掉那国君的，必定是拥有上千辆兵车的大夫；在拥有上千辆兵车的国家里，杀掉那国君的，必定是拥有上百辆兵车的大夫。在一万辆兵车的国家里，大夫拥有一千辆，在一千辆兵车的国家里，大夫拥有一

---

〔1〕《孟子·梁惠王上》，焦循撰：《孟子正义》卷一，中华书局 1987 年 10 月版（下同），第 35—43 页。

百辆，这不能算不多呀。如果将利放在义之前，那么大夫要是不把国君的财产和权力夺到手是不会满足的。讲仁的人是不会遗弃他的父母的，讲义的人是不会把自己君主的利益放在后面考虑的。”

【评述】

这段话出自《孟子》一书的第一段对话。梁惠王的问话（“叟不远千里而来，亦将有以利吾国乎?”）之所以急切而直接，是因为当时他的国家国力下降，亟需找到振兴之道，以应对战国列强争霸的局面。而孟子则抓住梁惠王的这个“利”字做文章，认为国之不兴恰恰在于大国纷争，求强心切；要想让国家强盛，必须避开这条争利之路，而回到“仁义”上来。全书开篇即宣扬“仁”“义”，孟子将其政治思想的根基表露无遗。在纷纷追求富国强兵的战国时代，孟子的这段话具有深刻的现实批判意义。司马迁曾对孟子的这种思想大加赞赏：“余读《孟子书》，至梁惠王问‘何以利吾国’，未尝不废书而叹也。曰：嗟乎，利诚乱之始也！夫子罕言利者，常防其原也。”（《史记·孟子荀卿列传》）

行政当免于率兽而食人

【原文】

庖有肥肉，厩有肥马，民有饥色，野有饿莩，此率兽而食人也。兽相食，且人恶之；为民父母行政，不免于率兽而食人，恶在其为民父母也？仲尼曰：“始作俑者，其无后乎！”[①]为其象人而用之也。如之何其使斯民饥而死也?[1]

【注释】

①“始作俑者，其无后乎”：俑，指随葬的土偶、木偶。鲁国曾以偶人殉葬，孔子见到后发出这样的感叹，意思是这种不人道的做法离用真人殉葬已经不远了，所以开这种先河的人不应该有后代。

【译文】

厨房里有肥肉，马厩里有肥马，而百姓却面带饥色，田野里躺着饿死者的尸体，这是驱赶野兽去吃人。野兽相互吞食，人尚且厌恶它们，作为人民的父母，在施行政事的时候却不免驱赶野兽去吃人，怎么算得上是老百姓的父母官呢？孔子说：“第一个造出土偶、木偶殉葬的人，不会有后代吧！”（孔子这样说,）就是因为它模仿人的样子用于殉葬。（用人形的俑殉葬尚且不行,）那又怎能让百姓饿死呢？

【评述】

这段文字常被后世引用。如果政治不廉洁，官夺民用，则无异于“率兽食人”。孟子认为，这种政治离上古时期就出现的“为民父母”的爱民、保民思想已经很远了。这是对昏庸政治的尖锐指责。孟子在这里显示出的立场与其说是封建士大夫的立场，不如说是与当权者保持一定距离的政治批评家的立场。

---

〔1〕《孟子·梁惠王上》,《孟子正义》第62—63页。

与民同乐

【原文】

人不得则非①其上矣。不得而非其上者，非也；为民上而不与民同乐者，亦非也。乐民之乐者，民亦乐其乐；忧民之忧者，民亦忧其忧。乐以天下，忧以天下，然而不王②者，未之有也。[1]

【注释】

①非：非难，责难，抱怨。

②王（wàng）：称王。

【译文】

百姓如果得不到（这样的快乐），就会抱怨他们的君主。得不到这样的快乐就抱怨他们的君主是不对的；作为他们的君主却不与他们一同享乐，也是不对的。如果君主以百姓的快乐为快乐，那么百姓也会以他的快乐为快乐；如果君主以百姓的忧虑为忧虑，那么百姓也会以他的忧虑为忧虑。以天下人的快乐为快乐，以天下人的忧虑为忧虑，做到这些却不能称王于天下的，还从未有过。

【评述】

孟子的这段话也是十分有名的，他开启了后世为人津津乐道的“与民同乐”的思想。在同一篇文章里，孟子还试图引导“好

〔1〕《孟子·梁惠王下》，《孟子正义》第119页。

乐”的梁惠王不要“独乐”，而要“与众乐”，这也是“与民同乐”的道理。在儒家思想中，音乐首先不是一门娱乐，它同诗歌一样是政治教化的载体，这是儒家以“礼乐”治天下的核心思想。从内心出发，与民众所喜好的是同样的音乐，这在政治手段上是较高的境界，所以，“与民同乐（lè）”也可理解为“与民同乐（yuè）”。

解民之倒悬

【原文】

……夏后、殷、周之盛，地未有过千里者也，而齐有其地矣。鸡鸣狗吠相闻，而达乎四境，而齐有其民矣。地不改辟矣，民不改聚矣，行仁政而王，莫之能御也。且王者之不作，未有疏于此时者也。民之憔悴于虐政，未有甚于此时者也。饥者易为食，渴者易为饮。孔子曰：“德之流行，速于置邮而传命。”当今之时，万乘之国行仁政，民之悦之，犹解倒悬也。故事半古之人，功必倍之，惟此时为然。[1]

【译文】

……夏、商、周代最兴盛的时候，它们的疆域也没有超过纵横千里的，而齐国却有这么广阔的疆域。鸡鸣狗叫的声音从国都一直延伸到国境线上都能听到，齐国有这么多的人口。不需要再开辟国土，也不需要再增加人口，只要行仁政就能称王，任何人

〔1〕《孟子·公孙丑上》，《孟子正义》第185—186页。

都不能阻挡。而且贤明的君主已经很久没有出现了；人民所承受的政治的暴虐程度，也没有像现在这么厉害的。饥饿的人不挑拣食物，口渴的人不挑拣饮品。孔子说过："德政的传播，比驿站传达政令还要快。"如今天下，如果拥有上万辆兵车的大国施行仁政的话，百姓会十分高兴，就像倒挂着的时候被解救下来一样。所以只用古人一半的努力就得到成倍的效果，只有现在才能做到。

【评述】

孟子在这里第一次提出"仁政"的概念。孟子强调，当人民普遍而长久地受到君主暴政的对待时，施行仁政的君主很快就能够得到人心。从某种意义上说，这个逻辑或许可以算作"政治算盘"之一种，它针对民心的要求来制定强国之策，最终目的仍是巩固君主的地位，但在客观上是对百姓有利的，因此应当加以肯定。

善养浩然之气

【原文】

曰："我知言。我善养吾浩然之气。"

"敢问何谓浩然之气？"

曰："难言也。其为气也，至大至刚，以直养而无害，则塞于天地之间。其为气也，配义与道；无是，馁也。是集义所生者，非义袭而取之也。行有不慊[①]于心，则馁矣。我故曰告子未尝知义，以其外之也。必有事焉而勿正，心勿忘，勿助长也。无若宋人然：宋人有闵[②]其苗之不长而揠[③]之者，芒芒然归，谓其人曰：

'今日病矣！予助苗长矣！'其子趋而往视之，苗则槁矣。天下之不助苗长者寡矣。以为无益而舍之者，不耘苗者也；助之长者，揠苗者也，非徒无益，而又害之。"[1]

【注释】

①慊（qiè）：满足，满意。

②闵（mǐn）：同"悯"，忧愁。

③揠（yà）：拔。

【译文】

（孟子）说："我懂得言辞。我善于培养我的浩然之气。"

（公孙丑问）："请问什么叫浩然之气？"

（孟子）说："不太容易解释。它作为一种气，最伟大也最刚强，如果用正直来培养而且不损害它的话，它就会充塞于天地之间。作为气，它必须与义和道相配合；没有了后面两者，它就会失去力量。它因义的积累而产生，而不是通过义自外而内所取得的。如果行为令自己感到底气不足，那就会失去力量。我所以说告子不明白什么是义，是因为他把义看做自身之外的东西。我们做事要培养义，不要把它看成是特定的目的，不要忘记它，也不要强制性地让它生长。不要像宋国的这个人一样：宋国曾有一个人，担心禾苗不生长，于是把禾苗拔高，当他很累地回到家里时，对家人说：'今天太累了！我帮助禾苗长高了！'他的儿子跑过去一看，禾苗已经枯死了。世界上不拔苗助长的人太少了。认为没

---

〔1〕《孟子·公孙丑上》，《孟子正义》第199—206页。

有什么益处就放弃的，是不除草的人；强迫禾苗生长的，是拔苗的人，这不但没有益处，还害了它们。”

【评述】

这段文字在中国士人阶层影响极大。尽管古往今来人们对孟子所说的“气”有不同的解释，但基本上都认可这种“配义与道”的“气”具有伦理学的意味，可以看做“正义之气”或“道义之气”。例如，宋代的著名贤臣名将文天祥曾作《正气歌》，将孟子所养之“气”直接解释为“正气”：“天地有正气，杂然赋流形。下则为河岳，上则为日星。于人曰浩然，沛乎塞苍冥。”孟子的“浩然之气”在中国古代官吏的人格塑造上有正面的意义。

君子不可以货取

【原文】

陈臻问曰：“前日于齐，王馈兼金①一百而不受；于宋，馈七十镒②而受；于薛，馈五十镒而受。前日之不受是，则今日之受非也；今日之受是，则前日之不受非也。夫子必居一于此矣。”

孟子曰：“皆是也。当在宋也，予将有远行，行者必以赆③，辞曰‘馈赆’，予何为不受？当在薛也，予有戒心，辞曰：‘闻戒，故为兵馈之。’予何为不受？若于齐，则未有处也。无处而馈之，是货④之也。焉有君子而可以货取乎？”[1]

---

〔1〕《孟子·公孙丑下》，《孟子正义》第261—263页。

【注释】

①兼金：好金。古时所谓兼金并非纯金，一般来说是铜。

②镒（yì）：古代重量单位，一镒合二十两（一说合二十四两）。

③赆：送给即将远行者的盘费。

④货：贿赂。

【译文】

陈臻问："前些日子在齐国的时候，齐王送给您一百镒好金，您没有接受；到了宋国，宋国的国君送给您七十镒金，您却接受了；到了薛国，薛国的国君送给您五十镒金，您也接受了。如果说从前的不接受是对的，那现在的接受就是错的；如果说现在的接受是对的，那从前的不接受就是错的。您必定没有全对。"

孟子说："这两种做法都是对的。在宋国的时候，我准备远行，对出远门的人一定要送盘缠，当时宋国的国君说'送给您一些盘缠'，我为什么不收？在薛国的时候，我（担心遇到危险，而）有戒备之心，薛国的国君说道：'听说您有心做些戒备，送您一些钱买兵器吧。'我为什么不收？至于在齐国，就没有什么理由。没有理由就给我钱，那等于收买我。哪里有君子却能被金钱收买的呢？"

【评述】

孟子在这里以自己的经历现身说法，来说明受贿概念的界定。在他看来，如果说接受别人的财物而不算受贿，其前提是要有正当的理由。这个界定是相当模糊的，因为怎样的理由才算是正当的，仍需要界定清楚；行贿者很有可能为了成事而善言巧辩，这样一来，受贿和正当地接受礼物之间的界限就不清晰了。无论如何，这段文字还是向我们展示出战国时期行贿、受贿的一种独特景观：士人阶层在政治游说的过程中，有政治受贿的可能性。

富贵不能淫，贫贱不能移

【原文】

景春曰："公孙衍、张仪岂不诚大丈夫哉？一怒而诸侯惧，安居而天下熄。"

孟子曰："是焉得为大丈夫乎？子未学礼乎？丈夫之冠也，父命之。女子之嫁也，母命之，往送之门，戒之曰：'往之女家，必敬必戒，无违夫子！'以顺为正者，妾妇之道也。居天下之广居①，立天下之正位，行天下之大道②，得志与民由之，不得志独行其道，富贵不能淫，贫贱不能移，威武不能屈，此之谓大丈夫。[1]

【注释】

①居天下之广居：住在天下最大的房屋里，指以"仁"为家。

②行天下之大道：走在天下最宽广的道路上，指以"义"为路。

【译文】

景春说："公孙衍、张仪难道不的确是大丈夫吗？他们一发怒

〔1〕《孟子·滕文公下》，《孟子正义》第415—419页。

连诸侯都恐惧，一旦安静下来，天下便会平安无事。”

孟子说：“这样的人怎么能算大丈夫呢？您没有学过礼吗？男子行加冠礼时，父亲来训导他。女子出嫁时，母亲来教育她，送她到门口，告诫她说：‘你到了夫家，一定要恭敬和谨慎，不要违背丈夫的意思。’以顺从为原则，是妇人之道。住在天下最大的居所里，站在天下最正确的位置上，走在天下最宽阔的大道上，能得志就和民众一路同行，不得志就独善其身，富贵不能诱惑他，贫贱不能让他改变志向，武力不能让他屈服，这样的人才称得上大丈夫。”

【评述】

公孙衍和张仪都是当时有名的纵横家和政客，在政治上十分得志，影响力很大。景春的观点代表了当时社会上流行的观点，即认为得势者——哪怕是通过不正当手段而得势——就是“大丈夫”（男性的楷模）。孟子不以为然，而对“大丈夫”重新进行定义。其新定义的核心集中在两点：理想和气节。“大丈夫”之“大”，不是地位、权势之“大”，而是理想、气节之“大”。在他看来，大丈夫一定是理想主义者（有志者），有一个为之奋斗一生的高远目标；在实现理想的过程中，任何外界环境都不能改变他的初衷，不能动摇他的意志。

非其道，则一箪食不可受于人

【原文】

彭更问曰：“后车数十乘，从者数百人，以传食于诸侯，不以泰①乎？”

孟子曰："非其道，则一箪食不可受于人；如其道，则舜受尧之天下，不以为泰。子以为泰乎？"〔1〕

【注释】

①泰：过分，过甚。

【译文】

彭更问："后面跟着几十辆车，随从的人有几百个，无论到哪个诸侯国都受到供养，您不觉得这样太过分了吗？"

孟子说："不合乎道义，即使一碗饭都不应接受别人的馈赠；合乎道义，就像舜接受了尧的天下那样的大事都不算过分。您觉得（舜做得）过分吗？"

【评述】

这一段仍讲士人的气节同现实收入之间的关系问题。孟子认为，士人应当注重自己内心的道义准则，在此准则之内便是正当的；因此，重要的不是最终得到了怎样的地位和利益，而是通过怎样的途径去得到它们。孟子对彭更的提问并没有作出正面的回答，而是将问题引向更深的层次，并将回答的权利移交给提问者本人，这体现出孟子相当高超的论辩技巧。

---

〔1〕《孟子·滕文公下》，《孟子正义》第427—428页。

廉士

【原文】

匡章曰："陈仲子岂不诚廉士哉？居於陵，三日不食，耳无闻，目无见也。井上有李，螬①食实者过半矣，匍匐往，将食之，三咽然后耳有闻，目有见。"

孟子曰："于齐国之士，吾必以仲子为巨擘②焉。虽然，仲子恶能廉？充仲子之操，则蚓而后可者也。夫蚓上食槁壤，下饮黄泉。仲子所居之室，伯夷之所筑与，抑亦盗跖之所筑与？所食之粟，伯夷之所树与，抑亦盗跖之所树与？是未可知也。"

曰："是何伤哉！彼身织屦，妻辟纑③，以易之也。"

曰："仲子，齐之世家也。兄戴，盖禄万钟。以兄之禄为不义之禄而不食也，以兄之室为不义之室而不居也，避兄离母，处于於陵。他日归，则有馈其兄生鹅者，己频顣④曰：'恶用是鶂鶂⑤者为哉？'他日，其母杀是鹅也，与之食之。其兄自外至，曰：'是鶂鶂之肉也。'出而哇之。以母则不食，以妻则食之；以兄之室则弗居，以於陵则居之：是尚为能充其类也乎？若仲子者，蚓而后充其操者也。"[1]

【注释】

①螬（cáo）：即蛴螬，金龟子的幼虫。

②巨擘（bò）：大拇指。比喻杰出的人物。

---

〔1〕《孟子·滕文公下》，《孟子正义》第463—469页。

③辟纑（pì lú）：分析练过的麻，搓成线。纑，练麻。

④频顣（cù）：皱眉头。频，同“颦”，皱眉。顣，同“蹙”，皱（眉头）。

⑤鶂鶂（yì yì）：形容鹅叫的声音。

【译文】

匡章说：“陈仲子难道不真的是廉洁的士人吗？他住在於陵这个地方，三天没吃饭，耳朵听不见了，眼睛看不见了。井边有颗李子，被金龟子吃掉了一大半，他爬过去抓过来吃，吞了三口，于是耳朵能听见了，眼睛也能看见了。”

孟子说：“在齐国的士人之中，我一定把仲子看做最突出的。即便如此，仲子怎么能算廉洁之士呢？完全符合仲子操行的，恐怕只有蚯蚓了。蚯蚓到地面上就吃干土，到地下便喝泉水。仲子所住的房屋，是伯夷所建还是盗跖所建？他所吃的粟米，是伯夷种的还是盗跖种的？这就不得而知了。”

匡章说：“那又有什么妨害呢？是他亲自编草鞋、妻子亲自纺线交换来的。”

孟子说：“仲子是齐国的世家。他的兄长陈戴在盖邑有上万钟粟米的俸禄。他认为兄长的俸禄是不义之财，所以不吃这些粟米；认为他的房屋也是不义的房屋，所以也不住在那里，离开他的兄长和母亲，搬到於陵这个地方居住。有一天他回到家里，有人送给他的兄长一只活鹅，他皱着眉头说：‘要这种嘎嘎叫的东西做什么呢？’后来有一天，他的母亲把鹅杀掉给他吃了。他的兄长从外面回来，说：‘这就是那个嘎嘎叫的东西的肉。’仲子跑出去把肉吐了出来。母亲做的食物他不吃，而妻子做的却吃；兄长的房屋他不住，却住在於陵，这能算是做到自己廉洁的操守吗？像仲子那样的人，只有把人变成蚯蚓才能做到。”

【评述】

什么是“廉士”？对于这个命题有不同的解答。孟子认为，通过纯粹的避世以求洁身自好的人不能算作廉士。纯粹的避世是不可能实现的（在这段文字里，他认为其实连蚯蚓都做不到）。那么怎样才算作真正的廉士呢？孟子在本篇中没有给出定义。可以肯定的是，孟子所说的廉士首先是精神上的廉洁。从《孟子》全书来看，精神上的廉洁不是指单纯的消极避世的洁身自好，而是应当积极入世，承担社会责任。

人必自侮，然后人侮之

【原文】

孟子曰：“不仁者可与言哉？安其危而利其灾，乐其所以亡者。不仁而可与言，则何亡国败家之有？有孺子歌曰：‘沧浪之水清兮，可以濯我缨！沧浪之水浊兮，可以濯我足！’孔子曰：‘小子听之，清斯濯缨，浊斯濯足矣。自取之也。’夫人必自侮，然后人侮之；家必自毁，而后人毁之；国必自伐，而后人伐之。《太甲》曰：‘天作孽，犹可违；自作孽，不可活。’此之谓也。”〔1〕

〔1〕《孟子·离娄上》，《孟子正义》第497—500页。

【译文】

孟子说："对于不仁之人，难道能与他对话吗？他们在自身危险时暂时苟安，贪图利益以致招来灾祸，把过度享乐当做人生快乐的事，却不管后来的灭亡。对于不仁之人，如果可以对话的话，还会有亡国败家的事存在吗？曾有小孩儿这样唱过：'沧浪的水清澈，可以洗我的帽缨！沧浪的水浑浊，可以洗我的双足！'孔子说：'学生们听着，水清就洗帽缨，水浊就洗双足。这都是水自身招致的。'人必定侮辱自身之后才被别人侮辱，家必定在自己毁坏之后才被别人毁灭，国家必定在自取灭亡之后才被别人讨伐。《尚书·太甲》里说道：'天作的罪孽还可以逃避，自己作的罪孽是逃避不了的。'说的就是这个意思。"

【评述】

孟子认为，国家和个人的命运都首先来自自身的行为，用今天的话说，内因是事物灭亡的根本原因。因此，个人应当修养自身的品行；至于国家，则应当任用忠廉的官员。但是，孟子将导致灭亡的内因简单地归结为道德层面的"不仁"，则是值得商榷的。孟子常常将复杂的政治问题化约为单一的道德因素，我们在理解的时候需要特别小心这种过于理想化的思维方式。

俭者不夺人

【原文】

孟子曰："恭者不侮人，俭者不夺人。侮夺人之君，惟恐不顺焉，恶得为恭俭？恭俭岂可以声音笑貌为哉！”[1]

【译文】

孟子说：“恭敬的人不侮辱别人，俭朴的人不会掠夺别人。侮辱、掠夺别人的君主，唯恐别人不顺从，怎么做得到恭敬和俭朴呢？恭敬和俭朴哪里是光凭声音和仪容这些外在表现就做得到的呢！”

【评述】

这段话的背景在《孟子》文本中不是很清晰。从最后一句话判断，孟子所针对的应该是那些表面上谦恭俭朴而背地里却对臣民强行欺压的诸侯。推而广之，恭敬和俭朴不是一种表面功夫，而应当是由内而外地生发出来的品质和行为。这样看来，这段话可能蕴涵着对官员品德的评价标准的讨论。实际上，在历朝历代，仅仅在某些方面、某些场合有意展现其品德，却在其他地方违背这些道德标准的官员，何其多也！

一正君而国定

【原文】

孟子曰：“人不足与适①也，政不足间也，惟大人为能格君心之非。君仁莫不仁，君义莫不义，君正莫不正。一正君而国定矣。”[2]

---

〔1〕《孟子·离娄上》，《孟子正义》第519页。

〔2〕同上书，第525—526页。

【注释】

①适：同“谪”，指责，批评。

【译文】

孟子说：“人事不值得过分指责，政事不值得过分非议。只有君子才能纠正君主的不正确的思想。如果君主仁，则没有人会不仁；如果君主义，则没有人会不义；如果君主正，则没有人会不正。只要端正了国君，那国家就安定了。”

【评述】

这段话可以与孔子的“政者，正也”[1] 相互阐发：孔子和孟子都强调国君的个人道德操守对国家的关键性影响，体现了儒家“德治”思想的一个重要方面，即“人治”。当然，以我们今天的眼光来看，这种“君正莫不正”的主张并不见得能够在现实中成立。

人之所异于禽兽者几希

【原文】

孟子曰：“人之所以异于禽兽者几希，庶民去之，君子存之。舜明于庶物，察于人伦，由仁义行，非行仁义也。”[2]

---

〔1〕《论语·颜渊》，《论语译注》第 139 页。
〔2〕《孟子·离娄下》，《孟子正义》第 567—568 页。

【译文】

孟子说："人不同于禽兽的地方非常细微，一般百姓丢弃了它，君子保存了它。舜懂得事物的道理，了解人类的常情，依从仁义行事，而不是推行仁义。"

【评述】

"人禽之分"是孟子十分重视的一个论题。在这段文字中，此论题表现为有无仁义的分野。其实，在"有仁义"的标准之下，还包含"由仁义行"和"行仁义"的区分："'由仁义行'是指凡事都按照自己的良心本心去做，绝不包含外在的利欲目的，而'行仁义'则是把仁义当做工具，用来博取外在的利益和好处。圣贤之人，'由仁义行'；层次不高的人，'行仁义'。"〔1〕

取伤廉

【原文】

孟子曰："可以取，可以无取，取伤廉；可以与，可以无与，与伤惠；可以死，可以无死，死伤勇。"〔2〕

【译文】

孟子说："可以拿，也可以不拿，拿了会伤害廉洁；可以给，也可以不给，给了会伤害恩惠；可以死，也可以不死，死了会伤害勇敢。"

---

〔1〕 杨泽波：《孟子评传》，南京大学出版社 2007 年版，第 252 页。
〔2〕《孟子·离娄下》，《孟子正义》第 579 页。

【评述】

人的行为在达不到“仁义”的高度时，就会面临两可的选择，孟子在此给出的是解决两可选择的三重标准。在“取”和“无取”、“与”和“无与”、“死”和“无死”三组有待选择的对立项之间，孟子提倡选择否定性的、不作为的后者，但他的理由不是道家的“无为”，而是廉、惠、勇三者。历代评注者对此多有不同的解释。《说苑·权谋篇》引扬子曰：“事之可以之贫、可以之富者，其伤行者也。事之可以之生、可以之死者，其伤勇者也。”另一种解释认为孟子针砭时弊。如毛奇龄《圣门释非录》云：“金仁山谓：此必战国之世，豪侠之习胜，多轻施结客若四豪之类，刺客轻生若荆、聂之类，故孟子为当时戒耳。”〔1〕

仕与贫

【原文】

孟子曰：“仕非为贫也，而有时乎为贫；娶妻非为养也，而有时乎为养。为贫者，辞尊居卑，辞富居贫。辞尊居卑，辞富居贫，恶乎宜乎？抱关击柝。孔子尝为委吏矣，曰：‘会计当而已矣。’尝为乘田矣，曰：‘牛羊茁壮长而已矣。’位卑而言高，罪也。立乎人之本朝而道不行，耻也。”〔2〕

〔1〕《孟子·离娄下》，《孟子正义》第579页。
〔2〕《孟子·万章下》，《孟子正义》第707—709页。

【译文】

孟子说："做官不是因为贫穷，而有时也是因为贫穷；娶妻不是为了奉养父母，但有时也是为了奉养父母。因为贫穷而做官的人，应该拒绝高位而选择低位，拒绝优厚的待遇而选择微薄的俸禄。拒绝高位而选择较低的职位，拒绝优厚的待遇而选择微薄的俸禄，那什么职位才合适呢？像守门、打更那样的工作较合适。孔子曾做过看管仓库的小官，曾说道：'出入的数字都对就可以了。'他还做过管理畜牧的小官，说道：'牛羊都茁壮成长就可以了。'职位低却议论朝廷大事，是罪过；在君上的庙堂里做官，根本的法度却得不到施行，是耻辱。"

【评述】

一般认为孟子重义轻利，但实际上，他并没有到完全否定利的地步，这段文字就是证明。孟子不否认人的生存的基本需求。在他看来，为了生计去做官，这样的行为本身是无可厚非的。关键在于接下来的一步，也就是说，职业生涯应该恪尽职守，兢兢业业，以"义"为更高的道德追求和职业追求；越是居高位的人就越不应计较和追求经济上的报酬，而应以维护国家的道义为己任。

舍生而取义

【原文】

孟子曰："鱼，我所欲也；熊掌，亦我所欲也。二者不可得兼，舍鱼而取熊掌者也。生，亦我所欲也；义，亦我所欲也。二者不可得兼，舍生而取义者也。生亦我所欲，所欲有甚于生者，故不为苟得也；死亦我所恶，所恶有甚于死者，故患有所不辟也。如使人之所欲莫甚于生，则凡可以得生者，何不用也！使人之所恶莫甚于死者，则凡可以辟患者，何不为也！由是则生而有不用也，由是则可以辟患而有不为也，是故所欲有甚于生者，所恶有甚于死者。非独贤者有是心也，人皆有之，贤者能勿丧耳。一箪食，一豆羹，得之则生，弗得则死，呼尔而与之，行道之人弗受；蹴尔而与之，乞人不屑也。万钟则不辩礼义而受之，万钟于我何加焉？为宫室之美、妻妾之奉、所识穷乏者得我与？乡为身死而不受，今为宫室之美为之；乡为身死而不受，今为妻妾之奉为之；乡为身死而不受，今为所识穷乏者得我而为之：是亦不可以已乎？此之谓失其本心。”〔1〕

【译文】

孟子说：“鱼是我想要的，熊掌也是我想要的，如果这两样不能兼得的话，就舍弃鱼而选择熊掌。生是我想要的，义也是我想要的，如果这两样不能兼得的话，就舍弃生而选择义。生是我想要的，但还有比生更令我想要的东西，所以不顾一切地追求它。死是我所厌恶的，但还有着比死更令我厌恶的东西，所以有时不去躲避祸患。如果对人来说没有比生更重要的，那么一切可以求生的方法，哪里会不使用呢？如果对人来说没有比死更可恶的，那么一切可以避开祸患的手段，哪里会不采用呢？所以有可以求生但不求生的，有可以避开祸患却不这么做的，是因为有比生更

〔1〕《孟子·告子上》，《孟子正义》第783—786页。

重要的东西，有比死更可恶的东西。不只是贤者有这样的观念，人人都会这么想，只不过贤者能不丢失这样的观念罢了。一碗饭，一盆汤，得到它们就可以活下去，得不到就会死去。如果一边呵斥一边把它们送给他人，连路上的行人都不会接受；如果践踏之后再送给他人，连乞丐都不屑接受。如果一万钟粟米不分清礼义就接受了，那它们对我有什么好处呢？是为了使房屋漂亮、使妻妾得到更多的生活享受、让相识的穷苦人感激吗？曾经宁肯死去也不会接受，现在却为了房屋漂亮而接受了；曾经宁肯死去也不愿接受，现在却为了使妻妾得到更多的生活享受而接受了；曾经宁肯死去也不接受，现在却为了让相识的穷人感激而接受了，这难道是不能罢手的吗？这就叫做失却了自己的本性。”

【评述】

这一段文字是孟子的“义利之辨”的精髓，也是千古传诵的经典华章。这段文字的哲学基础是孟子的“性善论”。在孟子看来，人有善恶，但“本心”皆为良善。在生存过程中，面对有限的物质资料，尤其在得之则生、不得则死的极端情况下，人容易忘却自己的本性而不择手段地争取生存。“本心”人皆有之，“失其本心”的过程并非人人皆有。“君子”本无须为温饱发愁，但在面对利益的诱惑之时，也有人找出种种理由来为自己的舍义取利的行为进行辩解，这就更不应该了。对于士人阶层的“君子”来说，高悬于头顶的是无法逾越的道德律令，即“义”。作为君子，应该“舍生取义”，这才是“义之大者也”。[1]

---

〔1〕《孟子·告子上》，《孟子正义》第786页。

人之所贵者，非良贵也

【原文】

孟子曰："欲贵者，人之同心也。人人有贵于己者，弗思耳。人之所贵者，非良贵也。赵孟①之所贵，赵孟能贱之。《诗》云：'既醉以酒，既饱以德。'言饱乎仁义也，所以不愿人之膏粱之味也。令闻广誉施于身，所以不愿人之文绣也。"〔1〕

【注释】

①赵孟：春秋时期晋国的正卿赵盾，字孟。此处用以指权贵者。

【译文】

孟子说："人人都想显贵，这是人所共有的心理。人人都有自己宝贵的东西，只是不去思考它罢了。别人认为可贵的，不见得是真正可贵的东西。赵孟所宝贵的，赵孟也能让它变得低贱。《诗经》上说：'既醉了酒，又饱享了德。'意思是说，已经饱享了仁义，就不再羡慕别人的美食了。美好的名声、众人的称赞加在我身上，于是就不再羡慕别人的锦衣绣服了。"

【评述】

孟子在此段文字里所针对的是当时人人追求有权有势的显贵

---

〔1〕《孟子·告子上》，《孟子正义》第796—797页。

生活的社会主流价值观。在孟子看来，人生最可宝贵的东西不是外在的锦衣玉食，而是才德和仁义。这是一种相当高尚的道德情操，孟子认为它的力量足以同世俗的富贵标准相对抗。后世不少儒家思想的继承者们极其推崇孟子的这种思想。不过需要注意的是，孟子这里对《诗经》中“既醉以酒，既饱以德”一句的解释是发挥性的，并不见得是使用其原意。

生于忧患，死于安乐

【原文】

孟子曰：“舜发于畎亩之中，傅说举于版筑之间，胶鬲举于鱼盐之中，管夷吾举于士，孙叔敖举于海，百里奚举于市。故天将降大任于是人也，必先苦其心志，劳其筋骨，饿其体肤，空乏其身，行拂乱其所为，所以动心忍性，曾益其所不能。人恒过，然后能改；困于心，衡于虑，而后作；征于色，发于声，而后喻。入则无法家拂士、出则无敌国外患者，国恒亡。然后知生于忧患而死于安乐也。”[1]

【译文】

孟子说：“舜从田野中发迹，傅说从筑墙的奴隶中被提拔起来，胶鬲从贩卖鱼盐的工作中被提拔起来，管仲从狱官的位置上被提拔起来，孙叔敖被举用于海滨，百里奚是从市场上买来的。所以，当上天要把重大的使命放到某个人肩上时，必定先折磨他的心志，劳累他的筋骨，饥饿他的肠胃，空乏他的身体，一旦他

〔1〕《孟子·告子下》，《孟子正义》第864—872页。

有行为就去搅乱他，这样便能震动他的心意，磨韧他的性格，增强他的能力。人总是会犯错，然后再去改正；内心困乏、思虑阻塞之后才会振作起来；表现在面色上，从声音中表达出来，然后才令人知晓。对于一个国家来说，如果国内没有有法度的大臣和可以辅弼的明士，国外没有与之抗衡的国家和忧患，这种国家常常会灭亡。由此可知在忧患中生存、在安乐中灭亡的道理。”

【评述】

孟子的这段话流传极广，被后世很多人当做修身养性、励志奋斗的座右铭。它的优长之处在于激励人们在逆境中或不得志的状态下发愤图强，做出一番伟业。顺境和逆境总是相对存在的，命运之所以难以把握，往往就在于它分配给某个人或某个国家的并不总是单一的形态，而拥有主观能动性的人必须从各种境况中体察到命运转化的先机。

求之有道

【原文】

孟子曰：“求则得之，舍则失之，是求有益于得也，求在我者也。求之有道，得之有命，是求无益于得也，求在外者也。”[1]

【译文】

孟子说：“追求就会得到，放弃就会失去，这是有益于收获的

---

[1]《孟子·尽心上》，《孟子正义》第 882 页。

追求，因为所追求的是我自身所固有的东西。追求有一定的方式，获得却要听从命运的安排，这种追求对获得没有什么益处，是追求我自身之外的东西。”

【评述】

在这段话中，“求”、“舍”、“得”的宾语没有出现，但前后相殊，说明宾语不同。一般的解释认为，前一组动词的宾语是“仁义”，后一组动词的宾语是“爵禄”。这样一来，孟子的意思就明确了：仁义是人的本性中天生就有的东西，不假外求，只需保持；爵禄是身外之物，也不应当追求，应听天由命。把这两方面结合起来考虑，则先弄清楚自己的本性并尽力保存它，之后才有获得爵禄的可能。这就像司马迁所说的：“‘吾闻君子诎于不知己而信于知己者’，故须知己而后禄爵可得也。”[1]

穷则独善其身，达则兼善天下

【原文】

孟子谓宋句践曰：“子好游乎？吾语子游。人知之亦嚣嚣①，人不知亦嚣嚣。”

曰：“何如斯可以嚣嚣矣？”

曰：“尊德乐义，则可以嚣嚣矣。故士穷不失义，达不离道。穷不失义，故士得己焉；达不离道，故民不失望焉。古之人，得志泽加于民，不得志修身见于世，穷则独善其身，达则兼善

〔1〕《孟子·尽心上》，《孟子正义》第882页。

天下。"〔1〕

【注释】

①嚣嚣：自得无欲之貌（赵岐注）。

【译文】

孟子对宋句践说："您喜欢游说吗？我跟您谈谈游说所应采取的态度。别人懂得了要自得其乐，别人不懂也要自得其乐。"

宋句践问："要怎样才能自得其乐呢？"

孟子说："崇尚德，喜好义，就可以自得其乐了。所以，士在穷困的时候不能失去义，在显贵的时候不能离开道。在贫穷的时候不失去义，士就自得了；在显贵的时候不离开道，就不会让民众失望了。古时候的人，在得志的时候会将恩泽施加到民众身上，在不得志的时候则修身以显现于世间，困穷的时候就独善其身，显达的时候就兼善天下。"

【评述】

这段话是孟子针对当时的职业说客来说的，但"穷则独善其身，达则兼善天下"后来成为士人阶层普遍的人生准则。颜回是"穷则独善其身"的典范，当人生活在陋巷之中，仅仅能够满足最低水平的生活需求的时候，能够坚持自己的德行，是值得称赞的；而当显达于世的时候，还能够不忘初衷，将道义推行到世间，这也是相当难做到的。

---

〔1〕《孟子·尽心上》，《孟子正义》第889—891页。

无欲其所不欲

【原文】

孟子曰：“无为其所不为，无欲其所不欲，如此而已矣。”[1]

【译文】

孟子说：“不做自己不该做的事，不想得到不该得到的东西，不过如此罢了。”

【评述】

言简意赅，可为人生之准则，又可为官员理政的职业道德，值得我们每个人细细涵咏。看似一句简单的格言，其实包含了相当精深的人生哲理。什么是“应该”做的，这是贯穿人生的一个大功课。孔子贵为圣人，至七十岁方才做到“从心所欲不逾矩”，可见这个道理是知易行难的。而具体到对官员的要求，便又增加了职业道德的内涵，更可谓难上加难了。

仰不愧于天，俯不怍于人

【原文】

孟子曰：“君子有三乐，而王天下不与存焉。父母俱存，兄弟无故，一乐也。仰不愧于天，俯不怍于人，二乐也。得天下英才

[1]《孟子·尽心上》，《孟子正义》第901页。

而教育之，三乐也。君子有三乐，而王天下不与存焉。”〔1〕

【译文】

孟子说：“君子有三种乐事，而称王天下不在此列。父母都健在，兄长胞弟都没有亡故，这是第一种乐事。上无愧于天，下不惭于人，这是第二种乐事。得遇天下优秀的人才来教育培养他们，这是第三种乐事。君子有三种乐事，而统治天下不在此列。”

【评述】

这三种乐事代表了孟子所重视的三个方面：一是父母人伦，这继承了孔子由近及远的差等之爱；二是道德律令，这在孟子看来是君子区别于一般民众的关键品质；三是教育英才，这也是孔学所传，即在仕途不如意、政治理想得不到实现的时候著书立说，教书育人。

舜与跖之分在利与善之间

【原文】

孟子曰：“鸡鸣而起，孳孳为善者，舜之徒也。鸡鸣而起，孳孳为利者，跖之徒也。欲知舜与跖之分，无他，利与善之间也。”〔2〕

---

〔1〕《孟子·尽心上》，《孟子正义》第905页。
〔2〕同上书，第914页。

【译文】

孟子说："鸡鸣时分就起床，孜孜不倦地做善事的人，是舜那样的人。鸡鸣时分就起床，孜孜不倦地追求私利的人，是跖那样的人。要知道舜和跖的区别，不在别的地方，就在于求利和求善之间。"

【评述】

舜是典型的贤者，封建统治者认为盗跖是有名的大盗，此二人在道德层面上有天壤之别，而孟子却将他们的区别简化为求利和求善，这是否有夸大道德律令的嫌疑呢？而对利和善二者标准的界定又是十分复杂的。朱熹有言："舜、跖之相去远矣，而其分在利、善之间而已，是岂可以不谨？然讲之不熟、见之不明，未有不以利为义者，又学者所当深察也。"[1]

尚志

【原文】

王子垫问曰："士何事？"

孟子曰："尚志。"

曰："何谓尚志？"

曰："仁义而已矣。杀一无罪，非仁也。非其有而取之，非义也。居恶在？仁是也。路恶在？义是也。居仁由义，大人之事

〔1〕 朱熹《集注》引杨氏语。转引自金良年《孟子译注》，上海古籍出版社2004年版，第283页。

备矣。"[1]

【译文】

王子垫问："士从事的职业是做什么的？"

孟子说："令人品行高尚。"

王子垫问："什么叫令人品行高尚？"

孟子说："无非就是仁义。杀死一个无罪的人，是不仁。不是他所拥有的而去攫取，是不义。居住在哪里？住在仁里。路在哪里呢？义就是路。居住在仁里，以义为路，大人的工作就齐备了。"

【评述】

在中国古代历史上，孟子的言论往往被士大夫阶层奉为座右铭。这段文字对"士"阶层作了明确的职业定位："尚志。"尚志的内涵是仁义。孟子在其他地方也谈到对士阶层的定位，如"无恒产而有恒心"（《孟子·梁惠王上》）。这里的"恒心"同"尚志"可以联系起来理解，即对仁义的坚持矢志不移。

亲亲而仁民，仁民而爱物

【原文】

孟子曰："君子之于物也，爱之而弗仁；于民也，仁之而弗亲。亲亲而仁民，仁民而爱物。"[2]

---

〔1〕《孟子·尽心上》，《孟子正义》第926—927页。

〔2〕同上书，第948—949页。

【译文】

孟子说："君子对于物的态度是爱而不仁，对于民的态度是仁而不亲。亲近亲人而仁爱民众，仁爱民众而爱惜物品。"

【评述】

这段说辞体现的是孟子对于"物"和"民"态度的差异，这种差异是建立在孔子所说的那种"差等之爱"的基础上的。从"亲亲"到"仁民"再到"爱物"，是君子由近及远地释放和推广自身道德的过程；从逻辑上讲，也是遵从人的天性（以亲人为最近）而由此保证对世上万物施行仁义的可靠性。孔子也说："父为子隐，子为父隐，直在其中。"（《论语·子路》）联系到官员的自身品德，中国自古以来就有这样一个传统：以对家人的态度作为衡量官员品德的标准之一。

若固有之

【原文】

孟子曰："舜之饭糗茹草也，若将终身焉。及其为天子也，被袗衣，鼓琴，二女果，若固有之。"[1]

【译文】

孟子说："舜在吃干饭、吞野菜时，似乎将要终身如此。等到他做了天子以后，穿着画有花纹的贵重衣服，弹着琴，由尧的两

[1] 《孟子·尽心下》，《孟子正义》第966页。

个女儿来侍奉他，就好像本来就拥有这些似的。”

【评述】

儒家是言必称尧舜的，舜帝是儒家所推崇的帝王的道德典范。如果用孟子自己的话来点评舜的行为，那便是“富贵不能淫，贫贱不能移”（《孟子·滕文公下》）。在任何人生境况下都保持一种平和的心态，不以物喜，不以己悲，这应当是“若固有之”的精髓所在。

民为贵，君为轻

【原文】

孟子曰：“民为贵，社稷①次之，君为轻。是故得乎丘民而为天子，得乎天子为诸侯，得乎诸侯为大夫。诸侯危社稷，则变置。牺牲既成，粢盛②既洁，祭祀以时，然而旱干水溢，则变置社稷。”〔1〕

【注释】

①社稷：古代帝王诸侯所祭的土神和谷神，后作为国家的代表。

②粢盛（zī chéng）：盛在祭器内以供祭祀的谷物。粢，谷类的总称。盛，盛在祭器中的黍稷。

〔1〕《孟子·尽心下》，《孟子正义》第973—974页。

【译文】

孟子说："百姓是最宝贵的，土神和谷神次之，君主是最次要的。所以，得到百姓的欢心就可以做天子，得到天子的欢心就可以做诸侯，得到诸侯的欢心就可以做大夫。当诸侯危及国家的时候，就另外改立。献祭的家畜肥壮了，祭品洁净了，祭祀的时机也是正确的，但如果仍然有旱灾水灾，那就改立土神和谷神。"

【评述】

这是最能体现孟子重民思想的段落。其中"民为贵……君为轻"的部分在后世常被臣子用来作为劝诫君主爱惜民力的引语。这是孟子思想中流传最广的箴言之一，也堪称我国古代民本主义思想最重要的文本之一。

性与命

【原文】

孟子曰："口之于味也，目之于色也，耳之于声也，鼻之于臭①也，四肢之于安佚也，性也。有命焉，君子不谓性也。仁之于父子也，义之于君臣也，礼之于宾主也，知之于贤者也，圣人之于天道也，命也。有性焉，君子不谓命也。"〔1〕

〔1〕《孟子·尽心下》，《孟子正义》第990—991页。

【注释】

①臭（xiù）：气味。

【译文】

孟子说："口之于美味，眼之于美观的东西，耳朵之于好听的声音，鼻子之于芬芳的气味，四肢之于舒服的感觉，这些都是天性。也有命运的成分在里面，所以君子就不把它们叫做天性了。仁之于父子，义之于君臣，礼之于宾主，智之于贤者，圣人之于天道，是命运。也有天性的成分在里面，所以君子不把它们叫做命运了。"

【评述】

在上面列举的这两类东西中，第一类是人的天性，第二类是人的社会属性。孟子认为，尽管这两类东西都包含了天性和命运的成分，但在对待前者的时候，应当强调其中命运的性质，因而不加追求；对待后者的时候，应当强调其中天性的成分，从而尽力保持。这就从另一个侧面继续论证了孟子的性善论。

爱惜民力

【原文】

孟子曰："有布缕之征，粟米之征，力役之征。君子用其一，缓其二。用其二而民有殍①，用其三而父子离。"〔1〕

〔1〕《孟子·尽心下》，《孟子正义》第999—1001页。

【注释】

①殍（piǎo）：饿死。

【译文】

孟子说："有征收布缕的赋税，有征收粟米的赋税，有征用人力的徭役。在这三者之中君子如果使用一种，那另外两种就暂时不要用。如果用了其中的两种，民众就会有饿死的；如果三种都同时使用，那就会造成父子离散的恶果。"

【评述】

孟子用赋税这样一个例子来说明爱惜民力的具体举措。不爱民就会失民心，失民心者就会失天下，所以统治者应该使民以时，不要过度剥削。

宝珠玉者，殃必及身

【原文】

孟子曰："诸侯之宝三：土地，人民，政事。宝珠玉者，殃必及身。"[1]

【译文】

孟子说："诸侯有三样宝贵的东西：土地，人民，政事。把珠玉当做宝贝的诸侯，必然会引祸上身。"

〔1〕《孟子·尽心下》，《孟子正义》第1001页。

【评述】

“民贵君轻”的思想在这里体现为统治者不应该过度贪图个人的生活享受，而首先应该以国家、人民为重；同时，这也是保证其个人享受的前提。

养心莫善于寡欲

【原文】

孟子曰：“养心莫善于寡欲。其为人也寡欲，虽有不存①焉者，寡矣。其为人也多欲，虽有存焉者，寡矣。”〔1〕

【注释】

①存：存其本心（或善性）。

【译文】

孟子说：“修养心性的最好办法是减少欲望。如果欲望减少了，即使善性有所丧失，那也不会丧失太多。如果欲望太多，即使还有善性，那也剩不下多少了。”

【评述】

寡欲是道家的主题。孟子此说的立足点不同，以其性善论为根基，强调欲望会损害人的善良天性，使人丧失“本心”。这个“养”的过程便是君子的修身过程。孟子为后世“无欲则刚”的

〔1〕《孟子·尽心下》，《孟子正义》第1017—1018页。

儒家士大夫品性奠定了基础。

第十四节 庄子

【人物简介】

庄子（前369—前286），名周，战国时期宋国人，著名的哲学家、文学家，是继老子之后道家学派的主要代表人物。曾做过漆园吏，后来厌恶做官，转而隐居，专心著述。他生活穷困，但拒绝接受楚威王的重金礼聘，被认为是一位淡泊名利、廉洁正直的人。

《庄子》一书又称《南华经》，收集了庄周及其后学的作品。《庄子》全书现存三十三篇，包括内篇七篇、外篇十五篇、杂篇十一篇。全书以内篇为核心，其中一些篇章如《齐物论》、《逍遥游》、《大宗师》等集中反映了庄子的哲学思想。庄子继承老子的道家哲学，主张精神上的逍遥自在，希望达到不依赖外物而遗世独立的精神境界，强调顺应自然法则，不以人的欲望强求自然，要安时而处顺，提倡修养内在的德性，全生保身。这样的思想对于当时社会上流行的追求名利的思想是一种有力的反击。

大廉不嗛

【原文】

故分也者，有不分也；辩也者，有不辩也。曰：何也？“圣人怀之，众人辩之以相示也。故曰辩也者有不见也。夫大道不称，大辩不言，大仁不仁，大廉不嗛①，大勇不忮②。道昭而不道，言辩而不及，仁常而不成，廉清而不信，勇忮而不成。五者圆而几向方矣，故知止其所不知，至矣。孰知不言之辩、不道之道？若有能知，此之谓天府③。注焉而不满，酌焉而不竭，而不知其所由来，此之谓葆光。[1]

【注释】

①嗛：通“谦”，谦让。

②忮（zhì）：违逆；刚愎。

③天府：这里指圣人的心胸，宽广而包罗万象。

【译文】

所以做区分的人有无法区分的东西，进行争辩的人有辩不得的东西。有人问：为什么呢？回答是：圣人胸中囊括万物，众人分别彼此、争辩是非以相互表现出来。所以说争辩的人由于片面而看不见（大道）。大道不可称说，大辩不可言说，大仁不会有所偏爱，大廉不会谦让，大勇不会刚愎自用。道如果太明显就不是道，言语通过争辩就会有所不及，仁若平常就不会完成，过于清廉就不能取信于人，太过勇敢以致刚愎自用就不成其为勇。这五种情况都适得其反，本来想圆却几乎转向了方。所以，知道止于所不知道的地方，就是最高境界了。谁知道不用言说的争辩、不用称说的大道呢？如果能够知道，那就是圣人的心胸了。灌注它

〔1〕《庄子·齐物论》，郭庆藩撰：《庄子集释》，中华书局2004年版（下同），第83页。

而不会满，酌取它而不会穷尽，却不知道它的来源，这就是隐藏着的光辉。

【评述】

庄子使用了一组老子式的反向逻辑，他表明，任何事物，当我们过分执著于一端的时候就容易走向它的反面。以“廉”为例，古代的廉洁之士（如陈仲子、伯夷等）过分强调自身的清廉，甚至到了避世的地步。庄子认为，廉洁的人常常表现得十分谦让，而过分的谦让会给人不可信任的感觉，真正的廉洁并不必如此表现。推而广之，在我国古代历史上，也不乏某些臣子乃至君主为了追求表面的廉洁而过分降低自身生活标准的实例，甚至将国家的发展都置于次要的位置，这可以说是本末倒置了。学习道家的反向逻辑，有利于我们权衡多面，不走极端。

不以物易其性

【原文】

故尝试论之：自三代以下者，天下莫不以物易其性矣。小人则以身殉利，士则以身殉名，大夫则以身殉家，圣人则以身殉天下。故此数子者，事业不同，名声异号，其于伤性以身为殉，一也。……天下尽殉也。彼其所殉仁义也，则俗谓之君子；其所殉货财也，则俗谓之小人。其殉一也，则有君子焉，有小人焉；若其残生损性，则盗跖亦伯夷已，又恶取君子小人于其间哉![1]

---

〔1〕《庄子·骈拇》,《庄子集释》第323页。

【译文】

所以我试着来申论一下：夏、商、周三代以后，世上的人没有不被身外之物改变了性情的。小人为利益而牺牲自身，士人为名誉而牺牲自身，大夫为诸侯之家而牺牲自身，圣人为天下而牺牲自身。上面这四种人，虽然所从事的事业不同，名称也不同，但在伤害性情、牺牲自身方面，却是一样的……世上的人都为了某种目的而牺牲自身。那些为仁义而牺牲自身的人，世俗就称他们是君子；那些为财物而牺牲自身的人，世俗就称他们是小人。牺牲都是一样的，却有君子和小人的区别。在残害人生、损害性情方面，盗跖这样的大盗跟伯夷这样的廉士是一样的，又何须在他们之间区分什么君子与小人呢！

【评述】

道家讲究全性保身，因此，一切身外之“物”都是有害的，应当放弃追求。我们在这里看到了道家与儒家针锋相对的思想：孟子恰恰讲求以身殉义，对于庄子而言，这与以身殉财没有本质的区别，一样都是“残生损性”的。道家同儒家的激烈对峙局面在这里可见一斑。文中的消极意味十分强烈，将利益、名誉、家族、天下不加区别地统统否定掉了，我们在理解的时候需要格外留心。不过，这段文字虽然极端，却对当时世俗的利益观作出了较为通透的批判，这是我们应当汲取的积极方面。

窃钩者诛，窃国者为诸侯

【原文】

夫川竭而谷虚，丘夷而渊实。圣人已死，则大盗不起，天下平而无故矣！

圣人不死，大盗不止。虽重圣人而治天下，则是重利盗跖也。为之斗斛以量之，则并与斗斛而窃之；为之权衡以称之，则并与权衡而窃之；为之符玺以信之，则并与符玺而窃之；为之仁义以矫之，则并与仁义而窃之。何以知其然邪？彼窃钩①者诛，窃国者为诸侯，诸侯之门而仁义存焉，则是非窃仁义圣知邪？故逐于大盗，揭诸侯，窃仁义并斗斛权衡符玺之利者，虽有轩冕之赏弗能劝，斧钺之威弗能禁。此重利盗跖而使不可禁者，是乃圣人之过也。[1]

【注释】

①钩：有两种解释，一说为铸成钩形的钱币，一说为衣带钩，代指不值钱的东西。

【译文】

川水干涸则谷道空虚，山丘铲平了深渊就填满了。圣人没有了，大盗也不会产生，天下就太平无事了！

圣人不死，大盗便不会停止。虽然借助圣人来治理天下，实际上大大有利于盗跖那样的人。用斗斛量物，用秤称物，本来是

---

〔1〕《庄子·胠箧》，《庄子集释》第346—351页。

为了公平交易，但也可以用斗斛和秤来欺骗人；使用符契和印玺本来是为了让人信任，但也可以用来骗人；推行仁义本来是用来正人的，但也可以拿来骗人。怎么知道它是这样的呢？偷盗一点儿钱的小偷竟然要被诛杀，而窃取了整个国家的人却当上了诸侯，这些诸侯的门面上还打着仁义的旗号，这难道不是用仁义圣智来骗人吗？所以，追随大盗，攻打诸侯之国，拿着仁义以及斗斛、秤、符契、印玺这些东西来骗人的，即便用赏赐官爵的办法也不能激励他们不要这么做，用斧钺这样的兵器来吓唬他们也无法禁止这种行为。这种大大有利于盗跖并且无法禁止的情况，是圣人（提倡仁义礼智）的过错。

【评述】

庄子认为，提倡仁义礼智的儒家思想实际上给盗跖这样的大盗以有利之机，大大有害于天下，所以应该回到老子所提倡的“绝圣弃智”的路子上来。其中“彼窃钩者诛，窃国者为诸侯”一句可谓针砭时弊，为后世广为传诵。庄子的用语固然偏颇，却以激烈的形式反映出当时社会大众对诸侯纷争、忠臣被害、佞臣当道局面的极端厌恶，继而对仁义礼智这些固有的价值观产生了怀疑，因为，在弄权者那里，仁义礼智不再是匡复天下的道义原则，而成为欺骗大众、危害社会的工具。

无欲而天下足

【原文】

天地虽大，其化均也；万物虽多，其治一也；人卒虽众，其主君也。君原于德而成于天，故曰，玄古之君天下，无为也，天德而已矣。

以道观言而天下之君正，以道观分而君臣之义明，以道观能而天下之官治，以道泛观而万物之应备。故通于天地者，德也；行于万物者，道也；上治人者，事也；能有所艺者，技也。技兼于事，事兼于义，义兼于德，德兼于道，道兼于天。故曰，古之畜天下者，无欲而天下足，无为而万物化，渊静而百姓定。《记》曰："通于一而万事毕。无心得而鬼神服。"

夫子曰："夫道，覆载万物者也，洋洋乎大哉！君子不可以不刳心焉。无为为之之谓天，无为言之之谓德，爱人利物之谓仁，不同同之之谓大，行不崖异之谓宽，有万不同之谓富。故执德之谓纪，德成之谓立，循于道之谓备，不以物挫志之谓完。君子明于此十者，则韬乎其事心之大也，沛乎其为万物逝也。若然者，藏金于山，藏珠于渊，不利货财，不近贵富；不乐寿，不哀夭；不荣通，不丑穷；不拘一世之利以为己私分，不以王天下为己处显。显则明，万物一府，死生同状。"〔1〕

【译文】

天地虽然大，但支配万物变化的力量是普遍且没有偏私的；万物虽然多，但其条理是一致的；百姓虽然多，但其主宰都是君主。君主以德为本，达到自然的境界，所以说，远古时期做天下的君主，是无所作为的，只是靠天德。

用天道来表示君主的名号，才是恰当的；用天道来表示君臣

〔1〕《庄子·天地》，《庄子集释》第403—407页。

之分，就会明确；用天道来表示能力，那天下的官员就会治理得好；用天道来显示一切，那么万物的需求就无不具备了。所以，贯穿天地的是德，作用于万物的是道，在上统治人的是事，具备了某种才能就成了一门技术。技术统属事，事统属义，义统属德，德统属道，道统属天。所以说，古时候统治天下的人，如果他没有欲求则百姓就会富足，如果他没有作为则万物会自己变化，如果他像深渊里的水一样平静，那百姓就能够安定。《记》一书里说道："人君如果能融会贯通天道，那么万物就可以完成；心中空无一物，则鬼神也能信服。"

夫子说："道是包罗万物的东西，十分辽阔广大。君子不可以不彻底抛弃个人的心智。任其自然，没有半点儿人为的痕迹，这样来对待一切，就可以符合天道了；无须去做解说，完全让事物本身去表明自己，就可以符合天德了；任由人与物本性的自然就是仁；消除不同事物之间的差异和对立就是大；行为不标新立异，和同众人万物而无界限就是宽；包容相异的万物、无所不有就是富。所以，掌握了德就是纲纪，达成了德就是立身成人，遵循道就是完备，不会因为外物而扰乱心志就是完美。明白了上述十点的君子，立心会更加宽广，能够与万物一同变化。这样的人，金银珠玉都不会要，任凭它们存在于山渊之中；不以货财为利，不追求富贵的生活；不因长寿而高兴，不因短命而哀痛；不因通达而感到光荣，不因潦倒而感到羞愧。不把全天下的利益都据为己有，不做天下的王者，不处于显要的地位。显要就是显明自身，万物不分彼此，生死都是一样。"

【评述】

庄子认为，当君主没有欲望时，征战不兴，民众不劳苦，天下就太平无事了。这是道家无为而治的政治思想的积极意义。从这个角度来讲，庄子是一位和平主义者。这种无欲无求的态度奠定了后世道家同佛教的亲和。不过我们也应该看到这种思想缺乏进取心的一面，容易成为统治者麻痹人民的思想工具，也有可能导致过于消极的社会风气。

圣人不避寿富

【原文】

尧观乎华。华封人曰："嘻，圣人！请祝圣人。"

"使圣人寿。"尧曰："辞。""使圣人富。"尧曰："辞。""使圣人多男子。"尧曰："辞。"

封人曰："寿，富，多男子，人之所欲也。女独不欲，何邪？"

尧曰："多男子则多惧，富则多事，寿则多辱。是三者，非所以养德也，故辞。"

封人曰："始也我以女为圣人邪，今然君子也。天生万民，必授之职。多男子而授之职，则何惧之有！富而使人分之，则何事之有！夫圣人，鹑居而彀[①]食，鸟行而无彰；天下有道，则与物皆昌；天下无道，则修德就闲；千岁厌世，去而上仙；乘彼白云，至于帝乡；三患莫至，身常无殃，则何辱之有，"封人去之。尧随之，曰："请问。"

封人曰："退已！"[1]

【注释】

①彀（kòu）：待哺的鸟。

【译文】

尧去华州视察。在华州守封疆的人说："圣人，我要为您祈祷。"

"祈祷您长寿。"尧说："不用。""祈祷您富有。"尧说："不用。""祈祷圣人有很多男子。"尧说："不用。"

守封疆的人说："长寿、富有和多男子是一般人想要的。唯独您不想要，为什么呢？"

尧说："男子多了惧怕就多，富有了事情就多，长寿了受到的侮辱就多。这三者不是用来培养德的，所以我拒绝。"

守封疆的人说："开始我以为您是圣人呢，现在看来只不过是君子罢了。天生万民，必然授予其职务。多男子而授予职务，这有什么可惧怕的！富有则与人分享，这有什么事呢！圣人的衣食住行都如鸟兽一般，无所用心，任其天性。天下有道，则与万物一起昌荣；天下无道，则闲居以修养德行。千年后一生已尽，升仙离世，驾着白云，来到天帝所居住的地方。多惧、多事、多辱这三种担忧都不会到来，身体不会受到伤害，那有什么可被侮辱的东西呢！"守封疆的人要离开。尧跟上去说："请问……"

守封疆的人说："回去吧。"

---

〔1〕《庄子·天地》，《庄子集释》第420—423页。

【评述】

为世俗利益（即此文所言之“福禄寿”）所累有两种方式，一种是不择手段、苦苦追求，另一种是避之唯恐不及，担心为之所累。在庄子看来，前者不足取，后者也无可观，要义在于随心任性，无我无物。

富贵寿善，皆非至乐

【原文】

天下有至乐无有哉？有可以活身者无有哉？今奚为奚据？奚避奚处？奚就奚去？奚乐奚恶？

夫天下之所尊者，富贵寿善也；所乐者，身安厚味美服好色音声也；所下者，贫贱夭恶也；所苦者，身不得安逸，口不得厚味，形不得美服，目不得好色，耳不得音声；若不得者，则大忧以惧。其为形也亦愚哉！

夫富者，苦身疾作，多积财而不得尽用，其为形也亦外矣。夫贵者，夜以继日，思虑善否，其为形也亦疏矣。人之生也，与忧惧生，寿者惛惛，久忧不死，何苦也！其为形也亦远矣。烈士为天下见善矣，未足以活身。吾未知善之诚善邪，诚不善邪？若以为善矣，不足活身；以为不善矣，足以活人。故曰：“忠谏不听，蹲循勿争。”故夫子胥争之以残其形，不争，名亦不成。诚有善无有哉？

今俗之所为与其所乐，吾又未知乐之果乐邪，果不乐邪？吾观夫俗之所乐，举群趣者，诔诔[1]然如将不得已，而皆曰乐者，吾未之乐也，亦未之不乐也。果有乐无有哉？吾以无为诚乐矣，又俗之所大苦也。故曰："至乐无乐，至誉无誉。"

天下是非果未可定也。虽然，无为可以定是非。至乐活身，唯无为几存。请尝试言之。天无为以之清，地无为以之宁，故两无为相合，万物皆化。芒乎芴乎，而无从出乎！芴乎芒乎，而无有象乎！万物职职，皆从无为殖。故曰天地无为也而无不为也，人也孰能得无为哉![1]

【注释】

①诬诬（kēng kēng）：奔竞貌。

【译文】

天下有没有最大的快乐呢？有没有让身体活下去的东西呢？现在什么在活动，什么在安定？什么在回避，什么在居处？什么在趋近，什么在离开？喜欢什么，厌恶什么？

天下人所看重的东西是富有、显贵、长寿和善良，所喜欢的是安逸的身体、浓郁的味道、好看的衣服、好看的色彩和好听的声音；所讨厌的东西是贫穷、卑贱、夭折和坏名声，所引以为苦的是身体得不到安逸，嘴巴尝不到好味道，身体穿不上好衣服，眼睛看不到好颜色，耳朵听不到好的声音。如果得不到，就会非常害怕。如此修养身体，岂不是很愚蠢吗！

富有的人身体辛苦，拼命干活儿，积累了很多财富却用不完，是把身体置之度外了。地位高的人，夜以继日地思考官运的亨通或阻滞，也远离了身体保养之道。人生来就带有忧惧，长寿的人

---

〔1〕《庄子·至乐》，《庄子集释》第608—612页。

神志不清，忧惧良久却不得死去，何苦呢！这也远离了身体保养之道。烈士被天下人所称善，却不足以让自己的身体活下去。我不知道这种善是真的善还是不善呢。如果说这是真的善，它却不足以让自己的身体保全下来；如果说这是不善，它却帮助别人生存下去。所以说："忠谏而君主不接受，就应该退却，不要和君主强争。"所以，伍子胥和君主强争，却被君主赐死；不强争的话就没有美名。到底有没有善呢？

现在俗世之人所做的及其认为有乐趣的东西，我不知道的确是可乐还是不可乐。我看到那些俗人们所认为有乐趣的东西，成群结队的人都赶过去，争着跑过去的样子就好像不得已似的，而都认为那是乐趣的东西，我不认为是乐趣，也不认为不是乐趣。到底有没有乐趣呢？我把无为当做真正的乐事，但这是俗人们认为最苦的东西。所以说："最大的快乐是没有快乐，真正的好名声是没有名声。"

世界上的对与错是没有办法判定的。即便这样，无为却可以用来判断对错。最大的快乐是让身体存活，只有无为接近于至乐活身之道。请允许我试着说一说：天无为就会清静，地无为就会安宁。所以这两种无为相合，才使得万物生长。无为的景象恍恍惚惚，没有生出的地方，没有迹象，难以把握。万物貌似众多，但都是从这两种无为相合之后产生的。所以说天地什么也没有做，却产生了万物。人怎么也能做到无为呢！

【评述】

对庄子而言，人生最值得宝贵的东西是自己的身体，"全生保身"高于一切社会价值。但从这段文本中可以看出，这种"保身"并不停留在保存生物学意义上的身体这个层面，因为，他将对长寿的追求也看做同富贵名利一样被俗世之人所追逐的目标，这个目标同样低于“无为”的境界。

非其义者，不受其禄

【原文】

汤将伐桀，因卞随而谋，卞随曰：“非吾事也。”

汤曰：“孰可？”曰：“吾不知也。”

汤又因瞀光而谋，瞀光曰：“非吾事也。”汤曰：“孰可？”

曰：“吾不知也。”

汤曰：“伊尹何如？”曰：“强力忍垢，吾不知其他也。”

汤遂与伊尹谋伐桀，克之，以让卞随。卞随辞曰：“后①之伐桀也谋乎我，必以我为贼也；胜桀而让我，必以我为贪也。吾生乎乱世，而无道之人再来漫我以其辱行，吾不忍数闻也。”乃自投椆水而死。

汤又让瞀光曰：“知者谋之，武者遂之，仁者居之，古之道也。吾子胡不立乎？”

瞀光辞曰：“废上，非义也；杀民，非仁也；人犯其难，我享其利，非廉也。吾闻之曰：‘非其义者，不受其禄；无道之世，不践其土。’况尊我乎！吾不忍久见也。”乃负石而自沈于庐水。[1]

【注释】

①后：君主。

---

〔1〕《庄子·让王》，《庄子集释》第985—986页。

【译文】

商汤将要讨伐夏桀，想和卞随一起谋划，卞随说："这不是我的事情。"

汤问："谁能胜任呢?"

卞随说："我不知道。"

汤又想和瞀光一起谋划，瞀光说："这不是我的事情。"

汤问："谁能胜任呢?"

瞀光说："我不知道。"

汤问："伊尹怎么样?"

瞀光说："他很顽强，能忍受耻辱，其他的我就不了解了。"

汤于是与伊尹一起谋划攻打夏桀的事情，结果胜利了。汤要把天下让给卞随，卞随推辞道："君主讨伐夏桀的时候要和我一同谋划，必定认为我是残忍的人；战胜夏桀以后把天下让给我，必定认为我是贪婪的人。我生在乱世，而汤这个无道之人还一再来侮辱我，我不忍心屡次听到他的话呀。"随后投椆水自杀了。

汤又要把天下让给瞀光，说："有智慧的人讨伐夏桀，有武力的人完成这件事，仁者居天子之位，这是自古以来的道理。您为什么不做天子呢?"

瞀光推辞说："废弃君主，是不义之举；杀害人民，是不仁之举；他人做难做的事，我坐享其成，这不是廉洁的行为。我听说过这么一句话：'不是有义的君主，就不应该接受他的爵禄；无道的社会，就不应该生活在那里。'更何况要尊奉我为天子呢！我不忍心长久地看到这些状况。"于是抱着石头自沉庐水自杀了。

【评述】

道家思想讲究不同政府合作的态度，尤其在遇上无道之君的时候，提倡宁死都不参与政治。这种不与社会的丑恶势力同流合污的气节是值得肯定的。但是我们应当认识到，商汤讨伐夏桀是顺应历史潮流的举动，尽管以杀戮的形式完成了朝代的更替，但从长远看来，有利于社会的发展和人民的幸福。因此，面对社会政治的丑恶现象而采取一味避让的道家态度是不足取的。道家的这种退避态度在中国古代历史上为士大夫阶层提供了政治失意时的一种精神安慰。

小盗者拘，大盗者为诸侯

【原文】

子张问于满苟得曰："盍不为行？无行则不信，不信则不任，不任则不利。故观之名，计之利，而义真是也。若弃名利，反之于心，则夫士之为行，不可一日不为乎！"

满苟得曰："无耻者富，多信者显。夫名利之大者，几在无耻而信。故观之名，计之利，而信真是也。若弃名利，反之于心，则夫士之为行，抱其天乎！"

子张曰："昔者桀纣贵为天子，富有天下，今谓臧聚①曰，'汝行如桀纣'，则有怍②色，有不服之心者，小人所贱也。仲尼、墨翟，穷为匹夫，今谓宰相曰'子行如仲尼、墨翟'，则变容易色称不足者，士诚贵也。故势为天子，未必贵也；穷为匹夫，未必贱也。贵贱之分，在行之美恶。"

满苟得曰："小盗者拘，大盗者为诸侯。诸侯之门，义士存焉。昔者桓公小白杀兄入嫂而管仲为臣，田成子常杀君窃国而孔子受币。论则贱之，行则下之，则是言行之情悖战于胸中也，不亦拂乎！故《书》曰：‘孰恶孰美？成者为首，不成者为尾。’”[1]

【注释】

①臧聚：指仆隶役夫。

②怍（zuò）：愧。

【译文】

子张问满苟得：“怎么不修养品行呢？没有好的品行就不会被信任，不被信任就不会被任用，不被任用就不会得利。所以，考察计较名誉和利益，首先必须做到义。就算是不要名利，返归内心，但对一个士人的品行修养来说，也不能一天没有义！”

满苟得说：“无耻贪婪的人往往富有，善于通过夸耀来取得信任的人往往显要。高名厚利几乎都是由无耻和夸耀而取得的。所以，考察计较名誉和利益，必须首先做到有信用。就算是不要名利，返归内心，但对一个士人的品行修养来说，也必须要保养他的天性！”

子张说：“从前夏桀和商纣贵为天子，富有天下。假如对那些仆隶贱役说‘你做事就像桀纣那样’，他就会面有愧色，露出不服气的样子，因为连小人都鄙视桀纣的品行。孔丘、墨翟这两个人，虽然都是贫穷的平民，但如果对宰相说‘你做事就像孔丘、墨翟那样’，他就会表现出很惭愧的样子，连连说还差得很远，这是因为这二人的德行实在为士人所推崇。所以，像天子那样有势力，

〔1〕《庄子·盗跖》，《庄子集释》第1002—1003页。

未必是高贵的；像匹夫那样贫困，未必是低下的。高贵和低下的区别在于行为的美和丑。”

满苟得说：“偷小东西的人被抓起来，偷大东西的人却当上了诸侯。但在诸侯的门下也有义士。当年齐桓公杀死自己的哥哥，抢走嫂子作为自己的妻子，而管仲却做了他的国相；田常杀死自己的君主窃取国家，而孔子却接受田常的钱。口头上说这是卑贱的行为，但在行动上却顺从这样做，这是因为言语和行动在内心交战，不也是很乱的吗！所以《尚书》上说：‘成功的就是好的，失败的就是坏的。’”

【评述】

与春秋时代相比，战国时代是传统的道德信义全面崩塌的时代，诸侯各国为了称霸或自保，纷纷背信弃义，种种恶劣手段无所不用其极。这就是为什么庄子于行文之中透露出对社会的极端厌恶，尤其是对名和利的极端藐视。在他看来，追名和逐利没有什么区别，只不过是小偷和大偷的区分罢了。其中“小盗者拘，大盗者为诸侯”一句，与“彼窃钩者诛，窃国者为诸侯”的意义、句式均相仿佛，可见庄子对这种现象深恶痛绝，因此一再提起。

廉贪之实，非以迫外

【原文】

无足问于知和曰：“人卒未有不兴名就利者。彼富则人归之，归则下之，下则贵之。夫见下贵者，所以长生安体乐意之道也。

今子独无意焉，知不足邪，意知而力不能行邪，故推正不忘邪？”

知和曰：“今夫此人以为与己同时而生、同乡而处者，以为夫绝俗过世之士焉；是专无主正，所以览古今之时，是非之分也，与俗化世。去至重，弃至尊，以为其所为也；此其所以论长生安体乐意之道，不亦远乎！惨怛之疾，恬愉之安，不监于体；怵惕之恐，欣欢之喜，不监于心。知为为而不知所以为，是以贵为天子，富有天下，而不免于患也。”

无足曰：“夫富之于人，无所不利，穷美究埶[①]，至人之所不得逮，贤人之所不能及，侠人之勇力而以为威强，秉人之知谋以为明察，因人之德以为贤良，非享国而严若君父。且夫声色滋味权势之于人，心不待学而乐之，体不待象而安之。夫欲恶避就，固不待师，此人之性也。天下虽非我，孰能辞之！”

知和曰：“知者之为，故动以百姓，不违其度，是以足而不争，无以为故不求。不足故求之，争四处而不自以为贪；有余故辞之，弃天下而不自以为廉。廉贪之实，非以迫外也，反监之度。势为天子而不以贵骄人，富有天下而不以财戏人。计其患，虑其反，以为害于性，故辞而不受也，非以要名誉也。尧舜为帝而雍，非仁天下也，不以美害生也；善卷、许由得帝而不受，非虚辞让也，不以事害己。此皆就其利，辞其害，而天下称贤焉，则可以有之，彼非以兴名誉也。”

无足曰：“必持其名，苦体绝甘，约养以持生，则亦久病长厄而不死者也。”

知和曰：平为福，有余为害者，物莫不然，而财其甚者也。今富人，耳营钟鼓管籥之声，口嗛[②]于刍豢醪醴之味，以感其意，遗忘其业，可谓乱矣；侅溺[③]于冯气[④]，若负重行而上阪，可谓苦矣；贪财而取慰，贪权而取竭，静居则溺，体泽则冯，可谓疾矣；为欲富就利，故满若堵耳而不知避，且冯而不舍，可谓辱矣；财积而无用，服膺而不舍，满心戚醮，求益而不止，可谓忧矣；内则疑劫请之贼，外则畏寇盗之害，内周楼疏，外不敢独行，可谓畏矣。此六者，天下之至害也，皆遗忘而不知察，及其患至，求尽性竭财，单以反一日之无故而不可得也。故观之名则不见，求之利则不得，缭意体而争此，不亦惑乎！[1]

【注释】

①埶（shì）：同“势”。

②嗛（qiè）：同“慊（qiè）”，满足，快意。

③侅（gāi）溺：沉溺得很深。侅，非常，不平常。

④冯（píng）气：气满，气胀。冯，马跑得很快，引申为激怒、愤懑。

【译文】

无足问知和：“没有谁不想树立名声并获取利禄的。谁富有了人们就会归附他，归附了他就会自以为卑下，自以为卑下就会更加尊崇富有者。受到卑下者的尊崇，就是人们用来延长寿命、安康体质、快乐心意的办法。如今唯独你在这方面没有欲求，是才智不够用呢，还是有了念头但力量却达不到呢，还是因为一心推行道呢？”

知和说：“如今有这么一个人，就认为跟自己是同时生、同乡

〔1〕《庄子·盗跖》，《庄子集释》第1008—1012页。

处，而且认为他是超脱世俗的人；其实这样的人内心完全没有主心骨，用这样的方式去看待古往今来和是非的不同，他人云亦云，随从大流，舍弃了最贵重的东西（此处指生命），离开了最崇高的东西（这里指天道），而追求他一心想要的东西。这就是他们所说的延长寿命、安康体质、快乐心意的办法，岂不是跟事理相去太远吗！悲伤所造成的痛苦，愉快所带来的安适，对身体的影响自己不能看清；惊慌所造成的恐惧，欢欣所留下的喜悦，对于心灵的影响自己也不可能看清。知道一心去做自己想要去做的事却不知道为什么要这样做，所以尊贵如同天子，富裕到占有天下，却始终不能免于忧患。”

无足说：“富贵对于人们来说，没有什么不利的，享尽天下的美好事物并拥有天下最大的权势，这是道德极高尚的人所不能得到的，也是贤达的人所不能达到的。挟持他人的勇力以显示自己的威强，把握他人的智谋以表露自己的明察，凭借他人的德行来赢得贤良的声誉，没有享受过国家权力，却像君主一样威严。而且，乐声、美色、滋味、权势对于每一个人，心里不等学会就自然喜欢，身体不需模仿就早已习惯。欲念、厌恶、回避、俯就，本来就不需要师传，这是人的禀性。天下人即使都认为我的看法不对，谁又能摆脱这一切呢?”

知和说：“有智慧的人总是依从百姓的心思而行动，不去违背民众的意愿，所以，知足就不会争斗，无所作为也就没有所求。不能知足所以贪求不已，争夺四方的财物却不自认为是贪婪；心知有余所以处处辞让，舍弃天下却不自认为清廉。廉洁与贪婪，并不是因为迫于外力，是出自对自然本性的破坏。身处天子之位却不凭借显贵而傲视他人，富有到拥有天下却不用财富去戏弄他人。想一想它的后患，再考虑考虑事情的反面，认为有害于自然的本性，所以拒绝接受，这并不是要用它来求取名声与荣耀。尧与舜做帝王的时候，不骄人也不戏人，这并非是想行仁政于天下，而是不想因为追求美好而损害生命；善卷与许由能够得到帝王之位却辞让不受，也不是虚情假意地谢绝禅让，而是不想因为治理天下而危害自己的本性。这些人都能趋利避害，而人们称赞他们是贤人，可见贤明的称誉也是可以获取的，不过他们的本心并非是沽名钓誉。”

无足说：“必定要保持自己的名声，即使劳苦身形、谢绝美食、俭省给养以维持生命，那么这一定是个长期困于疾病而没有死去的人。”

知和说：“平均就是幸福，有余就是祸害，物类莫不如此，而在财物方面更为突出。如今富有的人，耳朵谋求钟鼓、箫笛的乐声，嘴巴满足于肉食、佳酿的美味，因而触发了他的欲念，遗忘了他的事业，可以说是混乱；深深地陷入了愤懑的盛气之中，像背负着重荷爬行在山坡上，可以说是痛苦；贪求财物而招惹怨恨，贪求权势而耗尽心力，安静闲居就沉溺于嗜欲，体态丰腴光泽就盛气凌人，可以说是病态；因为贪图富有而追求私利，获取的财物堆得像齐耳的高墙也不知满足，而且越是贪婪就越发不知收敛，可以说是羞辱；财物囤积却没有用处，念念不忘却又不愿割舍，满腹的焦心与烦恼，企求增益永无休止，可以说是忧愁；在家里总担忧盗贼的伤害，在外面总害怕寇盗的残杀，在内遍设防盗的塔楼和射箭的孔道，在外不敢独自行走，可以说是恐惧。以上六种情况，是天下最大的祸害，如果将它们全都遗忘不求审察，等到祸患来临时，哪怕想要倾家荡产保全性命、只求返归贫穷求得一日的安宁也不可能了。所以，从名声的角度来观察却看不见，从利益的角度去追求却得不到，使心意和身体受到如此困扰地竭力去争夺名利，岂不糊涂哇!”

【评述】

这一段通过两个虚构的人物无足与知和的对话来表明追求富贵和保持富有所带来的人生痛苦，表明只有知足方可长乐。其中“廉贪之实，非以迫外也，反监之度”一句很有见地。庄子认为，廉洁和贪贿并不是因为迫于外力，是出自对自然本性的破坏。这种见解纵然高明，却几乎是把统治者的智慧放到了哲学家和道德家的位置上，实际上真正能够体会到这一点的又有几人呢?

第十五节 荀子

【人物简介】

荀子（约前313—前238)，名况，字卿，汉人避宣帝刘询讳，改称孙卿。战国时期赵国人，著名思想家、教育家，曾任齐国稷下学宫的祭酒。约公元前264年，他应秦昭王之聘西入秦。后返回赵国，发表了一些用兵言论。继赴楚国，被春申君任为兰陵令。失官后从事教学和著述，终老于楚国。

荀子是战国时期儒家的代表人物之一，韩非和李斯都是他的弟子，可见他思想中有启发先秦法家思想的内容。因此，虽然同属儒家，荀子思想同子思和孟子的“思孟学派”有很大的差别。他所宣扬的“性恶论”与孟子的“性善论”针锋相对，而其对孔子的仁义理论的改造，使其政治思想更加崇礼重法，与孟子的“王道”、“仁政”也背道而驰。由于其学生的实际政治影响力，他的思想在战国末年乃至秦朝时期得以付诸实践，对后世的影响极大。

修礼者王，聚敛者亡

【原文】

马骇舆则君子不安舆，庶人骇政则君子不安位。马骇舆则莫若静之，庶人骇政则莫若惠之。选贤良，举笃敬，兴孝弟，收孤寡，补贫穷，如是，则庶人安政矣。庶人安政，然后君子安位。《传》曰：“君者，舟也；庶人者，水也。水则载舟，水则覆舟。”此之谓也。故君人者欲安则莫若平政爱民矣，欲荣则莫若隆礼敬士矣，欲立功名则莫若尚贤使能矣，是君人者之大节也。三节者当，则其余莫不当矣；三节者不当，则其余虽曲当，犹将无益也。孔子曰：“大节是也，小节是也，上君也。大节是也，小节一出焉，一入焉，中君也。大节非也，小节虽是也，吾无观其余矣。”成侯、嗣公，聚敛计数之君也，未及取民也；子产，取民者也，未及为政也；管仲，为政者也，未及修礼也。故修礼者王，为政者强，取民者安，聚敛者亡。故王者富民，霸者富士，仅存之国富大夫，亡国富筐箧、实府库。筐箧已富，府库已实，而百姓贫，夫是之谓上溢而下漏，入不可以守，出不可以战，则倾覆灭亡可立而待也。故我聚之以亡，敌得之以强。聚敛者，召寇、肥敌、亡国、危身之道也，故明君不蹈也。[1]

【译文】

如果马在拉车时受惊，君子就无法安坐车中；如果百姓在政治上受了惊吓，君子就不能安于其位。马在拉车时受惊，不如让它安静下来；百姓在政治上受了惊，不如给他们恩惠。选用德才兼备的人，提拔恭敬诚信的人，提倡孝顺父母长辈、尊敬兄长，收养孤儿寡妇，补助贫穷困苦的人，这样的话，百姓就会安于被统治了。老百姓安于被统治之后，君子才能安于其位。《左传》上说："君主是船，百姓是水；水能载船，也能把船打翻。"说的就是这个道理。所以，统治人民的君主如果想要安于其位的话，就应该政治清平并爱护人民；想要身份荣耀的话，就应该尊崇礼义并敬重士人；要想建立功业和名誉的话，就应该推崇品德高尚的人并任用有才能的人。这些是做君主的三种节操。如果这三点都做得恰当，那么其余的就没有什么不恰当了；如果这三点做得不恰当，那么其余的即使都恰当，也是毫无补益的。孔子说："大节操和小节操都做到，这是上等的君主。大节操没有问题，小节上有些出入，这是中等的君主。大节上错了，小节即使对，我也不要再看其余的了。"卫成侯和卫嗣公都是搜刮民财、精于算计的国君，没能获得百姓的拥护；子产是得民心的人，却没能处理好政事；管仲善于理政，但没能遵循礼义。所以，遵循礼义的能保住王位，善于处理政事的能强大，得民心者能获得安定，搜刮民财的会灭亡。所以，称王天下的君主令百姓富足，称霸诸侯的君主

---

〔1〕《荀子·王制》，王先谦撰：《荀子集解》卷五，中华书局1988年9月版（下同），第152—154页。

让士人富足，勉强支撑不灭亡的国家让大夫富足，要灭亡的国家只装满国君自己的箱子、塞满他自己的仓库。君主自己的箱子和仓库塞满了，百姓就贫困了，这叫做上面漫出来而下面漏出去，对内不能守住国家，对外不能征战，灭亡的命运马上就会来到眼前了。所以，聚敛财富以致灭亡，敌人得到这些财物就富强起来。聚敛财富，是招致侵略者、壮大敌人、灭亡本国、危害自身的方式，所以贤明的君主是不走这条路的。

【评述】

“王制”篇所阐述的是如何做好君主以及如何从王道走向霸道，即统一天下。本段所节选的是此篇中涉及君主与庶人关系的部分。荀子提出，“平政爱民”、“隆礼敬士”和“尚贤使能”这三点是直接导致国家政治安定的重要因素，而向百姓搜刮聚敛财富则是招致失败的亡国之路。对于封建君主来说，这个观点具有很好的借鉴意义。篇中所出现的“礼”字，是先秦乃至后世孔门儒家十分重视的一个概念，它来自孔子对西周政治制度的深切体悟。其实，无论是“民”还是“士”（“贤”和“能”是从其才干的角度的称谓），都是这个礼制系统中相当重要的环节。礼制不光讲究等级的严格区分，从其深层而言，它的精髓还在于自上而下地关照这个体制内部的各个阶级，从而保持统治的稳固。

足国之道，节用裕民

【原文】

足国之道，节用裕民而善臧[1]其余。节用以礼，裕民以政。彼裕民，故多余。裕民则民富，民富则田肥以易，田肥以易则出实百倍。上以法取焉，而下以礼节用之，余若丘山，不时焚烧，无所臧之，夫君子奚患乎无余？故知节用裕民，则必有仁义圣良之名，而且有富厚丘山之积矣。此无它故焉，生于节用裕民也。不知节用裕民则民贫，民贫则田瘠以秽，田瘠以秽则出实不半，上虽好取侵夺，犹将寡获也，而或以无礼节用之，则必有贪利纠訡之名，而且有空虚穷乏之实矣。此无它故焉，不知节用裕民也。《康诰》曰："弘覆乎天，若德裕乃身。"此之谓也。礼者，贵贱有等，长幼有差，贫富轻重皆有称者也。故天子袾裷②衣冕，诸侯玄裷衣冕，大夫裨③冕，士皮弁服。德必称位，位必称禄，禄必称用。由士以上则必以礼乐节之，众庶百姓则必以法数制之。量地而立国，计利而畜民，度人力而授事，使民必胜事，事必出利，利足以生民，皆使衣食百用出入相掩，必时臧余，谓之称数。故自天子通于庶人，事无大小多少，由是推之。故曰：朝无幸位，民无幸生。此之谓也。轻田野之税，平关市之征，省商贾之数，罕兴力役，无夺农时，如是，则国富矣。夫是之谓以政裕民。[1]

【注释】

①臧（cáng）：同"藏"。下同。

②袾裷（zhū gǔn）：大红色的衮龙服。袾，大红色。裷，同"衮"，衮龙服。

③裨（pí）：古代的次等礼服。

〔1〕《荀子·富国》，《荀子集解》第177—179页。

【译文】

让国家富足的方法是节约用度、让百姓富裕并贮藏多余的财物。节约费用依靠礼制，让百姓富裕依靠政策。推行节约用度的制度，所以财物会有多余的。实行富民政策，百姓就会富起来。百姓富了，农田就会产量增加并且得到精心地耕种，那么，生产出来的粮食就会成倍地增多。国君按照法律向百姓征税，百姓按照礼制厉行节约，这样，余粮就会堆积如山，即使常被烧掉，也还是会多到没有地方贮藏，君子哪里还用担心没有余粮呢？所以，懂得节约用度，使百姓富裕，就一定会享有仁义圣良的好名声，而且还会拥有堆积如山的丰厚财产。这没有别的原因，完全是由于节约用度、使百姓富裕。不懂得这个方法，百姓就会贫困；百姓贫困了，农田就会变得荒芜；农田荒芜，粮食就达不到正常收成的一半。国君即便热衷于索取和掠夺，仍将得到很少，如果有时没有按照礼制来节约用度，就一定会得到贪婪搜刮的名声，而且还会造成国民生活穷困贫乏的实情。这没有别的原因，只是因为不懂得节约用度、使百姓富裕的办法。《康诰》上说："广大地庇护百姓，就像上天覆盖大地，遵行礼义道德，使你本人也得到富裕。"说的就是这个意思。所谓礼，就是高贵和卑贱分成不同的等级，年长和年幼有一定的差别，贫穷和富裕、权轻势微和权重势大都各有相应的区分。所以，天子穿大红色的袍服、戴礼帽，诸侯穿黑色的袍服、戴礼帽，大夫穿裨衣、戴礼帽，士人戴皮帽。德行必须和职位相称，职位必须与俸禄相称，俸禄必须与作用相称。对于士人以上的人，必须用礼乐去节制他们的行为；对于普通百姓，必须用法度去统治他们。丈量土地来建立分封诸侯国，计算收益来使用百姓，评估人的能力大小来安排工作，使百姓一定能胜任自己的工作，让工作一定能产生利益，让利益又足够用来养活百姓，普遍地使他们的衣食以及其他生活消费得到满足，一定及时地把多余的粮食财物储藏起来，这叫做合乎法度。从天子到百姓，事情无论大小多少，都以此类推。所以说："朝廷上没有侥幸获得职位的，百姓中没有侥幸获得生存的。"说的就是这种情形。减轻农业税收，整治关卡和集市的赋税，减省商人的数量，减少劳役的征发，不耽误农时，这样做的话，国家就会富裕了。这叫做通过政策使百姓富裕。

【评述】

这段选文论述了国家富足之道，总的说来可概括为"节用裕民"。可贵的是，荀子讲的"节用"是一项针对社会各个阶层的举措：从君主到庶人，都要从制度上对日常用度予以节制。当然，在荀子所生活的战国时代，封建制度要求对统治阶层和庶人进行区分，因此，在节用的政策上也是不同的。约束百姓进行节用的是法律，而约束百姓以上的阶层，即从士人到大夫、诸侯乃至天子的是"礼"。这就不难推断，违背节用政策之后所受到的惩罚机制将会有天壤之别。这是我们需要留意的地方。但是无论如何，这种贯彻于全社会的节用政策将对贪污事件形成制度层面的遏制效果。

下贫则上贫，下富则上富

【原文】

观国之治乱臧否[①]，至于疆易[②]而端已见矣。其候徼[③]支缭[④]，其竟[⑤]关之政尽察，是乱国已。入其境，其田畴秽，都邑露，是贪主已。观其朝廷则其贵者不贤，观其官职则其治者不能，观其便嬖则其信者不悫，是暗主已。凡主相臣下百吏之俗，其于货财取与计数也，须孰[⑥]尽察；其礼义节奏也，芒轫僈楛[⑦]，是辱国已。其耕者乐田，其战士安难，其百吏好法，其朝廷隆礼，其卿相调议，是治国已。观其朝廷则其贵者贤，观其官职则其治者能，观其便嬖则其信者悫，是明主已。凡主相臣下百吏之属，其于货财取与计数也，宽饶简易，其于礼义节奏也，陵谨尽察，是荣国已。贤齐则其亲者先贵，能齐则其故者先官，其臣下百吏，污者皆化而修，悍者皆化而愿[⑧]，躁者皆化而悫，是明主之功已。观国之强弱贫富有征：上不隆礼则兵弱，上不爱民则兵弱，已诺不信则兵弱，庆赏不渐则兵弱，将率不能则兵弱。上好功则国贫，上好利则国贫，士大夫众则国贫，工商众则国贫，无制数度量则国贫。下贫则上贫，下富则上富。故田野县鄙者，财之本也；垣窌[⑨]仓廪者，财之末也；百姓时和、事业得叙者，货之源也；等赋府库者，货之流也。故明主必谨养其和，节其流，开其源，而时斟酌焉，潢然使天下必有余而上不忧不足。如是则上下俱富，交无所藏之，是知国计之极也。故禹十年水，汤七年旱，而天下无菜色者，十年之后，年谷复孰而陈积有余。是无它故焉，知本末源流之谓也。故田野荒而仓廪实，百姓虚而府库满，夫是之谓国蹷[⑩]。伐其本，竭其源，而并之其末，然而主相不知恶也，则其倾覆灭亡可立而待也。以国持之而不足以容其身，夫是之谓至贪，是愚主之极也。将以求富而丧其国，将以求利而危其身。古有万国，今有十数焉。是无它故焉，其所以失之一也。君人者亦可以觉矣。百里之国足以独立矣。[1]

【注释】

①臧否（pǐ）：好坏。

②易（yì）：同“埸”，边境。

③候徼：指哨兵来往巡逻。候，斥候，哨兵。徼，巡逻。

④支缭：到处巡察。

⑤竟：同“境”，边境。

⑥须孰：斤斤计较，反复审查。须，据俞樾之说，应为“顺”，读 shèn。孰，通“熟”。

⑦芒轫僈楛（kǔ）：茫昧、懒散、简慢、粗疏。芒，昧，模糊不清。轫，懒散。僈，同“慢”。楛，粗劣。

⑧愿：恭谨，朴实。

⑨垣窌（jiào）：指藏粮处。窌，地窖。

⑩蹷：同“蹶”，仆倒。

【译文】

观察一个国家的治乱好坏，只要来到它的边界就可以窥见一些端倪了。如果那国家的哨兵来回巡逻，边境关卡的管理十分苛察，就说明它是个混乱的国家。进入国境，如果它的田地荒芜，城镇破败，说明它有个贪婪的君主。观察他的朝廷，如果地位高贵的人并不贤明；考察他的官员，处理政事的人并无才能；看看他左右的亲信，被信任的人并不诚实，这就说明他是个昏君了。

---

〔1〕《荀子·富国》，《荀子集解》第 192—197 页。

凡是君主、宰相和各级官吏，如果对于货物钱财的收取和计算谨慎仔细，对于礼义制度却茫然无知，无所用心，这就是个可耻的国家。如果农民乐于种田，战士不避危险，百官乐于执行法令制度，朝廷崇尚礼义，卿相能协调地商议，这就是个治理得好的国家。观察他的朝廷，如果地位显赫的人很贤明，考察他的官员，处理政事的人很能干；看看他左右的亲信，被信任的人很诚实，这就是个英明的君主了。凡是君主、宰相和各级官吏，对于货物钱财的收支的计算宽容大方，简单明了，对于礼义法度严肃认真，十分谨慎，这就是个光彩的国家。如果贤德相当，则亲近的人先尊贵，如果能力相同，则他的故人先当官，他的臣下百官，品行肮脏的都变得善良，凶狠的都变得恭谨，狡猾的都变得忠厚，这是英明君主的功劳。观察一个国家强弱贫富的征兆是：君主不崇尚礼义，兵力就衰弱；君主不爱护百姓，兵力就衰弱；已经许诺了的都不兑现，兵力就衰弱；奖赏不丰厚，兵力就衰弱；将帅没有能力，兵力就衰弱。君主好大喜功，国家就贫穷；君主喜欢财物和利益，国家就贫穷；官吏众多，国家就贫穷；工匠和商人多了，国家就贫穷；没有统一的度量衡，国家就贫穷。百姓贫穷了，君主就贫穷；百姓富裕了，君主就富裕。所以，郊外的田野乡村是财物的根本，各种粮仓是财物的末端。百姓不失农时，生产有条不紊，这是钱财的来源；按照等级征收的赋税和国库，是钱财的径流。所以，英明的君主一定要谨慎地保持和谐安定的局面，开源节流，时常调节钱财的收支，让天下的财富必定有剩余，君主也就不必担忧了。这样一来，君主和百姓都富足，双方都没有地方来储藏财物，这是十分懂得国家大计。所以，夏禹时有十年水灾，商汤时有七年旱灾，但天下并不存在面有菜色的人，十年以后，谷物丰收，储备的粮食还有剩余。这没有别的原因，是因为他们懂得了本和末、源和流的关系。所以，田野荒芜而国家的粮仓充实，百姓家里没有粮食而国家的仓库却满满的，这可以说是国家垮了。根本砍断了，源头枯竭了，把财物都收归国库，而君主、相国却不知道这是坏事，他们的灭亡就不远了。把整个国家的收入拿来供养他，却还是不能够满足他这个人的私欲，这叫做极其贪婪，可以说是昏君的极致了。想要求得富裕反而丧失了自己的国家，想要求得利益反而危害了自身。古时候有上万个国家，现在只有十来个还存活着。这没有别的缘故，其灭亡的原因是一样的。君主们也可以觉醒了。百里见方的小国完全能够独立存在。

【评述】

荀子善于使用源（文本常作“原”）和流的关系作比喻。在这段选文里，他把百姓的日常生产比做国家富足之源，把国家库存的粮食比做国家富足之流。君主若想保证国家的长治久安，首先就不能过多地注重自身的生活享受，进而过分地抢夺民众的劳动果实，而要让民众的生产能力保持在旺盛的状态，形成一个良好的循环，才能够供给国家持久的消耗。换句话说，民众之财是君主府库的来源。这是一种自下而上的经济供给逻辑。荀子从经济学的角度，将这种经济源流模式阐释得十分清楚。

源清则流清，源浊则流浊

【原文】

合符节、别契券者，所以为信也；上好权谋，则臣下百吏诞诈之人乘是而后欺。探筹、投钩者，所以为公也；上好曲私，则臣下百吏乘是而后偏。衡石、称县者，所以为平也；上好倾覆，则臣下百吏乘是而后险。斗、斛、敦、概者，所以为啧也；上好贪利，则臣下百吏乘是而后丰取刻与，以无度取于民。故械数者，治之流也，非治之原也；君子者，治之原也。官人守数，君子养原，原清则流清，原浊则流浊。故上好礼义，尚贤使能，无贪利之心，则下亦将綦辞让、致忠信而谨于臣子矣。如是则虽在小民，不待合符节、别契券而信，不待探筹、投钩而公，不待衡石、称县而平，不待斗、斛、敦、概而啧。故赏不用而民劝，罚不用而民服，有司不劳而事治，政令不烦而俗美，百姓莫敢不顺上之法、象上之志而劝上之事，而安乐之矣。故藉敛忘费，事业忘劳，寇难忘死，城郭不待饰而固，兵刃不待陵而劲，敌国不待服而诎，四海之民不待令而一。夫是之谓至平。《诗》曰："王犹允塞，徐方既来。"此之谓也。[1]

【译文】

合对符节、辨认契券是用来树立信用的；如果君主喜欢权谋，大臣百官里的奸诈的人就会跟着搞欺诈。抽签、抓阄是为了公正；如果君主喜欢偏私，大臣百官就会跟着偏私。用衡器来称量是为了追求公平；如果君主喜欢颠倒黑白，大臣百官就会跟着做邪恶的事。斗、斛、敦、概这些量器是用来制作统一标准的；如果君主贪图财利，大臣百官就会跟着多拿少给，无穷无尽地盘剥百姓。所以，那些器物与方法只是治理天下的流，而不是治理天下的源

---

〔1〕《荀子·君道》，《荀子集解》第230—232页。

头；君主才是治理天下的源头。官吏负责遵守条例，君主负责保养源头；只要源头清澈了，流就清澈；如果源头混浊了，流也会跟着混浊。所以，君主如果爱好礼义，尊重贤德的人，任用有才能的人，不贪图财利，那么，臣下也就会谦让忠诚并谨慎地行事了。这样的话，即便是地位卑下的百姓，也不靠符节和契券就能做到有信用，不靠抽签、抓阄就能做到公正，不靠衡器就能做到公平，不需要各种量器就能做到标准统一。所以，百姓不用奖赏就会勤勉，不用刑罚就能服从，官吏不劳累就能把政务处理好，不靠繁多的法令就能使民俗变好；百姓没有人敢不顺从君主的法令，依照君主的意志而为君主的事情出力，并对此感到安乐。所以，在纳税时不觉得费用很多，在做事时忘记疲劳，在抵御外敌时能拼死作战，城墙不必修整就变坚固，兵器的刀口不用淬炼就很坚硬，敌国不等去征伐就会顺从，天下百姓不用命令就能一致地服从。这就是所说的最太平的盛况。《诗经》上说：“王道充满四海，徐国已经来朝拜。”说的就是这种情形啊！

【评述】

这段选文也采用了源与流的比喻。但与上文不同，这里所宣扬的是一种自上而下的廉政逻辑：从君主到大臣再到百姓，被看做一种阶梯状的结构，而道义的教化就像梯田浇灌一样，可以从上层自然而然地一直灌注到下层。因此，首先需要君主修身，要以身作则，“隆礼至法”，“尚贤使能”，善于用人，“慎取相”，这样才有可能把国家治理好。这是一个封建集权国家政治清明的根本所在。这是一种典型的儒家政治理想，即“推广仁义、德礼和王道"[1]。我们从中可以看到荀子对孔子的继承乃至与孟子的相通之处。

上好富，则民死利

【原文】

义与利者，人之所两有也。虽尧、舜不能去民之欲利，然而能使其欲利不克其好义也。虽桀、纣亦不能去民之好义，然而能使其好义不胜其欲利也。故义胜利者为治世，利克义者为乱世。上重义则义克利，上重利则利克义。故天子不言多少，诸侯不言利害，大夫不言得丧，士不通货财，有国之君不息牛羊，错质之臣不息鸡豚，冢卿不修币，大夫不为场园，从士以上皆羞利而不与民争业，乐分施而耻积臧。然故民不困财，贫窭者有所窜其手。

文王诛四，武王诛二，周公卒业，至成、康则案无诛已。

多积财而羞无有，重民任而诛不能，此邪行之所以起，刑罚之所以多也。

上好义，则民暗饰矣；上好富，则民死利矣。二者，治乱之衢也。民语曰："欲富乎？忍耻矣，倾绝矣，绝故旧矣，与义分背矣。"上好富，则人民之行如此，安得不乱？

汤旱而祷曰："政不节与？使民疾与？何以不雨至斯极也！宫室荣与？妇谒盛与？何以不雨至斯极也！苞苴行与？谗夫兴与？何以不雨至斯极也！"

天之生民，非为君也。天之立君，以为民也。故古者列地建

〔1〕 姜广辉主编：《中国经学思想史》（第一卷），第233页。

国，非以贵诸侯而已；列官职，差爵禄，非以尊大夫而已。[1]

【译文】

义和利是人们拥有的两样东西。即便是尧和舜也不能让百姓不想追求私利，但是能够让他们对私利的追求被他们对道义的喜好所克制。即便是夏桀、商纣这样的暴君也不能让百姓不喜好道义，但是能够使他们对道义的喜好被对私利的追求所压制。所以，道义胜过私利的就是治世，私利胜过道义的就是乱世。君主看重道义，道义就会胜过私利；君主看重私利，私利就会胜过道义。所以，天子不谈财物的多少，诸侯不谈有利还是有害，大夫不谈得到或失去，士人不去买卖货物，君主不养牛羊，献身于君主的臣子不养殖鸡和小猪，上卿不做货币生意，大夫不拥有农场，士以上的官吏都羞于追求私利，不和百姓争夺产业，喜欢施舍而耻于囤积收藏。这样，百姓不缺少钱财，贫穷的人也不会手足无措。

周文王讨伐了四个国家，周武王诛杀了两个人，周公旦完成了称王大业，到周成王和康王的时候就没有其罪当斩的人了。

积聚钱财并耻于没有财物，加重人民的负担而杀害无法供养他们的人，这是邪恶行为的根源，也是刑罚繁多的根源。

如果君主爱好道义，那么百姓就会暗自加强修养；如果君主爱好富有，那么百姓就敢于为利而死。这两点，是治和乱两种状况交叉的关键地带。有俗语说：“想富吗？忍着耻辱，道德败坏吧，与故人断交吧，违背道义吧。”如果君主爱好富有，那么百姓的行为就会这样，那国家怎么会不乱呢？

---

〔1〕《荀子·大略》,《荀子集解》第502—504页。

商汤因为大旱而向神祷告说："是我的统治行为不恰当吗？是因为我役使民众太多了吗？为什么到现在还不下雨！是因为我的宫殿房舍太华丽了吗？是因为妻妾嫔妃进谗言太多了吗？为什么到现在还不下雨！是因为贿赂盛行吗？是因为毁谤的人发迹了吗？为什么到现在还不下雨！"

上天生育百姓，并不是为了君主；上天设立君主，却是为了百姓。所以，古时候分封土地建立诸侯国，并不只是用来使得诸侯显贵的；安排各种官职，区别爵位、俸禄的等级，并不只是用来使得大夫尊贵的。

【评述】

本段选文主要集中在义、利关系上，共分为两个层次：从君主对百姓进行教化的角度看来，君主自身对道义的重视直接影响到本国的社会风气和百姓的追求，因此，君主必须首先端正自身的品行，检点自身的行为；从而引出第二个层次——"天之生民，非为君也。天之立君，以为民也"。

参考文献：

严可均辑：《全上古三代秦汉六朝文》（一），中华书局1958年版。
阮元校刻辑：《十三经注疏》（附校勘记），中华书局1980年版。
李梦生撰：《左传译注》，上海古籍出版社2004年7月版。
尚学锋、夏德靠辑：《国语》，中华书局2007年版。
刘向集录：《战国策》，上海古籍出版社1998年版。
《史记》，中华书局2005年版。
徐培根撰：《太公六韬今注今译》，商务印书馆1976年2月版。
郭仁成撰：《尚书今古文全璧》，岳麓书社2006年版。
黎翔凤撰：《管子校注》（上中下），中华书局2004年6月版。
朱谦之撰：《老子校释》，中华书局1984年版。
陈鼓应撰：《老子注译及评介》，中华书局1984年版。
卢守助撰：《晏子春秋译注》，上海古籍出版社2006年版。
程树德撰：《论语集释》（一二三），中华书局1990年版。
金良年撰：《论语译注》，上海古籍出版社2004年版。
杨伯峻撰：《论语译注》（简体字本），中华书局2006年版。
吴毓江撰：《墨子校注》（上下），中华书局2008年2月版。
蒋礼鸿撰：《商君书锥指》，中华书局1986年4月版。
焦循撰：《孟子正义》（上下），中华书局1987年版。
杨伯峻撰：《孟子译注》，中华书局1960年版。
金良年撰：《孟子译注》，上海古籍出版社2004年版。
曹础基撰：《庄子浅注》，中华书局2007年3月版。
郭庆藩撰：《庄子集释》（上中下），中华书局2004年1月版。
王先慎撰：《荀子集解》（上下），中华书局1988年9月版。
黎翔凤撰：《管子校注》，中华书局2004年6月版。
阎振益、钟夏：《新书校注》，中华书局2000年7月版。
王国维著：《观堂集林》（全二册），中华书局2004年版。

冯友兰著:《中国哲学史》(上下),华东师范大学出版社2000年版。

费孝通著:《乡土中国》,凤凰出版传媒集团,江苏文艺出版社2007年版。

李泽厚著:《新编中国古代思想史论》,天津社会科学出版社2008年版。

陈来著:《古代宗教与伦理——儒家思想的根源》,三联书店1996年版。

杨向奎著:《宗周社会与礼乐文明》,人民出版社1992年版。

余英时著:《士与中国文化》,上海人民出版社2003年版。

阎步克著:《乐师与史官:传统政治文化与政治制度论集》,三联书店2001年版。

阎步克著:《士大夫政治演生史稿》,北京大学出版社2003年版。

张祥龙著:《孔子的现象学阐释九讲:礼乐人生与哲理》,华东师范大学出版社2009年版。

蔡尚思主编:《十家论孔》,上海人民出版社2006年版。

刘泽华主编:《中国政治思想史·先秦卷》,浙江人民出版社1996年版。

姜广辉主编:《中国经学思想史》(第一卷),中国社会科学出版社2003年版。

王长华著:《春秋战国的士人与政治》,河北教育出版社2007年版。

郑良树著:《商鞅评传》,南京大学出版社1998年12月版。

杨泽波著:《孟子评传》,南京大学出版社2007年版。

胡留元、冯卓慧著:《夏商西周法制史》,商务印书馆2006年7月版。

吕思勉著:《先秦史》,上海古籍出版社2005年7月版。

王锦民著:《古学经子——十一朝学术史述林》,华夏出版社2008年版。

王同君、侯文友、邹远修编著:《中国历代廉政思想教育读本》,中国方正出版社2007年3月版。

王春瑜主编:《中国反贪史》(上下),四川人民出版社2000年6月版。

王石著:《中华廉政文化读本》,人民出版社2007年版。

赵明著:《先秦儒家政治哲学引论》,北京大学出版社2004年版。

本章执笔:张　颖